高职高专"十二五"秘书专业规划教材

应用文书写作

李艳婷　主编
李　磊　尚光一　时文清　副主编

上海财经大学出版社

图书在版编目(CIP)数据

应用文书写作/李艳婷主编. —上海:上海财经大学出版社,2012.5
(高职高专"十二五"秘书专业规划教材)
ISBN 978-7-5642-1307-7/F·1307

Ⅰ.①应… Ⅱ.①李… Ⅲ.①汉语-应用文-写作 Ⅳ.①H152.3

中国版本图书馆CIP数据核字(2012)第026631号

□责任编辑　台啸天
□封面设计　钱宇辰
□责任校对　王从远　卓　妍

YINGYONG WENSHU XIEZUO
应 用 文 书 写 作
李艳婷　主编
李　磊　尚光一　时文清　副主编

上海财经大学出版社出版发行
(上海市武东路321号乙　邮编200434)
网　　址:http://www.sufep.com
电子邮箱:webmaster@sufep.com
全国新华书店经销
同济大学印刷厂印刷
上海远大印务发展有限公司装订
2012年5月第1版　2012年5月第1次印刷

787mm×1 092mm　1/16　17印张　435千字
印数:0 001—4 000　定价:36.00元

前言

当今社会正处于一个高度信息化的时代,应用文书作为管理工具、交往手段、信息载体,在人们工作、管理、学习、交往、生活中所发挥的重要作用,越来越受到人们的广泛认同。掌握应用文书写作的基本知识和技能,全面提升写作素养,不仅是社会进步的必然需求,也是我们自身发展的客观需要。本书结合社会发展的需要,选择了一些实用性强、使用率高以及与求职就业联系紧密的文种进行分析、讲解,希望能为学生更好地学习、顺利地求职以及在保障个人权益等相关领域,提供有益的指导和帮助。全书共分九章,内容包括应用文书写作基础、公文概述、行政公文、事务文书、日常通用文书、礼仪文书、传播文书、经济文书、常用知识的基础理论和写法,书后三个附录也便于读者在学习中更好地使用。

本书注重教学和应用的实际需要,采用新颖实用的编写体例设计内容:目标导向——范文示例——知识储备——拓展阅读——文体训练。这种结构体例便教易学,教师将理论讲授、情景模拟、实践训练等教学方式相融合,每节辅以相关例文欣赏与评析、温馨提醒等模块,充分体现以学生为本的教育理念,便于在教学中进行科学有序的训练,使学生在实践中学会应用文写作技能。

本书既适用于高等院校的师生,也可供各机关、企事业单位工作人员写作应用文时参考。

参加本书编写的人员均为多年从事应用文写作教学的教师,在工作中积累了丰富的教学经验。在编写过程中,我们力求使本教材更加切合高职院校应用文写作教学的实际,立足于实战,突出实用性。在应用文文种选择上做了大胆的增减。本书编写分工为:

李艳婷担任主编,负责全书的体系设计和统稿;

李磊、尚光一、时文清担任副主编;

李磊(济源职业技术学院)编写第一、七、九章;

尚光一(厦门大学嘉庚学院)编写第二、五章和第六章一节;

时文清(北京农业职业学院)编写第三章;

李艳婷(北京农业职业学院)编写第四章;

许先则(武汉城市职业学院)编写第六章四节;

周艳秋(北京农业职业学院)编写第八章;

马俊哲教授(北京农业职业学院)担任主审。

在本书编著和出版过程中,上海财经大学出版社诸位同志付出了辛勤的劳动,在此表示衷心的感谢,特别要感谢编辑李成军、台啸天老师所给予的热情支持和帮助。

本书在编写过程中,编者参考了大量文献资料,援引、借鉴、改编了大量已有的例文和训练素材,这些已经在本书相应内容处标注说明。另外,有些资料是我们参考互联网上发布或转发的信息,这些资料中,有些已无法查明出处,敬请读者谅解。在此,我们对原作者一并表示感谢!限于编者水平有限及分工编写的缘故,书中难免存在一些纰漏和不足之处,恳请各位专家、老师和读者在使用过程中多提宝贵意见并给予批评指正。

编 者

2012 年 3 月

目录

前 言/1

第一章 应用文书写作基础/1

第一节 应用文书写作概述/1
第二节 应用文书主旨与材料/7
第三节 应用文书结构与语言/12

第二章 公文概述/22

第一节 公文的含义与特征/22
第二节 公文的种类与格式/23
第三节 公文的制发和处理程序/29
第四节 公文的行文制度/30

第三章 行政公文写作/35

第一节 通知/35
第二节 通报/43
第三节 请示/49
第四节 报告/54
第五节 批复/60
第六节 函/63
第七节 会议纪要 会议记录/68

第四章 事务文书写作/79

第一节 计划/79
第二节 总结/85
第三节 调查报告/92
第四节 述职报告/100
第五节 简报/106
第六节 策划书/112
第七节 委托书/118

第五章 日常通用文书写作/121

第一节 条据/121
第二节 介绍信 证明信/126
第三节 申请书 倡议书/131
第四节 感谢信 慰问信/138
第五节 求职信 个人简历/144

第六章 礼仪文书写作/152

第一节 开幕词 闭幕词/152
第二节 欢迎词 欢送词/160
第三节 答谢词 祝词(辞)/166
第四节 邀请书 请柬/172
第五节 贺信(电)/178

第七章 传播文书写作/182

第一节 消息/182
第二节 启事/187
第三节 演讲词/192
第四节 声明/198
第五节 解说词/202
第六节 海报/207
第七节 产品说明书/210

第八章 经济文书写作/215

第一节 经济合同/215
第二节 商品广告文案/222
第三节 意向书/229
第四节 招标书/234
第五节 投标书/240

第九章 常用知识/246

第一节 文面常识/246
第二节 文章修改常识/250

附录一 国家行政机关公文处理办法/255
附录二 应用文专门用语/259
附录三 常用校对符号及其用法/262

参考文献/263

第一章

应用文书写作基础

目标导向
- 了解应用文书的概念和发展沿革
- 理解应用文书的主旨与结构要求
- 掌握应用文书写作的语言特色及表达方式

应用文是在人们工作和学习、生活过程中形成的一种使用性极强的实用文体,使用范围广泛,内容简洁,格式相对固定。

通常所说的应用文,是相对于文学作品的实用文体。文学作品包括小说、散文、诗歌、剧本等文体,讲求语言生动形象、内容曲折跌宕、情感深沉激越等,读者能依据自身的经历进行主动性的阅读和想像。应用文书属于为现实社会服务的实用文体,范围广泛,包括机关单位、社会团体、个人在处理日常事务时所使用的实用性文体,要求语言简洁清楚,有相对明确的主旨,能让接受者明白无误地知道文本所发出的信息,并能着手去实施。

第一节 应用文书写作概述

【范文示例】

月饼穿肠过 文化有几多

刚刚过去的中秋节,媒体有许多报道,有的很有新意,如《月亮城:扬州》、《月亮诗》。许多地方借中秋的契机,推出各种各样的现代文化活动。有些活动韵味十足,但有的活动却只是将"中秋"作标签,名义上是中秋活动,却无多少中秋的内涵,喧嚣之下,缺乏鲜明的文化、地域、传统等特色。

如今,每年的中秋节越来越热闹,可也让人越来越容易忘记。文化的结局,本应是回味无穷、余音绕梁。让人遗憾的是,除一些成功活动外,在月饼穿肠过后,心中文化无几多。人们不难发现,原来过的不是中秋节,而是热闹,且这种热闹的结局是"曲终人散"。现代文化怎样替代传统文化，二者之间如何结合，已经成了一个深刻的话题。中秋节走了，如何传承中秋文化的问题留下来了。

据有关调查显示，当今六成以上民众不知传统中秋经典文化；近四成知晓的，还是"夕阳红"群体。令人担忧的是，如果老一代也不传承传统中秋节文化，博大精深的中秋节传统经典文化，或许真的要出现断层。中秋佳节是几千年来传统文化的结晶，是取之不尽、用之不竭的文化宝藏。在当今时代，一个经典节日甚至可以照亮全社会。过中秋节不大力传承、弘扬中秋传统经典文化，不仅有辱使命，也是一种误区。

在传统的中秋节中，文化内容有很多。如划龙舟、看花灯、烧斗香、树中秋、放天灯、走月亮、舞火把、吟诗作赋、对月高歌、举家团圆……所以，中秋文化不能单纯地变为现代娱乐，还要把传统文化宝藏中的精彩内容大力弘扬。如果现代活动淹没一切，则是对中秋文化传承的偏离。

"嫦娥奔月"频频招手，"吴刚伐桂"频频示意，"玉兔捣药"频送秋波……每项传统中秋节经典文化，都足以让人魂牵梦绕、怀高界远，都会成为人们的美好向往和精神动力。我们有权利享受传统文化节日的滋养，有责任把传统节日文化世代相传。如今六成人不知中秋文化，足以敲响文化传承的危机警钟。文化传承同样是中秋节的灵魂。我们有中秋申遗的热情，更要有传承中秋经典文化的行动。传统节日的精彩与魅力，要靠传统经典文化来支撑。要想让传统节日成为人们受用不尽的宝藏，必须把传统经典文化做大、做强。我们既要有这种眼光，更要有务实的行动。

(选自《光明日报》2011年9月12日)

【知识储备】

一、应用文书概念

应用文是人类交往中为解决日常事务、发布信息而采用的一种文体。使用范畴非常广泛，几乎囊括所有的文字材料，因为从"实用"的角度来判断，任何文字都有其实用的价值和功效。因此，这里把应用文书界定为指国家机关、企事业单位、社会团体和个人在日常工作、生活中，为处理公私事务而常用的具有某种固定格式和直接应用价值的实用性文体。

二、应用文书的产生和发展

应用写作是在日常生活劳动中产生的。人类社会产生文字后，伴随着交流和记载的需要，应用文就产生了，因此应用文写作具有悠久的历史。

文章起源于应用写作。孔子曾经说："圣人书辞，统称文章。"在我国文学史上，文场笔苑争相斗艳，各种文体本没有严格的区分，不少彪炳史册的名篇，本身就是实用价值极高的应用文体，如李斯的《谏逐客书》、贾谊的《过秦论》、韩愈的《祭十二郎文》、苏洵的《六国论》、林觉民的《与妻书》。这些文章实用性很高，文体涉及极广，同时又是审美价值极高的散文。到了近代，西方文论的传入，文学创作才和应用写作逐渐明确起来。应用文书的价值日益突出，在日常生活中的比重日渐增大。

我国的应用文发展大致经过以下几个阶段。

三千多年前殷商时期的甲骨文是应用文的雏形。甲骨卜辞是迄今为止我们所知道的最早的应用文，广泛记载了当时社会生活的各个方面，内容包括政治、经济、军事、祭祀、狩猎、农业等活动,文字古朴,记事简练。

夏商时期青铜器铸造工艺已经十分娴熟,在青铜器上多刻铸文字,记载王公贵族的显赫事迹以及日常活动。

春秋战国时期,公文方面已经开始用印章,也有专门的史官来掌理文书。相传孔子把上古时代的历史文件汇编成《尚书》,收录了上古时代的典、谟、训、诰、誓、命等文书,对后世的应用文写作起到深远的影响。应用文集《尚书》的出现,表明应用文在先秦两汉时期已经发展到一定的程度了。

汉代,应用文有了进一步的发展,常用的文书种类繁多,仅以皇帝的名义发布的公文就有制、诰、诏、敕、册、策等。这些以皇帝名义发布的令文,就是俗称的"圣旨",一直沿用到清代。

魏晋南北朝时期比较注重文体的研究。曹丕的《典论》将文体分为八类四科,分别为奏议、书论、铭诔、诗赋,并且分辨了它们的不同风格差异:"奏议宜雅、书论宜理、铭诔尚实、诗赋欲丽。"

唐宋两代是应用文发展的高峰期。这时对公文的种类、格式、行文方向等作出了严格的规定。六典记载,唐代下行文、上行文分别有六种,平行文有三种。此时对公文的处理也有严格的规定,"一曰漏泄,二曰稽缓,三曰违失,四曰忘误,违者处刑"。

这个阶段还形成了一文一事制度、公文用纸制度、公文拟制与誊写制度、公文编号制度等。

明清的公文制度更加系统,并首次提出了"应用文"这一概念。清代的刘熙载在《艺概·文概》中说:"辞命体,推之即可为一切应用之文。应用文有上行,有平行,有下行。重其辞乃所以重其实也。"

新中国成立后,我国的应用文尤其是公文走上了规范化、系统化、科学化的道路。特别是改革开放之后,为适应市场经济的发展,各类应用文都有了长足的发展。现代化的办公条件和手段更为应用文的写作提供了物质上的保障。

三、应用文书的分类及作用

(一)应用文书的分类

应用文广泛应用于社会的各个行业,因其目的、性质、作用、格式不同,形成众多的种类,现依其功能大致分为以下几种:

1. 公务文书

公务文书又称法定性公务文书,简称公文,是指国家机关以法律法规所确立、为处理机关公务,具有特定的格式和处理程序的、从此机关到彼机关运行的文书。目前我国已确立的法定公文有六种:党的机关公文、国家行政机关公文、权力机关公文、人民解放军军队机关公文、人民法院公文、检察机关公文。我们常用的公文专指行政机关公文,是行政机关在行政管理过程中形成的具有法定效力和规范体式的文书,是依法行政和进行公务活动的重要工具,即国务院2000年8月24日发布的《国家行政机关公文处理办法》中列出的十三种公文:"命令(令)、决定、公告、通告、通知、通报、议案、报告、请示、批复、意见、函、会议纪要。"

2. 事务文书

事务文书是机关、团体、企事业单位为反映事实情况、解决问题、处理日常事务而普遍使用的文书,它具有很强的实用性、事务性和某种惯用格式。如计划、总结、调查报告、述职报告、简报、规章制度等。

3. 传播文书

传播文书是指为扩大机关团体、企事业单位、某一人物、事件或商品的影响，有目的地向公众进行宣传、公关的专用文书，包括新闻、通讯、广播稿、新闻评论、演讲稿、解说词、海报、导游词、广告、产品说明书等。

4. 经济文书

经济文书是指企事业单位处理各种经济事务时使用的文书，包括经济合同、市场调查报告、市场预测报告、市场决策方案、协议书、招标书、投标书等。

5. 法律文书

法律文书是指解决企事业单位之间经济纠纷时使用的文书，包括民事起诉状、刑事起诉状、上诉状、经济纠纷起诉状、申诉状、答辩状等。

6. 日常礼仪文书

礼仪文书是为礼仪目的或在礼仪场合使用的文书。礼仪文书可以包括贺卡、请柬、名片、祝贺信、慰问信、感谢信、喜报、祝酒词、祝寿词、礼笺、对联、介绍信、证明信等。

7. 科研文书

科技文书是指记录各项管理经验、总结各类科学研究成果的文章，包括实验报告、实习报告、学术论文、毕业论文、毕业设计报告等。

8. 谋职文书

谋职文书是应届毕业生谋取职位或在职人员谋取其他职位时使用的文书。包括求职信、应聘信、自荐信、推荐信、简历等。

依据其他分类标准分类如下：

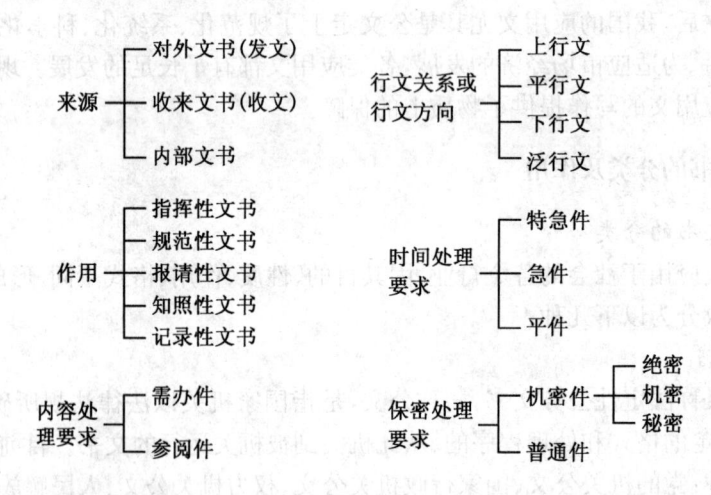

来源 —— 对外文书（发文）／收来文书（收文）／内部文书

行文关系或行文方向 —— 上行文／平行文／下行文／泛行文

作用 —— 指挥性文书／规范性文书／报请性文书／知照性文书／记录性文书

时间处理要求 —— 特急件／急件／平件

内容处理要求 —— 需办件／参阅件

保密处理要求 —— 机密件（绝密／机密／秘密）／普通件

（二）应用文书的作用

应用文书是人类在长期的社会实践活动中形成的一种文体，是人们传递信息、处理事务、交流感情的工具，有的文书还用来作为凭证和依据。随着社会的发展，人们在工作和生活中的交往越来越频繁，事情也越来越复杂，因此应用文书的功能也就越来越多了，这些文书的主要用途是：

1. 传递信息

新闻报道可以向最广大的受众传递最新发生的事件和信息；上行文报告可以让上级机关单位了解下属单位或机关的最新动向。

2. 处理事务

应用文最直接的作用就是解决问题,因而在事情开始之前的请示和批复,以及平级单位之间的函件来往中,往往写清楚对事务的处理方法和意见。

3. 交流感情

社交礼仪之类的文书,可以促进人与人之间、单位与单位之间的交流。

4. 用作凭证

证明信以及条据类文书在使用过程中直接作为凭证来处理;一些公文在发布之后往往要归档,可以在以后的事务发生纠纷和麻烦时,作为依据和凭证来使用。

四、应用文书的特点

1. 文体的实用性

"实用"是应用文最重要、最本质的特点,文中不仅要指出问题是什么,而且要明确提出解决问题的具体意见、办法。实用性是判断应用文好坏的价值尺度。例如,"寻物启事"就是失主通过对遗失物品的描述来达到找回失物的作用;"会议通知"就是要告知与会者需要知晓的必要情况。而文学作品则不同,文学作品以审美为宗旨,多数作品都是超越功利性和实用性的。

2. 体式的规范性

应用文书在长期的写作实践过程中逐步形成一套管用格式,并被大家接受而固定下来,个人不能随意改动。其体式的规范性主要表现在两个方面:一是文种的规范,即办什么事用什么文种,有大体的规定,不能乱用;二是格式的规范,即每一文种在写法上有大体的格式规范,不能随意变更。

3. 内容的真实性

真实性是指内容的真实确凿,实事求是。应用文书是为解决现实问题,指导实际工作而写作的,强调的是客观和真实,完全排斥虚构和杜撰,文中所写的数据、材料等,要真实、准确;所发布、传达的上级指示精神是确切的,没有经过任何艺术加工,否则作者将承担一定的行政和法律责任。

4. 语言的简明性

简明性是指应用文书在语言上务必简洁、明确。应用文书不追求语言华美、辞藻丰富,而注重语言的准确和简洁。简洁,才能提高办事效率;明确,才能保证工作质量。要避免使用一些不切实际的形容词和不适宜的比拟、夸张等修辞方法。

5. 行文的时效性

随着生活节奏的加快,机关、企事业单位的工作效率也在不断提高,相应地使用的应用文书也要更加及时高效。延误时间,时过境迁,就失去了它的实用价值。因此,应用文书具有很明显的行文时效性。例如,做事之前的请示、会议之前的通知、会议同步的记录、会后的简报、消息报道都必须及时,否则会影响工作的正常进行。

【例文评析】

国务院办公厅关于 2010 年部分节假日安排的通知
国办发〔2010〕40 号

各省、自治区、直辖市人民政府,国务院各部委、各直属机构:

根据国务院《关于修改〈全国年节及纪念日放假办法〉的决定》,为便于各地区、各部门及早合理安排节假日旅游、交通运输、生产经营等有关工作,经国务院批准,现将2011年元旦、春节、清明节、劳动节、端午节、中秋节和国庆节放假调休日期的具体安排通知如下。

一、元旦:1月1日至3日放假公休,共3天。

二、春节:2月2日(农历除夕)至8日放假调休,共7天。1月30日(星期日)、2月12日(星期六)上班。

三、清明节:4月3日至5日放假调休,共3天。4月2日(星期六)上班。

四、劳动节:4月30日至5月2日放假公休,共3天。

五、端午节:6月4日至6日放假公休,共3天。

六、中秋节:9月10日至12日放假公休,共3天。

七、国庆节:10月1日至7日放假调休,共7天。10月8日(星期六)、10月9日(星期日)上班。

节假日期间,各地区、各部门要妥善安排好值班和安全、保卫等工作,遇有重大突发事件发生,要按规定及时报告并妥善处置,确保人民群众祥和平安地度过节日假期。

国务院办公厅(印章)
2010年12月9日

【评析】

这是一份通知,语言简洁,行文的目的非常明确,就是告知全国各省、自治区等地或部门2011年的假期时间,以便于及早安排工作。全文结构清晰,采用纵式结构,即按照节假日的时间先后顺序来安排结构,采用数字编排,清晰醒目。充分体现了应用文体的实用性、真实性和简明性。

【温馨提醒】

1. 应用文体在现实生活中使用广泛,几乎涉及生活、工作的每一个领域,因此,了解应用文书的基本知识,可以为写作应用文打下一个良好的基础。

2. 应用文书种类繁多,了解各种文体的适用范围,可以归类学习,总结相同点,区别差异性,对学习应用文体的写作有很大帮助。

【拓展阅读】

应用写作与文学创作之间的差异

一、思维方式不同

应用文写作以逻辑思维为主,而文学创作以形象思维为主。

在应用文写作过程中,从产生写作动机到确立主旨、选择材料、谋篇布局、语言的运用等各个环节,都必须运用逻辑思维。如写一份金融市场预测报告,动笔之前则要进行大量的调查研究,搜集真实、准确的信息,然后再进行分析、归纳整理,得出预测结论,以指导金融实践。而文学创作则不同,贯穿整个创作过程的是形象思维,形象思维受创作者世界观的指导和支配,并受其对社会生活熟悉、理解的程度的制约。作者在创作文学作品的过程中,作品中的文学形象始终活跃在作者的眼前。姚雪垠在《李自成》的后记里曾这样写道："我常常被自己创造的人物形象激动得老泪纵横……"进行文学创作时情感因素主宰着作者的笔墨，主题的形成源于作者的主观意识，主要运用形象思维。

二、主旨表达方式不同

应用文的主旨表达鲜明、突出；文学作品的主题表达含蓄、委婉。应用文最忌主旨含糊隐蔽，唯恐语义不清引起歧义。应用文的作者希望读者一看标题就了解内容，正文的第一句话就应接触中心。开门见山，开宗明义，是应用文写作的基本原则；一目了然，明白晓畅，是应用文写作的根本技巧。例如《中国人民银行关于加强信贷规模管理的通知》一文，标题就表明了作者的态度——要加强信贷规模的管理。这一态度及如何加强管理，就是全文的主旨，即作者的主张与意图。

与之相反，文学作品的主题不是直接告诉读者，而是由作者所描绘的社会生活现象自然显示或流露出来，主题含蓄、委婉。我国古代长篇巨著《红楼梦》的作者曹雪芹，少年时代过着锦衣玉食的豪华生活，后其父因事被削职，举家过着借米食粥的贫困生活。于是他"披阅十载，增删五次"，终于用他的伟大著作发出了封建制度走向全面崩溃的预告，作者以广阔的社会生活为背景，塑造了众多栩栩如生的典型形象，而它的全部主题都寓于形形色色的人物形象和故事之中。

三、语言风格不同

应用写作的语言朴实无华，言简意赅；文学作品的语言生动、形象，富有艺术感染力。

应用写作的内容完全是写实事的，其"务实"的特性决定了它的语言朴实无华、言简意赅的本色。

文学创作的语言则讲究生动、形象，浓墨重彩。"用语言雕塑、描写的艺术是语言艺术，即文学。"用艺术的语言描绘环境（自然环境和社会环境），塑造形象，使其具有强大的艺术感染力，发人深省，催人泪下，震撼人心……

四、面对的读者不同

应用文的行为方向明确，读者可知；应用文的行文方向的一般分为上行、下行、平行三个方向。文学作品的行文方向不定，读者难测。因而作者必须调动一切文学手段，尽可能多地吸引读者，做到新颖独到、雅俗共赏。

五、时效性不同

应用文须及时传达、贯彻、实施、过时无效，文学作品可历经沧桑，超越时空，经久不朽。应用文应需而生，是具有实用价值的交际工具，必须及时贯彻执行。如上级下发的指示、决定、通知、批复等，都有一定的时限要求。

（选自论文天下，经过删改）

写作心语：

应用写作需要在实践中不断积累经验。平时多动手、多思考是一个重要的途径，勤于观察、敏于思考、广泛阅读、勇于实践，通过不断学习提高自身解决实际问题的能力。

第二节 应用文书主旨与材料

主旨、材料、结构和语言是文章写作的四大要素，同样也是应用文书写作的基本要素。

如果说主旨是灵魂,材料是血肉,那么结构就是文章的骨架。主旨是解决"言之有理"的问题,材料是解决"言之有物"的问题,结构则是解决"言之有序"的问题。

【范文示例】

民教网致全国网友的中秋贺信

各位网友:

  金秋送爽,丹桂飘香。值此中秋月圆、阖家欢聚、举国欢庆建国 60 周年之际,中国民办高等教育学生信息网全体员工向支持、关心我们的新老朋友致以最诚挚的问候和最衷心的祝福。

  海上升明月,天涯共此时。在此,我们举杯遥祝您及您的家人:

  花好月圆 事顺家兴

中国民办高等教育学生信息网
二〇〇九年九月三十日

【知识储备】

一、应用文书的主旨

(一)主旨的含义

  主旨又称主题,是文章的材料所表达的中心意图或基本观点,是作者对客观事物的评价和态度。

  应用文的主旨多是主题先行,意在笔先。因为应用文多是根据工作上的需要而进行的文种拟写,在行文前,主旨和目的非常明确。有的是机关意见或领导意图的集中体现,并非像一般文章那样是自己思想与情感的流露,因而主旨是执笔者根据领导者和决策部门的意见提炼而成,并不完全取决于自己的意志。

(二)主旨的要求

应用文的主旨应力求正确、集中、深刻、鲜明。

1. 正确

  主旨正确是应用文写作的基本要求。所谓正确,首先指要符合国家的法律、法规,符合国家的方针路线;其次还要在反映客观事物及其规律时,不能有偏颇,要能经得起实践的检验。

2. 集中

  所谓集中,指应用文要求内容单一,一文一事,即一份文书只能反映一个主要意图,要就事论题,不枝不蔓。只有主旨高度集中、单一,才能强化公文的表达意图和效果,有效地指导和推进工作。

3. 鲜明

  应用文书中必须明确地说出主旨,而不能像文学作品那样隐晦含蓄;赞成什么、反对什么,都必须鲜明地表达出来,让人一目了然。

(三)阐明主旨的主要方法

1. 标题阐明

在标题中阐明文书的主旨。例如:《××公司关于实行"产品三包"责任制的通知》,这个标题,鲜明地告诉人们通知的目的,点明了主旨。

2. 开宗托旨

应用文中,常常使用开宗明义的方法,在文章的开头部分,用简明的语言把主旨概括出来。如"为加强城市管理,提高行政执法效率,避免多头检查和重复处罚,改善我市投资环境和生活环境,根据中华人民共和国行政处罚法的基本原则,结合我市的实际情况,特作如下决定"。

3. 小标题显旨

有时候,文章的主旨可以分为几个部分,可分别用小标题的方法进行逐一阐明。需要注意的是,小标题之间,须有合理的逻辑关系,而且都要和主旨相统一。例如:

××学校××年工作总结

××年是我校进一步深化改革的一年,是教学、科研等各项工作取得明显进步的一年。在市委市政府的直接领导和关怀下,在校党委和全体教职员工的共同努力下,我校抓住机遇,大胆改革,锐意创新、开拓进取,收到显著的成效。

一、贯彻国家会议精神,制定学院整体改革思路

二、突出教学中心地位,提高教学质量

三、发挥科研基础作用,为教学和决策服务

四、强化服务保障功能,改善办学条件

五、加强自身建设,保证改革措施落实

4. 呼应点旨

在文章开头写明主旨之后,在文章的结尾处再次提出,做到首尾呼应,加深印象。例如,在计划开头写道:为了更好地完成本年度的工作,特制订如下计划。到结尾的时候,可以再次点明这样的内容。

二、应用文书的材料

(一)材料的含义

材料,是指作者为完成文章的写作,体现自己的写作意图和目的,从实际工作、学习、生活中搜集到的或写入文章中的一系列事实根据和理论根据,如人物、事件、数据、例证、原因、道理等。它包括经过作者选择提炼后写进具体文章中的材料,以及作者在写作之前搜集积累的原始材料。

材料是写作活动的基础,是构成文章的一个基本要素,应用写作的过程,就是作者将各式各样的原始材料进行分析、提炼、综合加工的过程。有了切实、充分、具体的材料,构思才有依托,剪裁加工才有对象,写作活动才能得以进行。

(二)选材的要求和方法

1. 选材的要求

首先是全面,着眼于一个"博"字;其次是深入,着眼于一个"透"字;最后是细致,着眼于一个"细"字。

2. 选材的方法

观察。这是取得第一手材料的主要途径。

体验。通过体验,获得切身感受,以积累素材。

调查访问。通过综合运用观察、体验、查询、阅读等手段,采用开座谈会、个别访问、现场了解、蹲点调查、问卷调查等方法有目的、有计划地采集第一手和第二手的材料。

阅读观听。可以通过报刊剪贴、复印、录音、录像等手段来获取资料。

计算机检索。它是当今最便利、最普遍的搜集材料的方法。

(三)选材的原则

1. 符合文章主旨

凡是与主题有关,并能很好表现主题的材料,就选用;凡是与主题无关或似是而非的材料,就舍弃。对已经选定的材料,根据主题需要决定详略。

2. 真实

要符合实际情况,不能杜撰,也不能夸大或缩小,要认真核对,绝不能出错。

3. 典型

指材料所具有的代表性和普遍意义。选材贵在精,精就精在"典型"上。

4. 新颖

一是新近发生的别人未曾使用过的、鲜为人知的材料,如新人、新事、新方针、政策、新的统计数字、新成果、新发生的问题等;二是虽为人知却因被变换角度而具有新意的材料。

(四)材料的使用

1. 量体裁衣,决定取舍

根据文章体裁不同,对选定的材料进行不同的剪裁加工。所谓取舍,针对的是一些法规性、指令性文书,多数材料只是作为写作的依据,不进入正文。

2. 主次分明,详略得当

使用材料时,能直接说明和表现主题的,应置于主要核心地位;配合或间接说明、表现主题的,应置于次要地位。两者是"红花"与"绿叶"的关系。骨干核心材料,要注意详尽;过渡材料、交代性材料,要相应从略。

3. 条理清晰,排好顺序

对已选定的材料,应根据事物发展的过程、人们的认识规律或材料之间的逻辑关系排好顺序,将各种不同类型的材料合理搭配,有条不紊地写出来。

【例文评析】

感 谢 信

外交部领事司并转中国驻美大使馆:

你们好!

我是爱荷华大学商学院一名中国博士生的父亲,怀着万分感激之情,向你们表示并请代为转达对驻芝加哥总领馆的真诚谢意。

我的孩子2011年6月12日在爱荷华发生车祸严重受伤。事故发生后,全家心急如焚,既为孩子安危担忧,又为如何尽快办理赴美手续而焦急。驻芝加哥总领馆得知后,很快派人驱车4个多小时看望我的孩子,了解情况,帮助解决实际问题,并来电对我们进行安慰,介绍事故和救助情况,又委派王磊领事积极帮助协调赴美事宜。在总领馆及王磊领事的积极努力和帮助下,我和爱人分别于6月24日和7月10日赴美。这不仅是对我们家庭的巨大帮助,也在我的同事和爱荷华大学我的孩子的同学中引起很大反响,充分反映了总领馆工作人员为民解忧和分忧的良好风尚。你们是海外同胞的亲人和依靠,你们这种为民服务的精神将永远值得我们学习。真诚地感谢你们!

目前,孩子恢复状况良好。希望他能早日学成回国,报效国家。

再次感谢你们,并请你们代为转达我们全家对驻芝加哥总领馆的真诚谢意。

学生家长××
二〇一一年八月二十八日
(选自中华人民共和国外交部网)

【评析】

这是一封感谢信,主旨十分明确,就是对驻芝加哥总领馆的真诚谢意。在文章的结构上也完全遵循感谢信的格式要求。感谢信充满感激之情,对事件的来龙去脉写得清晰简洁,很好地表现了主旨。

【温馨提醒】

1. 应用文书的主旨一般是先于写作的,不能在写作过程中进行改变,这是和文学作品不同的地方。一篇文书中只能有一个中心观点。

2. 大多数应用文书是选择若干材料,从不同角度、不同层次,阐明主题。写作过程中,将同类型的材料结合使用,可以优势互补,提高整体表达效果。常用的结合方式有:理论材料与事实材料结合;具体材料与概括材料结合;文字材料与数字材料结合。

【拓展阅读】

古代文书知多少?

- 典:颁布政令、法典的文书
- 命、诰、谕、诏、旨:朝廷的下行文
- 章、表、奏、议、疏:百官的上行文
- 令、教:诸侯的下行文
- 移:平行文
- 檄(露布):布告性文书
- 关:通知、通报,关牒(护照)
- 咨:平行文,查问文书,如国情咨文
- 咨呈:请示性文书
- 照会:不相隶属的往来文书
- 告示:晓告百姓的文书
- 铭:警戒、记载功德,如座右铭
- 书、简、牍、笺、素:民间往来应用文
- 序、引、跋:文前、文后的文字

写作心语:

应用写作需要有务实的文风,这就要求日常工作中要更多地结合自己单位的实际情况,广泛了解各种信息,做一个"通灵宝玉",同时把握中心,依据有关结构组织材料,就一定能够"妙笔办事"。

第三节 应用文书结构与语言

【范文示例】

胡锦涛在大运会开幕式欢迎宴会上的致辞

中华人民共和国主席　胡锦涛
(二〇一一年八月十二日　深圳)

尊敬的基里安主席,尊敬的各位国家元首、政府首脑,尊敬的各位国际大体联执委会委员,尊敬的各位来宾,女士们,先生们,朋友们:

今晚,第二十六届世界大学生运动会将在深圳隆重开幕。我谨代表中国政府和人民,对各位嘉宾表示热烈的欢迎!

世界大学生运动会自1959年创办以来,秉承"发展大学生体育运动、促进国际团结合作"的宗旨,为各国各地区大学生运动员同场竞技、展示英姿搭建了平台,为世界各国各地区青年加深互相了解、增进友好感情架起了桥梁,有力推动了国际青年体育事业发展。

半个世纪以来,各国各地区大学生运动员在赛场上奋力拼搏、勇创佳绩,展现了朝气蓬勃、昂扬向上的青春风采。不同国家、不同民族、不同宗教信仰的青年学子在大运会上友好交流、积极互动,多彩的文化在这里交融,友谊的种子在这里播撒,合作信念在这里凝聚。这是大运会的魅力和真谛所在。

女士们,先生们,深圳是中国最年轻的大城市,这里充满生机活力,是观察当代中国的重要窗口。我相信,在深圳市政府和人民几年来精心筹办的基础上,在国际大体联和各国各地区代表团积极参与和共同努力下,本届大运会一定能办成一届有特色、高水平的运动会,在世界大运会历史上写下精彩的一页。

现在,我提议:

为本届大运会圆满成功,

为世界各国人民团结和友谊,

为各位嘉宾和家人健康,

干杯!

(资料来源:新华社深圳8月12日电)

【知识储备】

一、应用文书的结构

(一)结构的含义

结构是指一篇文章的组织形式和内部构造,是文章的骨骼。文章在确定主旨之后,要按照一定的思路对材料进行组织和编排,使其言之有序、匀称协调、详略得当。

(二)结构的内容

应用文书结构随文体的不同,格式要求也相应会有改变。虽然应用文书的结构"定体则无",但一般的要求和内容,如层次、段落、过渡、照应、开头、结尾等却"大体须有",是每一个应用文体都应具备的。

1. 层次与段落

层次是文章内容展开的先后次序。段落是相对独立的表达思想的最小单位,以自然段为标志。层次大于或等于段落,有时一个段落恰好是一个层次,有时几个段落表现一个层次。段落完整、层次分明是一篇文章的基本要求。

安排层次的类型:

(1)横式,即思维横向发展的结构方式。它是把整体划分为若干个并列部分,或按照空间方位的变换,或按照材料的不同性质和类型,或按照问题的不同侧面等,各部分之间互不交织、平等并列,从不同方面和角度共同揭示了事物的整体面貌和主旨,这种结构形式,在应用写作中运用很广泛,述职报告、调查报告、总结等文体经常采用。

(2)纵式,即以思路纵向展开的方式,可以按时间顺序或逻辑顺序安排段落层次。以逻辑顺序安排层次时,可以表现为由个别到一般、由现象而本质、先原因后结果、先宏观再微观等,各个层次之间环环相扣、层层递进,条理性强。

(3)纵横结合式,即文章中综合使用纵式和横式结构,分为整体纵式结构,局部横式结构;或整体横式结构,局部纵式结构。

2. 过渡与照应

(1)过渡

指层次或段落之间的衔接与转换,在文章中起着承上启下的作用。一般情况下,当内容由总到分或由分到总时、意思转换时以及表达方式变化时,需要安排过渡。过渡的形式有段落、句子或词语。如上下文空隙大,转折也很大,常用过渡段连结。上下文空隙小,多用提示性的句子,如公文中,常有"特此通告如下"、"现将有关事项告知如下"、"为此,特制定本条例"等作为过渡。在意思转折不大的情况下,多用关联词,如"因为"、"所以"、"但是"等作为过渡词。

(2)照应

指文章内容的前后呼应和关照,可以使文章结构周密严谨、浑然一体,还能使某些关键内容得到强调,突出主题。在应用文中,常用的照应方法有:

①首尾照应。即在文章的结尾处,把开头交代的事或提出的问题再次提起,有的进一步加以概括、归纳、补充,如论文、总结、调查报告等。

②文题照应。即在行文中时时照应标题,对主题加以强调、提示。如大多数公文标题中都包含着"事由",文章内容自然要与标题相照应。

③文中照应。即文章自身前后内容间的照应,如某些细节和问题在行文中不断被提起,这样能强化印象,更好地实现作者的表达意图。

3. 开头与结尾

(1)开头

开头是全篇文章的第一步,可以起到统领全篇、展开全文的作用。

常见的开头方式有:

目的式。就是将写作的目的和意义直接说明。一些公文常用这种方式,常用介词"为"、

"为了"领起。

根据式。就是开头阐明撰文的根据，或引据政策法令和规定指示，或引述全文，或引据事实和道理，常用"根据"、"按照"、"遵照"等领起下文。

原因式。就是以交代行文的原由作为开头，常用"由于"、"因"、"鉴于"等引出原因或简述某种情况作为原因，再引出写作目的。

概述式。就是在开头部分对文章内容的背景、基本情况、主要内容加以概述。采用这一方式，能起到提纲挈领的作用。

结论式。就是将结论、结果先作交代，再由果溯因。

提问式。就是开篇提出问题，然后引起下文，常见于调查报告的写作。

引述式。常用于有具体规定格式的文体中，如"合同"，或引述下级来文、上级指示精神，或有关政策法规，以此作为撰文的依据。如批复、函等常用这种方式。

(2) 结尾

结尾是全文的结局，能帮助读者加深认识，把握全篇，达到预期的写作目的。

常见的结尾方式有：

自然收尾式。就是在主体部分写完之后，事尽言止，自然收结。

总结归纳式。指在主体写完后，对全文的主旨进行简要的概括，总结全文。

强调说明式。是在应用文的结尾处，对全文的主旨意义、重要性进行强调，以引起读者的注意。

希望号召式。就是在结尾部分提出希望，发出号召，展望未来，以鼓舞斗志。

专门结尾用语式。就是在结尾处，采用特定的用语结束全文。

(五) 应用写作的结构模式

应用写作的结构模式如表1-1、表1-2所示：

表1-1　　　　　　　　　　无特定受体的三板块结构模式

序号	板块名称		说明
1	标题		如事务文书中的计划、总结、调查报告、简报等，法定公文中的泛行文，广告文案，新闻报道，经济合同，规章制度等。
2	正文	开头(有时省写)	
		主体	
		结尾(有时省写)	
3	文尾	署名(有时移于标题上或标题下)	
		成文日期(有时置于标题下)	

表1-2　　　　　　　　　　有特定受体的四板块结构模式

序号	板块名称		说明
1	标题		
2	称呼或主送		
2	正文	开头(有时省写)	如讲话稿、演讲词、慰问信、表扬信、感谢信、自荐信、证明信、申请书、聘请书、邀请书，有特定主送的公文等。
		主体	
		结尾(有时省写)	
3	文尾	署名(有时移于标题上或标题下)	
		成文日期(有时置于标题下)	

(三)结构的要求

1. 要突出主旨

主旨是应用文书的统帅和灵魂,结构必须服从主题的需要,为表现主旨、突出主旨服务。例如怎样安排开头与结尾、怎样划分层次与段落等,都要围绕主旨进行。这样,才能使文章组成一个严谨周密、内容和形式统一的有机整体。

2. 要适应不同文体的要求

应用文书种类繁多,结构的样式和要求也不尽相同。因此,在构思应用文书的结构时,必须考虑应用文体的样式规范。

3. 要严谨周密、完整匀称

大多数应用文不要求行文曲折波澜、文采飞扬,而要求纲举目张、清晰周密,以便读者把握要领或贯彻执行,所以要求执笔者思路清晰、思维严密,以主旨贯穿全文始终,不枝不蔓,重点突出,符合格式要求。

二、应用文书的语言

语言是表情达意、交流沟通的工具。一篇文章有了主旨,有了翔实的材料,有了组织结构,最终都要通过语言文字表述出来,使它成为有形的东西,否则就不能存在。因此,准确而熟练地掌握语言这个表情达意、交流思想的工具,是应用文书写作的基本功。

(一)语体

语体色彩又称风格色彩。它是指与特定语体相适应的词的风格特色。词的语体色彩反映了词与交际场合的关系。

(二)语体分类

1. 口语语体。口语语体一般通俗活泼,如"脑袋瓜、个儿(个子)、法儿(法子)、瞅、乐、哆嗦"等都带有口语色彩。

2. 书面语体。书面语体一般庄重典雅,如"头颅、身躯、措施、殴打、观看、欢笑、颤抖"等都带有书面语体色彩,大致可分为以下四种:

(1)文艺语体,如"心弦、荡漾、袅娜";

(2)政论语体,如"公民、专制、复辟";

(3)科技语体,如"锐角、化合、安培";

(4)事务语体,如"兹、为荷、此布",应用文书语言属于事务语体。

另外还有一些不带特定的语体色彩,是通用词,如"头、身材、办法、打、看、笑、发抖"等。

(三)应用文书语言的特点

应用文书的语言和文学作品比较起来,又具有其自身的特点。

1. 表达周密、严谨。

2. 用词力求准确、明晰,避免产生歧义。

3. 有一套较为固定的习惯用语。这些习惯用语保留了一定的古语成分。如"值此……之际"、"欣悉"、"此令"、"特此通告"、"当否,请批示",等等。

4. 多用书面语,言简意赅。力求用尽量少的文字,把比较复杂的意思表达清楚,语言简练、平实。一般不用描写、抒情句,也较少使用各种使文章形式形象化的修辞手段。

(四)应用文书语言的要求

"工欲善其事,必先利其器"。提高语言表达能力,恰当地使用语言,是提高写作能力的基本途径之一。概括起来,应用写作的语言要求主要有恰当准确、平实得体、简洁明了、严谨规范四点。

1. 恰当准确

应用文书是据以办事的文章,因而对它来说,准确性的要求就更高。应用写作,应力求做到文如其事,恰如其分。要讲究提法,讲究分寸,注意科学性。比如拟通报,任何一部分都必须真实。甚至一句话、一个词,如果使用不真、不准、不当,都会因造成对被表扬或被批评者的心理影响而失去通报的价值。一些表示程度和范围的词语,像"基本上"、"大体上"、"普遍"、"个别"、"有所"、"一定"、"比较"、"适当"等,使用时一定要根据具体情况准确地选择,不能随便拿来就用。一件事情只完成一半,就不能说"基本上完成",一项活动,多数人参加,不能说成"普遍参加"。

准确地使用语言,在应用写作中,还特别要求对事物的态度鲜明,切勿模棱两可,含糊其辞,以免产生歧义,延误工作。像"大致尚可"、"事出有因,查无实据"之类,意在推诿责任,含糊了事,要避免使用,以免影响文章内容的表达。语言的准确还包括各种概念结论都要准确,例如"翻两番"这个概念,有的提法是在原来的基础上增加两倍,有的认为是提高到两倍。

2. 平实得体

平实是指应用写作语言的朴实无华、平易通俗的本色。应用文书是用文字联系工作、反映情况、解决问题的,因此一个字、一句话,往往至关重要。为了便于读者理解,准确地掌握分寸,应用写作的语言应力求平实。

应用文书中一般不包括欣赏因素,而主要要求全文能够准确通顺地把客观事物说清楚。行文时多用平直的叙述,恰当的议论,简洁明了的说明。比如公文,它具有行政约束力和法定的权威性,要充分体现党和国家机关处理公务的严正立场和严肃庄重的态度。因此,用语必须朴素、切实,不能浮华失实,不能乱用形容词或俚俗口语。如一份反映会议情况的报告说:"在整个会议期间,天气晴朗,风和日丽。群情激昂,充分显示了会议圆满成功的气氛。"这段文字就显得不够庄重、朴实,不符合公文语言的特点。

应用写作要求语言平实,但平实不等于平淡。应用文一般不排斥生动、形象的语言,复杂一些的应用文尤其如此。我国历史上保留下来的许多文章既是应用文,而同时又是文学佳作。例如,给皇帝上书的表章,应属应用文章,而诸葛亮的《出师表》、李密的《陈情表》等,都写得生动感人,语言运用艺术达到了炉火纯青的地步,因而又都成为著名的文学作品。其中的佳句,如"鞠躬尽瘁,死而后已"、"日薄西山,气息奄奄"等,至今仍脍炙人口。所以,在应用文写作中,在重视实用性的前提下,也要注意语言的表达艺术。

3. 简洁明了

简洁明了指用尽量少的语言反映尽量多的信息,做到言简意赅。要做到简明,首先在内容上要精简,压缩篇幅,突出主干,删去与主题关系不大的文字内容;其次在用词上要反复锤炼,提高概括能力,可以适当使用缩略语、成语等,如"五讲四美"、"夜以继日"等。但要注意用词需通俗,不要使用生僻晦涩的字句。

4. 严谨规范

应用文要求使用规范的书面语,词义严谨、周密,要使受文对象清楚、明白无误地知晓此文的内容和用意。严谨要求的是语义没有歧义,只能有唯一的解释。例如一份合同中对供货质量的要求是"羊皮大小一平方尺以上、有破损的不要",语言不严谨,容易让人产生误解和歧义,可以理解为"要的羊皮是一平方尺以上,没有破损的",也可以解释为"只要是一平方尺以上的,有破损的都不要"。规范是指在写作过程中要使用规范的书面语言,尤其在公文中,如"承蒙"、"收悉"、"当否"等词语,使用有其特定的文体要求。例如"以上报告,如果没有不妥当的地方,请批准"这句话中,语言使用不规范,口头语言应改为书面语,应写作"以上报告,如无不妥,请批准"。

(五)应用文书的专门用语

应用写作中有其专门的术语,在不同场合使用,参见附录二。

三、应用文书语言的表达方式

一般文章和文学作品的写作中,使用的表达方式有叙述、说明、描写、议论和抒情;在应用文书的写作中,因为受文体特色和写作目的的制约,主要的表达方式有叙述、说明、议论三种。

(一)叙述

叙述是应用文写作中最基本、最常用的表达方式。叙述,指的是将事件的发展变化过程或人物的经历叙说出来的一种表达方式。完整的叙述包括时间、地点、人物、事件、起因、结果六要素。在情况报告、表彰或处罚通报、总结、市场调查报告等文种中经常要用到叙述。

1. 叙述人称

应用写作中叙述,常用第一人称("我"、"我们")和第三人称("他"、"他们")。使用第一人称"我"、"我们"系指执笔者本人,或执笔者所代表的群体、单位。常使用第一人称的文种如书信、请示、报告、计划、总结等。有的应用文体如新闻报道、调查报告、会议纪要,为表明执笔者的立场客观公正,传播的信息真实可信,常采用第三人称写作。有时为简要起见,也使用无主句。有些应用文体,三种人称还须同时使用,如涉及第三方的来函、去函、情况通报等,就经常出现"我方"、"他方"、"你方"等。

2. 叙述顺序

应用文书中的叙述方式有顺叙、倒叙、插叙、分叙等。如果在文书的写作中需要讲清事件的发展过程,介绍单位的基本情况,一般都是按顺叙,即时间先后为序来叙述。因为应用文重在实用,并不追求故事的曲折生动、扣人心弦,所以采用直接的方式进行叙事。倒叙、插叙、分叙等用得较少,只在通讯、消息、调查报告的写作中才用得上。

3. 叙述的要求

应用文书中的叙述要尊重客观事实,力求真实准确,不带主观感情色彩;以概述为主,注重对事件的整体勾勒,不讲求细节生动,尽可能用概括的语言说出其前因后果、来龙去脉,使读者了解其概况即可。

(二)说明

说明是指用简明扼要的文字对事物、事理的状态、性质、功能等进行客观解说和介绍的表达方式,在应用写作中使用广泛。

1. 应用文书中使用说明的情况

在应用文书中,解说词、广告词、说明书等文体,主要用说明的方法来写作的;总结、简报、调查报告等文种,对某一基本情况的介绍,也多是使用说明;条例、规定、规章制度等专用文体,以及其他文体如经济文书、科技文书、诉讼文书、行政公文等,也常常借助说明的方法解释事理,剖析事理。

2. 说明的方法

说明的方法多种多样,有定义说明、解释说明、举例说明、引用说明、数字说明、比较说明、图形说明、分类说明等。

(三)议论

在应用写作中,议论是经常使用的一种表达方式。对某一事件或某个问题进行分析、评判,表明自己的立场、观点。其主要特点是证明性,即通过摆事实、讲道理,或证明自己观点的正确,或驳斥对方观点的错误。

1. 应用文书中使用议论的情况

在应用文中,调查报告、总结、通报、决定等文体,经常在叙述事实、说明情况的基础上,表明对人物、事件、问题的评价。指示、决议、会议纪要等公文,也常用议论来阐明党和国家的方针、政策,让下级机关和群众理解和执行。

2. 应用写作议论与一般议论的区别

(1)一般议论文中,议论是最主要的表现方法,论点、论据、论证三要素需齐备。在应用文写作中,最主要的表达方式是叙述和说明,议论居于从属的地位,一般只是在叙述、说明的基础上进行。

(2)应用写作的议论,不需要复杂的多层次的逻辑推理,也不一定具备论点、论据、论证这样一个完整的议论过程,而只是在需要分析论证的地方,采取夹叙夹议的方法,或采取三言两语的方式,点到即止,不作深入论证。

3. 议论的要求

运用议论要注意:一要庄重,对任何事物的评价要实事求是,以理示人,以理服人;二要明快,要直截了当地阐明观点,不拐弯抹角,不回避矛盾。

【例文评析】

争创"文明网站"倡议书

互联网是公众精神文化活动的重要空间,是社会主义精神文明建设的重要阵地。中央文明办、中央外宣办、工业和信息化部、公安部、文化部、广电总局、新闻出版总署在全国组织开展创建"文明网站"活动,符合我国互联网健康发展的客观需要,顺应广大群众的迫切愿望,是加强网络文明建设的实际行动。我们百家坚决拥护和积极参与创建活动,并向全国网站发出如下倡议:

一、坚持依法办网、守法经营,严格规范网站建设与管理,自觉遵守国家关于互联网发展和管理的法律、法规和政策,接受行政管理和业务指导,不违法违规开展业务。

二、完善内部教育管理体系,全面提高从业人员素质,增强责任意识、职业素养和道德水平,培育遵纪守法、爱岗敬业、诚实守信、服务人民、奉献社会的行业风气。

三、规范网上传播秩序,建立健全有害信息的发现、监督和处置机制,遵守信息发布和新闻传播有关法规,确保网上信息安全流动,营造良好网上舆论氛围。

四、净化网络文化环境,坚决清理淫秽色情及庸俗、低俗、媚俗等信息,始终把社会效益放在首位,引领网络道德风尚,为广大青少年提供健康的网上空间。

五、增强网上舆论鉴别能力,坚决抵制非法网络公关等现象,拒绝为恶意炒作、操控舆论等非法牟利行为提供便利与平台,自觉维护网络舆论环境和市场经济秩序。

六、切实履行社会责任,不造谣、不传谣、不信谣,杜绝虚假信息,保护公民隐私等合法权益,增强网络媒体公信力,为网民建立真实、可信、可靠的互联网使用环境。

七、强化行业自律,恪守行业规范,主动开展自查自纠,对违反法律法规、违背社会公德的有害内容不链接、不发送、不登载,抵制一切有悖于网络文明、有碍社会稳定的行为。

八、真诚接受社会监督,建立举报受理机制,畅通网站举报渠道,对各方投诉反映的问题及时处置反馈,以理性开放的心态对待各界意见建议,让人民群众放心满意。

九、开展网络文明实践活动,努力创作积极向上、喜闻乐见的网络文化产品,引导广大网民树立正确的网络观,养成科学、文明、健康的上网习惯,为提高全社会文明程度作贡献。

十、全面提高网站文明服务水平,改善服务社会能力,热心参与公益事业,塑造良好文明形象,并不断总结经验、扩大网民参与,推动"文明网站"创建工作制度化、规范化、常态化。

从"蹒跚学步"到蓬勃发展,中国互联网走过了不平凡的岁月。回顾发展历史,我们备感自豪;面对亿万网民的殷切期盼,我们责任重大。让我们携手并进,不辱使命,着力传播网络先进文化,树立网络道德风尚,提高网络服务质量,为建设文明、健康、安全、和谐的网上精神家园而共同努力。

人民网、新华网、中国网络电视台、中国网、
光明网、新浪网、搜狐网、网易、腾讯网、
百度、开心网等全国百家网站
二〇一一年五月十六日

(来源:新华网)

【评析】

在 2011 年 5 月 16 日召开的全国创建"文明网站"活动视讯会议上,全国百家网站向全国网站发出争创"文明网站"倡议书,倡议全国网站携手并进,传播网络先进文化,树立网络道德风尚,提高网络服务质量,为建设文明、健康、安全、和谐的网上精神家园而共同努力。全文语言简洁明确,质朴规范,用词严谨,在表达方式上采用的多是概述。

【温馨提醒】

1. 应用文书的结构有固定的要求,例如消息,要求写出消息的六要素等内容,但在不同新闻的报道中,又可以灵活安排结构。因此在写作中,既要遵循格式规范,又要注意自己的写作风格。

2. 应用文书的语言要规范,其文章中的数字、数据书写也要规范,要遵循出版物的数字规范写法。

3. 表达方式中的议论,一般要夹叙夹议,与叙述、说明相结合;重视数据和材料,不做单独的深度议论。

【拓展阅读】

秀才买柴的故事

笔者曾经看到一则秀才买柴的故事,觉得颇有借鉴意义。在这里与大家分享一下:有一个秀才去买柴,他对卖柴的人说:"荷薪者过来!"卖柴的人听不懂"荷薪者"(担柴的人)三个字,但是听得懂"过来"两个字,于是把柴担到秀才前面。

秀才问他:"其价如何?"卖柴的人听不太懂这句话,但是听得懂"价"这个字,于是就告诉秀才价钱。

秀才接着说:"外实而内虚,烟多而焰少,请损之。"(你的木材外表是干的,里头却是湿的,燃烧起来,会浓烟多而火焰小,请减些价钱吧。)卖柴的人因为听不懂秀才的话,于是担着柴就走了。

由这则故事,我们可以得出这样的结论:撰写应用文,最好用简单的语言、易懂的言词来传达信息,而且对于说话行文的对象、时机要有所掌握,有时过分的修饰反而达不到想要完成的目的。

写作心语:

应用文语言要适应不同文种的需要,说话有分寸、适度。用于社会公共服务的文件,更要注意词语平和而有礼貌,表示出热诚服务的愿望。

【文体训练】

一、在括号中选出适合文体的词。

(兹、在此、这里)介绍(我、本)院刘明等(3、三、叁)人前往(你、贵)公司(洽谈、商量、说合)合作办学(事情、事项、事宜),请予(接待、接洽)(为好、为盼、为荷)。

二、根据应用文书语言的要求,修改下面一段话。

据了解,2008年以前,杭州学车人数每年都在十三到十八万之间,但去年,杭州市一百零五家驾培机构的培训量突破了二十万人次,达到二十三点八万,同比增长百分之25.9,增长最快的是嘉兴,达到85 000人,同比增长四十五个百分点。

三、读下面一则通告,分析这篇通告的主旨是否正确。

××五金厂关于加强安全保卫工作的通告

近来,我厂连续发生盗窃、斗殴和小型失火事故。有数位职工被歹徒打伤,财物损失数万元,为保证工厂的正常生产秩序,特作如下通知:

一、凡是本厂职工进入厂门,均要佩戴厂徽标志,否则作违反厂纪处理,扣发奖金。

二、外来人员进入工厂时,必须持所属单位介绍信或证件登记,出厂时,应接受行李物品,甚至搜身检查。

三、来客投宿,有关人员应报厂保卫科批准。在此期间,如厂内发生盗窃、失火事故,来客不准离开工厂,并要集中接受审查。

四、厂内职工离开车间或办公室,应关好门窗,以防小偷破门而入。

告知自××年二月八日生效。凡自觉执行本公告的给予表彰,拒不执行者予以经济处罚或行政处分。

(印章)
××年二月一日

四、阅读下面这篇微观经济评述并回答问题。

色彩斑斓令人心动　价格高昂难以拥有
水族箱,几人能搬你回家

令人心旷神怡的水族箱,在我市各大商场里一出现就引起人们的极大兴趣。但是,真正

掏腰包购买的却一直寥寥无几。连一位经销商都说,价格确实高了一点,让普通人难以承受。

　　随着人们生活节奏的加快,结束了一天的工作后回到家中,能够在水族箱前静静地观赏五彩斑斓的水中世界,得到放松和休息,应该说是一件赏心悦目的事情。但是,就我市目前的消费水平,让工薪族将这颇具热带风情的东西搬回家中,其高昂的标价与一般人的承受能力之间显然还有相当的一段距离。价格高得离谱成了人们对水族箱最真切的认识。市场上一台进口的90厘米长的水族箱标价一般都在一万五千元上下,60厘米长的也要七八千元。这对靠工薪生活的人们来说,就是有此雅趣,也只能将注意力集中在普通的鱼缸身上。据资料显示,水族箱在欧、美、日等发达国家的家庭普及率为50%,而在我国相应的数字是1%。就我市而言,拥有一台水族箱的家庭是比例有限的高收入家庭。其实,一台由国内组装的进口水族箱,其批发价一般在三千元左右,搬到大商场身价猛涨八九千元,中间的利润超过了50%。因此可以看出,水族箱真正进入寻常人家,降价、加大国产化是根本的途径,也是行得通的途径。正像某公司的一位经理所说,三千元左右的水族箱百姓买得起,我们有的赚,市场也能火。

　　1.这篇文章的主旨是什么,有什么实用价值?
　　2.作者选取了哪些材料为主旨服务?
　　3.分析文章的结构。

　　五、根据应用文书对语言的要求,修改下列报告的语言。
　　某乡人民政府向上级反映洪水损失的报告:
　　"2000年某天深夜,乌云密布,雷声隆隆,大雨倾盆而下,刹那间,美丽富饶的鱼米之乡被一片汪洋吞没。接连几天如注的暴雨,淹没了田野、冲毁了工厂、冲毁了我们可爱的家园,交通、电力、通信一度中断,这百年不遇的特大洪涝灾害,给我乡造成了不可估量的损失……"

　　六、根据王熙凤的外形描写,写一份人物介绍的文字。
　　这个人打扮与众姑娘不同,彩绣辉煌,恍若神妃仙子:头上戴着金丝八宝攒珠髻,绾着朝阳五凤挂珠钗;项上带着赤金盘螭璎珞圈;裙边系着豆绿宫绦,双衡比目玫瑰佩;身上穿着缕金百蝶穿花大红洋缎窄裉袄,外罩五彩刻丝石青银鼠褂;下着翡翠撒花洋绉裙。一双丹凤三角眼,两弯柳叶吊梢眉,身量苗条,体格风骚,粉面含春威不露,丹唇未启笑先闻。

　　七、学院准备在大一新生中组织一次宣传汉语的活动,请你拟定此次活动的主旨,并列出活动的提纲。

第二章 公文概述

目标导向
- 理解公文的含义与特征
- 掌握公文的种类、格式与行文规则
- 熟悉公文的处理程序

第一节 公文的含义与特征

【范文示例】

某单位办公室主任草拟了一份通知,经局长签字后送交打印室。新来的打字员打印无误后,主任嘱咐他次日上午交收发室盖章后送到各下属单位。第二天上午主任发现桌上放着的"通知"居然多了"签发人",而"签发人"正是自己的名字。当询问打字员原因时,他解释道:另一个打字员打的文件上就有"签发人",所以在这份通知上也加上了。最后,虽然下发的通知收回了,但仍然不时有不少下属单位的人员调侃这位主任:什么时候能再看到你签发的文件?请你思考这是为什么?

【知识储备】

一、公文的含义

公文具有广义和狭义之分。

广义的公文是党政机关、社会团体、企事业单位等合法组织办理各种公务时使用的具有特定效力和规范格式的应用文书,是贯彻党和国家的方针、政策,发布法规和规章,实施管理,规范行为,融洽工作,记载和传递公务信息等的重要工具。

狭义的公文特指行政公文。它是行政机关在行政管理过程中形成的具有法定效力和规范体式的文书,是依法行政和进行公务活动的重要工具。有著者称其为通用公文或通用法定公文。本章所述的公文指的是狭义公文。

二、公文的特征

1. 法定性。公文由法定机关或组织制发,代表法定机关或组织的意图,在法定机关或组织的权限范围内具有法定的权威性和约束力。

2. 政策性。公文是处理公务的工具,其内容必须贯彻党和国家的各项方针、政策。

3. 实用性。公文负有具体的制发目的和公务职能。

4. 时效性。公文的制发和实施通常有着严格的时间要求,公文的效用也常常有着时间限制。

5. 规范性。公文从文种名称到行文关系、从制发程序到构成体式,都有着严格的规范。

三、公文的作用

(一)指导和教育作用

指导和教育作用是指上级机关制定及发布的各项方针政策、指示、决定等,给下级机关和广大群众指明方向,阐明措施和做法。下级机关和广大群众按照上级的部署、意见和决策进行工作。同时,公文还有阐明政治主张,说服教育群众,让群众了解领导意图等作用。

(二)规范和指导作用

规范和指导作用是指各级领导机关以及各级权力机关发布的命令、决定、通知等,在所要求的范围内,必须贯彻执行,不得违反,否则将会受到纪律的制裁。

(三)沟通和凭证作用

沟通和凭证作用是指在处理公务的过程中,在各个机关、组织之间,需要互通信息和情报,需要协调、处理许多工作和事务,这些都要靠公文来完成。公文也是办理公务的凭证和依据。当其现实效用消失后,它所记录记载的内容自然具有历史的凭证和依据作用。因此,人们认为,凭证依据作用是公文最基本的作用。

第二节 公文的种类与格式

行政公文,是指行政机关在公务活动中使用的,由《国家行政机关公文处理办法》(以下简称《新办法》)规定的13种公文:命令(令)、决定、公告、通告、通知、通报、议案、报告、请示、批复、意见、函和会议纪要。

一、公文的种类

根据不同的标准,公文可分为不同的类别:

1. 按适用范围来分,可分为《新办法》所规定的13种公文。它们的适用范围分别是:

(1)命令(令):适用于依照有关法律公布行政法规和规章;宣布施行重大强制性行政措施;嘉奖有关单位及人员。

(2)决定:适用于对重要事项或重大行动做出安排,奖惩有关单位及人员,变更或者撤销下级机关不适当的决定事项。

(3)公告:适用于向国内外宣布重要事项或者法定事项。

(4)通告:适用于公布各有关方面应当遵守或者周知的事项。

(5)通知:适用于批转下级机关的公文,转发上级机关和不相隶属机关的公文,传达要求下级机关办理和需要有关单位周知或者执行的事项,任免人员。

(6)通报:适用于表彰先进,批评错误,传达重要精神或者情况。

(7)议案:适用于各级人民政府按照法律程序向同级人民代表大会或人民代表大会常务委员会提请审议事项。

(8)报告:适用于向上级机关汇报工作,反映情况,答复上级机关的询问。

(9)请示:适用于向上级机关请求指示、批准。

(10)批复:适用于答复下级机关请示事项。

(11)意见:适用于对重要问题提出见解和处理办法。

(12)函:适用于不相隶属机关之间相互商洽工作、询问和答复问题,请求批准和答复审批事项。也适用于不属于行政组织系统中上下级关系的有关业务主管部门的公务往来。

(13)会议纪要:适用于记载、传达会议情况和议定事项。

2. 按行文方向来分,可分为:

(1)上行文。下级机关向上级机关传递的公文。如报告、请示,部分函、意见等。

(2)下行文。向下级机关传递的公文。如命令(令)、决定、公告、通告、通报、批复、多数通知、会议纪要、部分意见、函等。

(3)平行文。向平级机关或不相隶属机关传递的公文。如函、意见、会议纪要、议案等。

3. 按性质来分,可分为指导性公文、呈报性公文、公布性公文、商洽性公文。如表 2—1 所示。

表 2—1　　　　　　　　　　公文分类简表

性 质	类 型	行文方向
指导性公文	命令(令)、意见、决定、通知、通报、批复、会议纪要	下行文
呈报性公文	议案、报告、请示、意见	上行文
公布性公文	公告、通告	泛行文
商洽性公文	函	平行文

4. 按缓急程度来分,可分为特急件、急件、平件。

5. 按保密要求来分,可分为有普通件、秘密件、机密件、绝密件。

6. 按公文载体来分,可分为纸质公文和电子公文。

二、公文的印装格式

国家标准《国家行政机关公文格式》(GB/T9704—1999)规定:

1. 公文用纸幅面尺寸:A4 型纸,210mm×297mm

2. 公文页边与版心尺寸

公文用纸天头(上白边)为:37mm±1mm,公文用纸地脚(下白边)为:35mm±1mm;

公文用纸订口(左白边)为:28mm±1mm,公文用纸翻口(右白边)为:26mm±1mm;

版心尺寸为:156mm×225mm(不含页码)。

3. 排版规格:正文用 3 号仿宋体字,一般每面排 22 行,每行 28 个字。

4. 装订要求:左侧装订,平整,不掉页。

5. 页码：用4号半角阿拉伯数码标识，置于版心下边缘的下一行，数码左右各放一条4号一字线，一字线距版心下边缘7mm。单页码居右空一字，双页码居左空一字。空白页和空白页以后的页不标识页码。

三、公文的书面格式

公文格式是公文独有的形式标志。一般的文章，其内容是通过结构形式表现出来的，公文则不然，它除了通过文种的结构形式表现内容外，还必须使用公文独有的载体格式，即公文版式来表现。由于公文使用了特定的版式，即公文格式，因而公文能更好地发挥应有的作为。根据《新办法》和《国家行政机关公文格式》的规定，公文格式分为一般格式（即书面格式）和特殊格式（即特定格式）。一般格式为文件格式，特殊格式有信函格式、命令格式、会议纪要格式。

完整的公文包括眉首、主体和版记三个部分，分别包含了不同的要素。

公文书面格式示例如图2—1所示：

```
000006                                           机密★一年
                                                 特急

               ××市人民政府文件
                  ×府〔2011〕11号
            ─────────────────────
                关于×××××××的通知
  各区、县人民政府，市政府各委、办、局，各市属机构：
       ××××××××××××××××××××。
       ××××××××××××××××××××。
       ××××××××××××××××××××。

       附件：1.×××××××××××××
             2.×××××××××××××
                                        印章
                                 二○一一年九月二十四日
  （此件发至县团级）
  ─────────────────────────────
  主题词：×× ×× ×× 通知
  ─────────────────────────────
  抄送：市人大常委会，市政协，市高级人民法院，市人民检察院
  印发机关：××市人民政府办公厅          2011年9月26日印发
                        共印××份
```

图2—1　公文书面格式示例

（一）眉首

眉首部分又称文头部分，通常由公文份数序号、秘密等级和保密期限、紧急程度、发文机

关标识、发文字号和签发人构成。

1. 公文份数序号

公文份数序号也称印制编号,是公文印制时的顺序号,用阿拉伯数字顶格标注在版心左上角第1行。

2. 秘密等级和保密期限

如需标识秘密等级,用3号黑体字,顶格标识在版心右上角第1行,两字之间空1字;如需同时标识秘密等级和保密期限,用3号黑体字,顶格标识在版心右上角第1行,秘密等级和保密期限之间用"★"隔开。其中,密级标识有绝密、机密、秘密三种。公开的普通公文没有密级标识。

3. 紧急程度

公文的紧急程度标识有特急、急件两种。普通公文没有紧急程度标识。如需标识紧急程度,用3号黑体字,顶格标识在版心右上角第1行,两字之间空1字;如需同时标识秘密等级与紧急程度,秘密等级顶格标识在版心右上角第1行,紧急程度顶格标识在版心右上角第2行。

4. 发文机关标识

也称公文版头,采用"发文机关全称+文件"或"发文机关规范化简称+文件"的形式。发文机关标识上边缘至版心为25mm;上报的公文,发文机关标识上边缘至版心上边缘为80mm。

发文机关标识推荐使用小标宋体字,用红色标识。字号由发文机关以醒目美观为原则酌定,但最大不能等于或大于22mm×15mm。

联合行文时应使主办机关名称在前,"文件"二字置于发文机关名称右侧,上下居中排布;如联合行文机关过多,必须保证公文首页显示正文。

5. 发文字号

简称文号,指发文机关同一年度所发布公文的顺序号。由发文机关代字、年度和序号组成,例如"豫府办〔2012〕1号"。发文机关标识下空2行,用3号仿宋体字,居中排布;年份、序号用阿拉伯数码标识;年份应标全称,用六角括号"〔〕"括入;序号不编虚位(即1不编为001)。

6. 签发人

签发人指批准发出公文的机关负责人。上报的公文需标识签发人姓名,平行排列于发文字号右侧。发文字号居左空一字,签发人姓名居右空一字;"签发人"用3号仿宋体字,"签发人"后标全角冒号,冒号后用3号楷体字标识签发人姓名。

(二)主体

主体部分又称行文部分,通常由公文标题、主送机关、公文正文、附件、成文时间、公文生效标识、附注构成。

1. 公文标题

红色反线下空2行,用2号小标宋体字,可分一行或多行居中排布;回行时,要做到词意完整,排列对称,间距恰当。公文标题要准确、简要地揭示出公文的内容,有四种构成形式:

(1)完全标题:由"发文机关+发文事由+公文种类"组成,如《大连市旅游局关于加强酒店和旅店建设管理的请示》;

(2)省去发文机关名称的标题:由"发文事由+公文种类"组成,如《关于实行国民身份号码制度的决定》;

(3)省略事由的标题:由"发文机关+公文种类"组成,如《中华人民共和国国务院令》;

(4)只用文种名称的标题:如通告、公告。

2. 主送机关

标题下空一行，左侧顶格用3号仿宋体字标识，回行时仍顶格；最后一个主送机关名称后标全角冒号。主送机关是公文的主要受理单位，应使用发文机关全称或规范化简称。上行文一般只写一个主送机关。下行文则包括一个主送机关、多个主送机关、无主送机关三种情形。

3. 公文正文

主送机关名称下一行，每自然段左空2字，回行顶格。数字、年份不能回行。公文正文一般包括开头、主体、结尾三个部分，要求内容充实、中心突出、条理清晰、术语简称规范等。

4. 附件

附在主件之后，起补充说明作用的文件。公文如有附件，在正文下一行左空2字用3号仿宋体字标识"附件"，后标全角冒号和名称。附件如有序号，使用阿拉伯数码（如"附件：1.×××××"）；附件名称后不加标点符号。附件应与公文正文一起装订，并在附件左上角第1行顶格标识"附件"，有序号时标识序号；附件的序号和名称前后标识应一致。

5. 成文时间

指公文生效的法定时间。用汉字将年、月、日标全；"零"写为"〇"。一般以机关负责人签发的日期为准；联合行文时以最后签发机关负责人签发的日期为准；电报则以发出日期为准。

6. 公文生效标识

除会议纪要和以电报形式发出的公文外，公文都应加盖红色印章，加盖印章是公文生效的标志。联合上报的公文，应由主办机关加盖印章；联合下发的公文，联合发文机关都应加盖印章。

（1）单一发文印章

单一机关制发的公文在落款处不署发文机关名称，只标识成文时间。成文时间右空4字；加盖印章应上距正文2～4mm，端正、居中下压成文时间，印章用红色。

当印章下弧无文字时，采用下套方式，即仅以下弧压在成文时间上；

当印章下弧有文字时，采用中套方式，即印章中心线压在成文时间上。

（2）联合行文印章

当联合行文需加盖两个印章时，应将成文时间拉开，左右各空7字；主办机关印章在前；两个印章均压成文时间，印章用红色。只能采用同种加盖印章的方式，以保证印章排列整齐。两印章相互不相交或相切，相距不超过3mm。

（3）特殊情况说明

当公文排版后所剩空白处不能容下印章位置时，应采取调整行距、字距的措施加以解决，务使印章与正文同处一面，不得采取标识"此页无正文"的方法解决。

7. 附注

附注一般是公文其他部分不便说明的各种事项，包括对公文的传达范围、使用办法的规定和名词术语的解释等。用3号仿宋体字，居左空2字加圆括号标识在成文时间下一行。

（三）版记

版记应置于公文最后一页，版记的最后一个要素置于最后一行。包括以下要素：

1. 主题词

主题词是揭示公文内容的规范词，代表公文的内容特征、归属类别，一般不超过5个。"主题词"用3号黑体字，居左顶格标识，后标全角冒号；词目用3号小标宋体字；词目之间空一字。

2. 抄送

抄送机关指除主送机关外需要执行或知晓公文内容的其他机关。标注抄送机关应使用全称、规范化简称或统称。抄送在位于主题词下一行，左空1字用3号仿宋体字标识"抄送"，后标全角冒号；回行时与冒号后的抄送机关对齐；在最后一个抄送机关后标句号。

3. 印发机关和印发日期

指印发机关的名称和起印公文的日期。位于抄送机关之下（无抄送机关在主题词之下）占1行位置；用3号仿宋体字。印发机关左空1字，印发时间右空1字。印发时间以公文的付印日期为准，用阿拉伯数码标识。

4. 版记中的反线

版记中各要素之下均加一条反线，宽度同版心。

标准的公文格式如图2—2~图2—7所示（国家质量技术监督局1999—12—27批准发布，2000—01—01实施）：

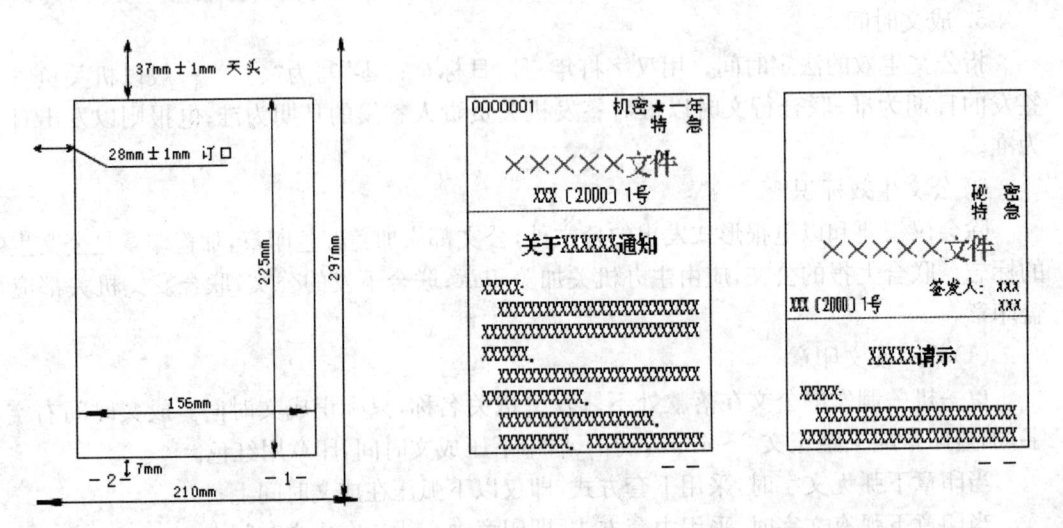

图2—2 A4型公文用纸页边及版心尺寸　　图2—3 下行公文首页版式　　图2—4 上报公文首页版式

四、公文的特定格式

（一）信函格式

发文机关名称上边缘距上页边的距离为30mm，推荐用小标宋体字，字号由发文机关酌定；发文机关全称下4mm处为一条武文线（上粗下细），距下页边20mm处为一条文武线（上细下粗），两条线长均为170mm。每行居中排28个字。首页不显示页码。发文机关名称及双线均印红色。发文字号置于武文线下1行版心右边缘顶格标识。发文字号下空1行标识公文标题。如需标识秘密等级或紧急程度，可置于武文线下1行版心左边缘顶格标识。

（二）命令格式

命令标识由发文机关名称加"命令"或"令"组成，用红色小标宋体字，字号由发文机关酌定。命令标识上边缘距版心上边缘20mm，下边缘空2行居中标识令号；令号下空2行标识正文；正文下空1行右空4字标识签发人签名章，签名章左空2字标识签发人职务；联合发布的命令或令的签发人职务应标识全称。在签发人签名章下空1行右空2字标识成文日期。

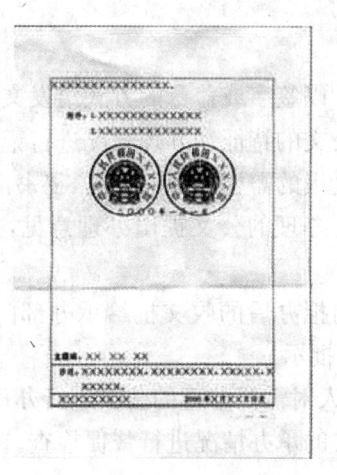

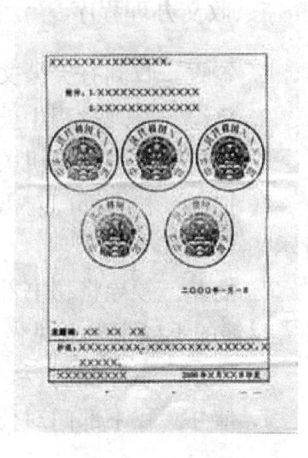

图2—5 公文末页版式　图2—6 联合行文公文末页版式1　图2—7 联合行文公文末页版式2
（注：版心实线框仅为示意，在印制公文时并不印出。）

（三）会议纪要格式

会议纪要标识由"××××××会议纪要"组成。用红色小标宋体字，字号由发文机关酌定。会议纪要不加盖印章。其他要素的标识方法，与一般文件相应要素的标法相同。

第三节　公文的制发和处理程序

行政公文的制发和办理都有非常严格的规定。行政公文的制发要以本机关的名义发文，制发过程包括10道程序，收文办理包括7道程序。

一、发文办理程序

1. 交拟。领导将公文的撰写任务交给有关撰写人员，明确任务。
2. 拟稿。草拟的公文要符合方针政策和法律法规、主题明确、情况确实、注重实效、结构严谨、条理清楚、表述精准、字词规范、标点正确。
3. 审核。公文送负责人签发前，应由秘书部门进行审核。审核的重点包括是否确需发文、行文方式是否妥当、内容是否符合方针、政策和法律、法规的规定、公文格式是否规范等。
4. 签发。以本机关名义制发的上行文，由主要负责人或者主持工作的负责人签发；以本机关名义制发的下行文或平行文，由主要负责人或由主要负责人授权的其他负责人签发。

如属两个以上机关联合行文，或所发公文涉及其他部门或地区的职权，应严格执行会签制度，经各发文机关或相关单位的负责人签署意见。

5. 注发。在定稿后批注制发要求，包括发放范围、阅读范围、印制份数、发送方式、印刷时限等。
6. 缮印。将签发后的定稿，通过誊抄、打印等方式制成正式文本。
7. 校对。将公文的样稿与原稿进行核对校正。
8. 用印。在制成的公文落款处加盖发文单位的印章，公文由此生效。
9. 登记。对公文的自身情况和发出情况进行记载。
10. 分发。将公文安全传递到收文机关，涉密公文需要密封。

二、收文办理程序

1. 签收。收到有关公文并以签字或盖章的方式给发文方以凭据。
2. 登记。办理过程中就公文的特征和办理情况进行记载。
3. 审核。收到下级机关上报的需要办理的公文,秘书部门应进行审核。
4. 拟办。秘书部门对需要办理的公文提出办理意见,并提供必要的背景材料,送领导批示。
5. 批办。领导将秘书部门拟办后的收文批给承办部门或承办人办理,对承办部门、承办人反馈的不同拟办意见做出批示。
6. 承办。承办部门、承办人对需要办理的公文进行办理。
7. 催办。秘书部门对公文的承办情况进行督促检查。

第四节 公文的行文制度

写作公文之前就要确定行文规则。从现实的公文写作来看,行文规则往往是人们普遍遇到的一个重要问题,而学习和把握行文规则,则必须首先了解行文关系、行文方向和行文方式。

一、行文关系

行文关系是行文时发文单位与受文单位之间的关系,具体包括:

1. 上下级关系,即领导和被领导关系。
2. 平级关系,即同等级别的关系。
3. 隶属关系,即同一垂直组织系统中存在直接职能往来的上下级机关之间的关系。
4. 非隶属关系,即不是同一垂直组织系统不发生直接职能往来的机关之间的关系。

示例如表 2-3 所示:

表 2-3　　　　　　　　　　　　　　行文关系示例

	上下级关系	西宏市教育委员会/天骄职业学院
行文关系	平级关系	天骄职业学院人事处/天骄职业学院学生处
	隶属关系	西宏市政府、堡才区政府/天骄职业学院
	非隶属关系	天骄职业学院财金系/汇佳职业学院文法系

二、行文方向

行文方向,就是以发文机关为立足点,根据工作需要和行文关系,公文向不同层次机关单位的运行去向。具体包括:

1. 上行,即公文向发文机关的上级机关运行。
2. 下行,即公文向发文机关的下级机关运行。
3. 平行,即公文向发文机关的同级单位或不相隶属的单位运行。
4. 泛行,即公文既向发文机关的上级单位、下级单位、平级单位运行,也向不相隶属的单位运行,其针对广泛,方向不定。

三、行文方式

行文方式指由工作需要和组织关系所决定的行文方法和行文形式。其种类比较复杂，主要可按三个方面分类：

（一）按行文对象的范围分类

1. 逐级行文。发文机关向自己的直接上级上行公文或向直接下级下行公文。
2. 越级行文。发文机关越过自己的直接上级或直接下级，向非直接上级或非直接下级行文。
3. 多级行文。发文机关向直接上级并向非直接上级、或者向直接下级并向非直接下级一次性行文。
4. 普发行文。发文机关向所属所有的机关一次性行文。
5. 通行行文。发文机关向隶属机关和非隶属机关、群众一次性泛向行文。

（二）按发文机关的个数分类

1. 单独行文。只有一个机关署名发出的公文。
2. 联合行文。由两个或两个以上平级机关联合署名发出的公文。

（三）按行文对象的主次分类

1. 主送。发文机关直接针对与行文内容关系最密切、主要负责受理公文的机关行文。
2. 抄送。发文机关在主送的同时，向需执行或知晓行文内容的其他机关行文。

四、行文规则

行文规则是各级行政机关在公文往来时应遵循的规矩、要求和原则。它实际上是行政机关的组织关系原则在公文运行过程中的体现，具体包含以下九个方面：

1. 根据条块关系的行文规则。

各级行政机关的行文关系，应当根据各自的隶属关系和职权范围来确定，即根据条条和块块来行文，并且条条一般不对块块行文。

条条，是指从国务院到地方各级的业务主管部门，如国务院的各个部，省政府的各个厅、局，地市政府的各个处、局，县政府的各个科、局。块块，则是指各级人民政府。

2. 政府各部门行文规则。

(1)职权范围内的事务，应由部门自行行文或联合行文。
(2)各部门间可以互相行文。
(3)各部门和下一级政府的有关业务部门间可以互相行文。
(4)各部门一般不得向下一级政府正式行文，但可以根据本级政府授权对下一级政府行文。
(5)各部门可以用函的形式与下一级政府商洽工作、询问和答复问题、审批事项。
(6)除办公厅(室)外，各部门内设机构不得对外正式行文。

3. 抄送规则。

(1)下行文抄送规则。

向下级机关或者本系统的重要行文，应当同时抄送直接上级机关；上级机关向受双重领导的下级机关行文，必要时应当抄送其另一上级机关。

(2)上行文抄送规则。

上行文不得抄送其下级机关；受双重领导的机关向上级机关行文,应当写明主送机关和抄送机关。

4. 协商一致规则。

部门之间对有关问题未经协商一致,不得各自向下行文。如擅自行文,上级机关应当责令纠正或撤销。

5. 联合行文规则。

(1)同级政府、同级政府各部门、上级政府部门与下一级政府可以联合行文。

(2)政府与同级党委、军队机关可以联合行文。

(3)政府部门与相应的党组织、军队机关可以联合行文。

(4)政府部门与同级人民团体、具有行政职能的事业单位可以联合行文。

(5)联合行文应当明确主办部门。

(6)联合行文的机关、单位必须同级,并经协商取得一致意见。

6. 请示规则。

(1)一般不得越级请示。特殊情况必须越级请示时,应当抄送被越过的上级机关。

(2)请示一般只写一个主送机关。

(3)请示应当一文一事。

(4)请示不得同时抄送下级机关。

7. 报告规则。

(1)报告中不得夹带请示事项。

(2)一般不得越级报告。特殊情况必须越级报告时,应当抄送被越过的上级机关。

8. 报刊发布视为正式公文。

经批准在报刊上全文发布的行政法规或规章,视为正式公文,依照执行。

9. 一般不得以机关名义向上级机关负责人报送请示、意见和报告。

【拓展阅读】

行政公文正文中写作的七个不规范

1. 公文的引文不规范。引用公文时要先引标题,后引发文字号,如"你县人民政府《关于验收村民自治示范乡镇的请示》(×府发〔2006〕10号)收悉"。若用"你县人民政府的(×府发〔2006〕10号)请示收悉",就是不规范的引文。

2. 日期的不规范用法。日期应使用阿拉伯数字,年、月、日应该要写得完整规范。如"2009年10月1日"若用"2009.10.1"或"09年10月1日","今年"、"明年"、"上月"、"下月"、"今天"、"明天"等,则是不规范的表述。

3. 公文层次的不规范。序号使用不规范,有的文件中用"(一)"后又标"一",有的用"一,"后,下面的层次中直接用"1,",等等。正文部分是对公文内容的表述,需要使用字序符号标明层次时,一般排列顺序是:第一层用"一、",第二层用"(一)",第三层用"1.",第四层用"(1)"。每一层次序数用字,前后应当一致。

4. 简称的不规范。如"精神文明办公室"有的简称为"精办",让人不知所云。公文内使用简称,一般应先用全称,并注明简称,如《国家行政机关公文处理办法》(以下简称《办法》)。

5. 附件的不规范。公文附件是附属于公文的文件、材料、图表、凭据等,用于补充公文正文的内容，位于正文之后，落款之前，另起一行，行前空两个字书写。有附件的公文，一定要具体写明附件的名称和件数。如有两个以上附件，应标明序号，不得笼统写为"附件如文"或"附件×件"。否则会给公文的收发、办理和整理、立卷等带来麻烦。一旦公文的正件与附件分开，就难以查对收齐。

6. 发文机关落款不规范。政府机关发文的落款，标题已标明发文机关的用机关印章代替机关署名，不再写发文机关名称。有的公文正文占满了页面，发文机关必须标注到下一页上，以前是在下页发文机关署名或盖章之前空白处注"此页无正文"，现在不能这样写了。

7. 成文日期的书写不规范。成文日期应该标明公元年、月、日，一律用汉字小写数码书写，不使用阿拉伯数字。年、月、日要写全，不得将"二〇一一年一月八日"写为"二〇一一、一、八"或将"二〇一一年"简写为"一一年"；也不得只写月、日不写年；"三十一日"和"二十五日"不得写为"卅一日"、"廿五日"。

(来源：21世纪教育网 http://edu.21cn.com)

写作心语：

作为在校学生，平时可能较少接触公文，又缺少必要的社会实践，因此要多体会和理解公文特征、格式与处理程序。日常学习中要多留心观察常用公文的写法，并理解和熟悉它们的使用。

【文体训练】

一、填空题

1. 《国家行政机关公文处理办法》规定了_____种公文。
2. 按行文方向来分，公文可分为_____、_____、_____和_____四种。
3. 完整的公文包括_____、_____和_____三个部分。
4. 公文的密级标识有_____、_____、_____三种。
5. 公文的紧急程度标识有_____、_____两种。

二、选择题

1. 行文最基本的行文方式是(　　)。
   A. 逐级行文　　　　　B. 多级行文　　　　C. 越级行文　　　　D. 直达基层群众
2. 下列情况不可采用越级行文的是(　　)。
   A. 对直接上级领导检举控告　　　　B. 发生战争等严重特殊情况
   C. 要求上级领导帮助解决经费等问题　　D. 向上级领导反馈信息
3. 公文正文的书写格式为(　　)。
   A. 位于主送机关名称下一行　　　　B. 每自然段左空2字
   C. 数字不能回行　　　　　　　　　D. 年份不能回行
4. 行政公文如果有附件，应在(　　)标识附件名称。
   A. 正文之后成文日期之前　　　　　B. 成文日期之后主题词之前
   C. 主题词之后　　　　　　　　　　D. 标题之后正文之前
5. 公文特定格式有(　　)。
   A. 信函式　　　　B. 命令式　　　　C. 会议纪要式　　　　D. 请示式

6. 公文正文采用（　　）号仿宋字。
   A. 3 号　　　　　　B. 小 4 号　　　　　C. 4 号　　　　　　D. 5 号
7. 发文字号依次由机关代字、年份和（　　）组成。
   A. 公文份数序号　　B. 序号　　　　　　C. 字号　　　　　　D. 编码
8. 公文标题除（　　）标题加书名号外，一般不用标点符号。
   A. 引文　　　　　　B. 法规　　　　　　C. 规章　　　　　　D. 文件
9. 行政公文除（　　）和电报形式发出的外，均应加盖公章。
   A. 会议纪要　　　　B. 会议记录　　　　C. 简报　　　　　　D. 函
10. 主送机关应当选用（　　）。
    A. 全称　　　　　　　　　　　　　　　B. 规范化简称
    C. 统称　　　　　　　　　　　　　　　D. 主要领导人姓名、职务

三、改正下列发文字号的错误。

×府办字[1999]十四号

×府办字(1999)14 号

×府办字[00]14 号

[1999]×府办字 14 号

×府办字[2000]14

四、从下面这句话中概括出可以作为标题的主要内容，并拟写标题。

西宏市人民政府对历年来制定的规范性文件进行清理，发现应予废止的共有几十件。

要求：采用"发文机关＋发文事由＋公文种类"的形式拟写标题。

五、画出上行、下行公文的首页、末页略图。

请附文字说明密级、发文机关、发文字号、签发人、附件、落款、盖章、主题词、印发标识等的注意事项（如发文号使用六角括号，落款用汉字写全年月日）。

六、案例分析

某单位机关要求秘书部门于一周内将某工作意见拟好发文。A 秘书接受任务后，为了抢时间争速度，按领导意图拟稿后只交给本业务部门负责人审核，随后即送打字室进行缮印。因未经领导审阅，打印出来的一百多份"工作意见"全部作废，造成人力、财力、物力的浪费，耽误了文件的准时下发，造成不应有的失误。

请问：A 秘书造成失误的原因何在？能否从秘书规范角度加以认识？如就此制定一个办文制度以杜绝类似现象发生，应从哪些方面加以限制？

第三章 行政公文写作

目标导向
- 了解行政公文不同文种的适用范围、特点和类型
- 学会各文种的结构和写法
- 会运用文书实际操作

第一节 通知

【范文示例】

教育部文件

教发〔2011〕5号

教育部关于庆祝 2011 年教师节有关工作的通知

各省、自治区、直辖市教育厅（教委），新疆生产建设兵团教育局，部属各高等学校：

  2011 年 9 月 10 日是我国第 27 个教师节。在中国共产党成立 90 周年、全国教育工作会议召开和教育规划纲要发布实施一周年之际，组织好 2011 年教师节活动，具有十分重要的意义。现就庆祝 2011 年教师节的活动安排及要求通知如下：

  一、突出今年教师节活动主题。今年教师节的主题是"忠诚党的教育事业，落实教育规划纲要"。深入学习贯彻胡锦涛总书记在庆祝中国共产党成立 90 周年大会和庆祝清华大学建校 100 周年大会上的重要讲话精神，全面落实全国教育工作会议精神和教育规划纲要，通过组织一系列丰富多彩的活动……

  二、认真组织教师节各种庆祝活动。各地各校要结合实际情况，组织形式多样、丰富多彩的庆祝活动，在教师节前夕掀起喜迎教师节、欢庆教师节的热潮，营造出庄重、喜庆、尊师、重教的节日气氛……

三、组织开展学习先进活动。

四、组织"教师之歌"和"感念师恩"征集活动。

五、组织走访慰问教师活动……

六、组织开展师德教育活动……

七、组织开展为教师办实事活动……

八、组织开展好教师节宣传活动……

九、抓好教育规划纲要贯彻落实……

各地教育部门、各级各类学校及有关方面要本着"隆重、热烈、务实、简朴"的原则,加强领导,精心策划,统筹安排,总体部署,并主动将教师节活动安排情况提前向地方党委、政府汇报,及时与有关部门沟通协调,切实组织好今年教师节的各项活动。

各地教师节活动的组织实施情况,请及时报告我部。

（盖章）
二〇一一年八月十六日
（来源:http://www.gov.cn/zwgk/）

【知识储备】

一、什么是通知

通知是批转下级机关的公文,转发上级机关和不相隶属机关的公文,发布文件;传达要求下级机关办理和需要有关单位周知或者执行的事项;任免人员时使用的文书。

通知是各级党政机关、人民团体、企事业单位在公务活动中最常用的一种公文,使用范围相当广泛。

二、通知的特点

（一）多样性

在下行文中,通知的功能是最为丰富的。它可以用来布置工作、传达指示、晓谕事项、发布规章、批转和转发文件、任免干部,等等,总之,下行文的主要功能,它几乎都具备。但通知在下行文中的规格,要低于命令、决定等文体。

（二）广泛性

通知的发文机关很广泛,几乎不受级别的限制。通知的受文对象也比较广泛,在基层工作岗位上的干部和职工,接触最多的上级公文就是通知。通知虽然从整体上看是下行文,但部分通知（如晓谕事项的通知）也可以发往不相隶属机关。

（三）指导性

通知这一文体名称,从字面上看不显示指导的姿态,但事实上,用通知来发布规章、布置工作、传达指示、转发文件,都在实现着通知的指导功能,受文单位对通知的内容要认真学习,并在规定时间内完成通知布置的任务。

（四）时效性

通知是一种制发比较快捷、运用比较灵便的文种,它所办理的事项,都有比较明确的时间限制,受文机关要在规定的时间内办理完成,不得拖延。

三、通知的主要类型

根据内容与作用,通知可分为以下几种类型:

(一)指示性通知

有关行政法规和规章、办法、措施,不宜用命令(令)发布的,可使用指示性通知行文。指示性通知往往带有强制性、指挥性和决策性的特点。

(二)批示性通知

批示性通知是用于发布某些行政法规,转发上级、同级或不相隶属机关的公文以及批转下级机关的公文。这类通知包括批转性和转发性两种。批转性通知,适用于上级机关对下级部门的文件加批语下发,需在标题中加"批转"两字;转发性通知是"转发"有关文件的通知,同样需在标题中注明"转发"字样。

(三)事项性通知

事项性通知又名工作通知,要求下级机关办理某些事项,除交代任务外,还提出工作原则和要求,让受文单位贯彻执行,具有强制性和行政约束力。有些工作任务,不宜采用命令和意见行文的,可使用这种通知。

(四)知照性通知

知照性通知用于告知某一事项或某些信息的通知,诸如庆祝节日,成立、调整、合并、撤销机构,启用新印章,更改电话,更正文件差错等,都可用这种通知行文。

(五)会议通知

会议通知是告诉有关单位或个人参加会议的通知。

(六)任免通知

任免通知即告知有关单位或个人人事任免的通知。

四、通知的结构和写法

不同类型的通知各有不同的写法,一般写法如下:

(一)标题

通知的标题有完全式和省略式两种。完全式标题是发文机关、事由、文种齐全的标题;省略式标题则根据需要省去其中的一项或两项。有三种情况:

1. 省略发文机关

如果标题太长,可省略发文机关。如"关于动员团员青年向西南旱灾地区捐款的通知"。如果是两个单位以上联合发文,不能省略发文机关。

2. 省略多余的"关于"和"通知"字样

发布性和批转、转发性通知的标题由"发文机关+发布(批转、转发)+被发布文件标题+通知"构成。被发布、批转、转发公文为法规、规章时,一般应加上书名号。

有时由于被批转、转发公文标题中已有"关于"和"通知"字样,或者被批转、转发的公文标题比较长,这时,通知的标题一般可保留末次发布(批转、转发)文件机关和始发文件机关,省略去多余的"关于"和"通知"字样。如:

××区人民政府关于转发《××市人民政府关于转发〈××省人民政府关于转发人事部关于××同志恢复名誉后享受××级待遇的通知〉的通知》

这个标题简化为:

××县人民政府转发人事部关于×××同志恢复名誉后享受××级待遇的通知

3. 省略发文机关和事由

如果通知发文范围很小，内容简单，甚至张贴都可以，这样的通知标题可以省略发文机关和事由，只写"通知"二字。

（二）主送机关

通知的发文对象比较广泛，因此，主送机关较多。要注意主送机关排列的规范性，如人事部《关于解除国家公务员行政处分有关问题的通知》的主送机关："各省、自治区、直辖市人事（人事劳动）厅（局）、监察厅（局），国务院各部委、各直属机构人事（干部）部门、监察局（室）"，由于级别、名称不同，主送机关的称法和排列非常复杂，这个序列显然是经过深思熟虑后确定下来的。

（三）正文

正文主要包括原由、事项、要求三部分。主体在事项部分。

1. 指示性通知的写法

一般先写发文的原由、背景、依据；在事项部分，或写发布行政法规、规章制度、办法、措施等，或写带有强制性、指挥性、决策性的原则（或指示性意见）、具体工作要求等。

指示性通知的事项一般具有影响面较大、比较紧急和有一定的政策性的特点。

2. 批示性通知（批转、转发性通知）的写法

批转与转发性通知正文写法大体相同。可以把这两种通知称为"批语"，把被批转、转发的文件看作通知的主体内容。批语的内容主要有如下三个方面：

（1）说明批转的目的或陈述转发的理由；

（2）对受文单位提出贯彻执行的具体要求；

（3）根据具体情况作出补充性的规定。

批转或转发下级机关、不相隶属机关和上级机关的公文时，对被批转和转发的文件已起到了一种公布、认可或推荐的作用。从构成上看，这种通知由批语部分和批转或转发文件组成，批语和被批转或转发文件都不能单独作为一份文件。如果批语脱离被批转或转发文件，没有实际依托内容，不能单独行文。

3. 事项性通知的写法

正文一般分三部分，要写清通知的内容（即事项），以及做什么，怎样做，有什么要求。

（1）开头。一般是说明为什么要发此通知，目的是什么。

（2）主体。即事项部分，将通知的具体内容一项一项列出，把布置的工作或需周知的事项阐述清楚，并讲清要求、措施、办法等。这类通知多数用于布置工作，因此也有人称之为"工作通知"。

（3）结尾。多提出贯彻执行要求，如"请遵照执行"，"请认真贯彻执行"，"请研究贯彻"等习惯用语，也有的通知结尾不写习惯用语。

写事项性通知，要开门见山，忌转弯抹角。在叙述事项时，要突出重点，把主要的、重要的写在前面。根据需要，主要的内容可详写，讲清道理，讲明措施，次要的内容则尽量简略，扼要交代即可。

4. 知照性通知的写法

正文要写清楚行文的依据、目的和事项，要求文字简练、明白。

5. 会议通知的写法

依据其不同类型，会议通知有不同的写法。

(1)通过文件传递渠道发出的会议通知,一般应写明召开会议的原因、目的、会议名称、主要议题、到会人员、会议及报到时间、地点、需要的材料等,通常采用条文式写法,要求内容周密、语言清楚、表述准确。

(2)供机关、单位内部张贴或广播的周知性会议通知,正文开头可不写受文对象,应在通知事项中说明会议时间、地点、内容、准备材料及出席人员等。语言力求简短、明白。

6. 任免通知的写法

任免通知的写法比会议通知更为简单,一般的固定格式是按任免决定写上任免人员即可。

(四)落款

在通知结尾的右下方,要写上成文日期并加盖印章。

【例文评析】

例1

××省教育厅文件

×教发〔2009〕8号

××省教育厅转发教育部关于禁止通过学校向学生搭车收费的通知

各市、州、县及×××林区教育局(教委):

现将《教育部关于禁止通过学校向学生搭车收费的通知》(教电〔2009〕28号)转发给你们,请认真贯彻执行。执行中有何问题,请及时报我厅财务处。

(盖章)
二〇〇九年四月十二日

【评析】

这是一则批示性通知,省教育厅转发教育部文件。一般来说,转发通知的标题不加"关于"二字,通知开头要写转发原文件的标题与发文号,转发中所加上的一些批语,具有指导性,执行单位应引起足够重视。例文格式规范,文字简练,值得学习。

例2

××大学关于动员团员青年向西南旱灾地区捐款的通知

各分团委、学生会:

当前,我国西南地区正遭受一场百年一遇的特重旱灾,6 000多万同胞受灾,2 000多万同胞饮水困难。3月25日,团中央发出通知,要求各级共青团组织迅速响应胡锦涛总书记和党中央的号召,积极组织动员广大共青团员投身抗旱救灾。我校团委积极响应团中央的号召并发出倡议:让我们积极发扬中华民族的传统美德,尽力所能及的微薄之力,积极捐款,让流淌的爱心汇成涓涓清泉,让灾区孩子不再忍受干渴!

具体安排如下:

一、捐款活动本着自愿的原则,要充分发挥全体团员青年特别是学生干部的表率作用,积极捐款,但不准设定指标,不准进行摊派。

二、捐款活动具体方式由各分团委组织进行,指定专人负责捐助款项。

三、捐款活动时间为:2010年4月12～18日,各分团委务必于4月19日上午10:00前将捐款及活动总结送交校团委办公室。

四、各分团委要做好捐款人员和捐款数额的登记工作。捐款活动结束后,将捐款情况向全校公布,并对在捐款活动中表现突出的单位和个人进行表彰。

附件:向西南旱灾地区捐款倡议书

××大学(盖章)
二〇一〇年四月十二日
(来源:http://www.szai.com/)

【评析】

这是一则知照性通知。××大学根据团中央的要求,动员团员青年向西南旱灾地区捐款,要求各分团委、学生会认真贯彻执行。正文文字简练,阐明了行文的依据、发文单位态度、事项和要求,直截了当,具体明确。

例3

××市人民政府办公厅关于召开全市人民调解工作会议的通知

各县、区人民政府:

为了总结全市人民调解工作的经验,部署今后的工作任务,表彰在政法工作第一道防线上做出突出贡献的先进集体和先进个人,推动全市人民调解工作的开展,根据国务院《人民调解委员会组织条例》和辽宁省第三次人民调解工作会议精神,市政府决定召开全市人民调解工作会议。现将有关事宜通知如下:

一、会议时间:12月26日上午9:00,会期半天。

二、会议地点:××宾馆二层会议室。

三、会议内容:表彰先进、总结工作、交流经验、部署今后工作。

四、参加人员:各县(市)、区主管副县(市)长、区长一人,司法局长一人,基层科长一人,以及防止民间纠纷激化先进集体代表、先进调解委员会代表、先进调解工作者代表各一人。

五、其他事项:各单位接此通知后,请将参加会议人员名单于12月23日之前报会议筹备组。

联系人:陈×× 马×
电话:××××××××
传真:××××××××

(印章)
二〇一〇年十一月二十日
(来源:吴新元,《公文写作速成》,中国纺织出版社2009年版,第153页)

【评析】

这是一则会议通知。正文先写发通知的原由和相关文件精神。紧接着以过渡语"现将有关事宜通知如下"列出通知事项,采用分条列项的写法,具体、周道地写明了会议时间、地点、内容、与会人员及有关问题,条理分明,一目了然。

【温馨提醒】

写通知时,要注意以下几点:

1. 通知要注意把要求和措施部分交代清楚,可以分条也可用小标题的形式,这样才能便于下级单位执行。
2. 会议性通知要写正确相关要素,通知时间地点尤其不能弄错。
3. 批示性通知要简明扼要,直接陈述事宜即可。
4. 通知的语言主要以叙述为主,用简洁语言把道理阐述清楚即可。例如标题中不可滥用介词"有关"代替"关于"。

【拓展阅读】

复合体公文标题的常见错误

所谓复合体公文,是指在文本结构上明显由两部分构成的印转类公文。其中,前一部分是"印转语",它类似"按语",一般说明被印转文件的名称、拟制机关、会议通过或生效日期以及有关的执行要求等;后一部分则是加印上去的被印转文件。这两部分都是公文主要、核心信息的载体。这类复合体公文以通知、通报、命令居多,有时还有决定、函等文种。其标题的常见错误如下:

1. 冗长累赘,不简洁

这一问题主要出现在转发类公文中。此类公文的标题往往要写明被转发文件的发文机关以及文件名称。如果是直接转发某一机关的某文件,则按标题制作的一般原则拟题,标题构成一般是:发文机关+"转发"+被转发文件的发文机关+被转发文件名称(或其主要内容)+文种,如"××市人民政府转发××省人民政府关于××××意见的通知"。但在实际工作中,往往出现逐级、多层转发的情况,如标题"××区财政局转发《××市财政局转发〈财政部关于纠正干部职工借用、拖欠款问题的通知〉的通知》的通知"。这种绕口令式的标题令人望而生厌。根据标题制作的一般原则,既要简洁,又要揭示公文的核心内容,还要保留上级权威机构名称,我们可以将其改写为:"××区财政局转发财政部关于纠正干部职工借用、拖欠款有关文件的通知"。

2. 成分多余

标题中成分多余,主要表现在一个标题中词语的重复性出现,如上条引例中的多个"转发"和"通知"。另外,介词"关于"在一个标题中多次出现也是实际公文写作中较为常见的错误现象,如"××省教育厅关于转发《教育部关于××××管理办法》的通知",词语"关于"的重复使标题读起来别扭。公文标题中一般要在发文机关后用介词"关于"领起事由,同时,"关于"也隔离了发文机关与事由之间的动宾关系,表明动作行为的主体与发文机关并不一致,使表意清楚、准确。因此,多数情况下,"关于"不可省略,否则造成歧义。如"××市公安局关于加强××××工作的通知"就不可写成"××市公安局加强××××工作的通知",因为原标题的意思表明"加强"行为的主体并非发文机关"××市公安局",而改写后的标题意思却表明"加强"行为的主体是"××市公安局",这就有违原意了。但在印转类公文中,动词"印发"、"发布"、"转发"或"批转"的行为主体就是发文机关,所以事由前省略"关于"不会造成歧义。上例中"转发"的行为主体就是"××省教育厅",故前一个"关于"应省掉。同理,"××市人民政府关于批转××市文化局关于××××意见的通知"中的前一个"关于"应省掉。

3. 标点符号错误

《国家行政机关公文处理办法》(国务院2000年8月24日发布、2001年1月1日起施行)第三章第十条第六款明确规定:"公文标题中除法规、规章名称加书名号外,一般不用标点符号。"但实际公文写作中,与该款规定相违背的标题却屡见不鲜,有的是不该用的却用了,如"关于印发《关于加强与科技有关的知识产权保护和管理工作的若干意见》的通知"、"关于转发《教育部关于向'焦裕禄式的教育局长'胡昭程同志学习的决定》的通知",等等。此处的"意见"、"决定"都不是法规、规章,因此不可用书名号,可分别改写为"印发关于加强与科技有关的知识产权保护和管理工作若干意见的通知"、"转发教育部关于向胡昭程同志学习的决定的通知"。有的是该用却不用或错用了,如"关于印发'药品质量监督抽查检验工作管理暂行规定'的通知"、"关于印发零售药店设置暂行规定的通知"等。此处"规定"属于规章类,故应用书名号标注,可分别改写为"关于印发《药品质量监督抽查检验工作管理暂行规定》的通知"、"关于印发《零售药店设置暂行规定》的通知"。

(何世龙:《复合体公文写作中的常见错误》,《应用写作》2006年第5期,第12～13页)

写作心语:

撰写通知一定要注意规范性,语言要准确简洁,以免啰嗦或造成误解。

【文体训练】

一、填空题

1. 通知适用于批转_____机关的公文,转发_____机关和_____机关的公文。
2. 通知的正文包括_____、_____、_____三部分。

二、判断题

1. 两个以上单位发通知,标题部分一般可以省略发文单位。(　　)
2. 除批转法规性文件外,通知的标题部分一般不使用书名号。(　　)
3. 发布、批转性通知的正文由批语部分和批转件部分组成。(　　)
4. 下列通知标题有哪些是正确的:
(1)省政府关于召开全省民政工作会议的通知。(　　)
(2)颁布《广东省人民政府任免工作人员暂行规定》的通知。(　　)
(3)广东省人民政府办公厅批转财政厅关于临时出国人员用汇管理细则的通知。(　　)
(4)××省人民政府关于转发《国务院关于加强治安管理工作的通知》的通知。(　　)

三、思考题

1. 通知有哪些类型?
2. 写好转发性通知的标题要注意哪些问题?

四、病文修改题

指出下面这份通知的毛病,并作出修改:

××县人民政府关于召开经济工作会议的通知

县属各镇(乡)、局(行)、厂矿：

为总结经验,加速振兴我县经济建设的步伐,县政府决定在本月中旬召开经济工作会议,现将有关事项通知如下：

(一)参加会议人员为各单位主管经济工作的主要负责人；

(二)参加会议人员应认真准备有关经济工作情况及今后工作打算的材料,以便在会上汇报或交流；

(三)参加人员应带齐日常生活用品及伙食费,并于15日5:00到县政府报到；

(四)会议结束后,将布置今年下半年的工作安排。

以上通知,希遵照执行。

××县人民政府办公室
2000年9月8日

五、文体实训题

1. 根据所给材料,按"通知"格式和要求,代某省政府办公厅起草一份"会议通知"。

省政府决定,于今年6月15日在省政府招待所召开全省环境卫生保护工作会议,会期三天；参加人员为各市、县人民政府分管环境卫生工作的领导、环卫局长、省直有关单位负责人。

2. 国庆假期快到了,请你代学校办公室写一篇全校放假安排等有关事宜的通知。相关内容自拟。

第二节　通报

【范文示例】

陕西省人民政府办公厅文件

秦府办〔2008〕2号

关于对省林业厅违反政府新闻发布制度问题的通报

各设区市人民政府,省人民政府各工作部门、各直属机构：

2007年10月5日,镇坪县林业局向省林业厅报告称：镇坪县农民周正龙10月3日在该县神州湾一处山崖旁,用数码和普通胶片照相机拍摄到华南虎照片71张,其中数码照片40张、胶片负片31张。省林业厅委托镇坪县林业局进行核实后,在没有派员进行实地调查的情况下,仅由本厅技术力量和省内有关专家对照片进行了鉴别,就于10月12日召开新闻发布会,宣布"镇坪县发现野生华南虎",公布了周正龙拍摄的两张华南虎照片,并向其颁发奖金2万元。此后,新闻发布会上公布的两张照片引起了媒体和公众的质疑,导致政府公信力成为社会舆论的热门话题。

事情发生之初,省政府就对省林业厅提出了严肃批评,责成其认真查找工作中的失误和不足,向省政府作出深刻检查。省政府认为,媒体和公众对华南虎问题的关注,对林业厅发布华南虎照片的质疑及责问,既反映了对野生动物保护事业的高度重视,也体现出对省林业厅工作的关心和监督,告诫省林业厅要高度重视、正确理解、积极对待社会舆论,并要求按照国家林业局和省政府的决定,委托国家专业鉴定机构对周正龙拍摄的华南虎照片进行鉴定。

政府新闻发布是一项极其严肃的工作,有着严格的程序和要求。省林业厅举行此次新闻发布会,既未按规定程序履行报批手续,也未对华南虎照片拍摄情况进行实地调查,在缺乏实体证据的情况下,就草率发布发现华南虎的重大信息。当引起媒体和公众质疑后,有关人员又一再违反纪律,擅自发表意见、参与争论,加剧了舆论的关注程度,造成了不良的社会影响,在一定程度上损害了政府形象。省林业厅的做法很不严肃,极其轻率,违反了《陕西省政府信息公开规定》《陕西省人民政府办公厅关于建立政府新闻发布制度的意见》的有关规定;有关人员的行为,反映出该厅存在着工作作风漂浮、工作纪律涣散等问题。

为了严肃纪律,省政府决定,除对省林业厅有关负责同志追究纪律责任外,对省林业厅违反政府新闻发布制度、擅自发布未经全面核实重大信息的问题予以通报批评。省林业厅要汲取教训,深刻反思和查找工作中存在的问题,进一步完善工作制度,严格工作程序,严肃工作纪律,整顿工作作风,切实抓好各项工作。

省林业厅的做法尽管是个别的,但反映出的作风漂浮、纪律涣散等问题,在其他地方、其他部门也不同程度地存在。各地、各部门都要以此为戒,在处理各类重大问题、敏感问题时,一定要以对党和人民事业高度负责的态度,认真调研,审慎决策。要坚持政务公开,不断完善各类公开办事制度,努力提高政府工作的透明度和公信力。要进一步加强作风建设,严肃纪律,提高效率,狠抓落实,为加快建设西部强省作出应有贡献。

(盖章)

陕西省人民政府办公厅

二〇〇八年二月三日

(来源:http://news.xinhuanet.com)

【知识储备】

一、什么是通报

通报是用于表彰先进、批评错误、传达重要精神或者情况的一种行政公文。

二、通报的特点

(一)典型性

通报的事实,不论是表彰性的、批评性的,还是通报情况的,都要求有典型意义。典型就是具有普遍性、代表性,事实越典型,其警示和借鉴意义越大,只有个性没有普遍意义的题材,缺乏广泛的指导价值。

(二)指导性

通报的内容,其价值往往并不单纯在于发布动态信息、宣布事件处理结果,而是要激励先进、督促后进,树立学习榜样,或者提供反面典型,使读者能够总结经验、吸取教训,得到有益的启示和警示。

(三)时效性

通报的内容总是跟特定时期背景有着紧密的联系,通报得过于迟缓,就失去其沟通情况、宣传教育的目的。因此,通报的制发应该迅速及时,以免事过境迁,失去其积极的作用。

(四)知照性

通报传递了信息,起到告知通晓的作用,扩大了所通报事项的影响,具有知照、告晓的特点。

三、通报的主要类型

(一)表彰通报

表彰通报用来表彰先进人物或先进集体,介绍先进事迹、推广典型经验的,是从高层机关到基层单位都广泛采用的常用公文类型。

(二)批评通报

批评通报是对工作中发生、出现的重大事故、重大失误、错误倾向、不良风气提出批评使用的公文文种,重在以儆效尤,有针砭、警示、纠正的作用。批评通报可以针对个人所犯的错误制发,也可以针对某一部门、单位的不良现象制发,还可以针对普遍存在的某种问题制发。

(三)情况通报

情况通报是用来传达重要精神、沟通重要情况的通报。为了让下级单位对一些重要事件或全局状况有所了解,上级机关应该适时发布这样的通报。常见的工作情况通报内容主要有工作进展情况、落实情况、评比检查结果等。

四、通报的结构和写法

(一)标题

通报的标题通常由发文机关、事由和文种三个要素构成,有时可省略发文机关和事由,只写"表彰通报"、"批评通报"、"情况通报"。这种是在通报内容比较简单,不作为正式文件发布,在机关内部使用的标题。但比较重要的通报则不能省略。

(二)主送机关

通报的发文对象同通知一样也比较广泛,因此,主送机关也较多。另外,由于级别、各称不同,主送机关的称法和排列非常复杂,所以,要注意主送机关排列的规范性。

(三)正文

1. 表彰通报正文的一般写法。

(1)叙述先进事迹,包括时间、地点、人物、事迹、结果;

(2)对上述事件进行分析、评议,指出其典型意义,或概括其主要经验。语言要简明概括;

(3)提出表彰或发出号召。

如果是转发式的表彰通报,正文部分先对下级机关所发的这个材料进行评价,加上批语,即对被表彰者进行评议等,再发出号召或提出要求。

2. 批评通报正文的一般写法。

(1)通报原由,即将事故或错误事实的经过情况、时间、地点、事故、后果等交代清楚;

(2)对事故进行分析评议,重点分析事故发生的原因,指出事故的性质及其危害,并提出处分决定;

(3)写明防止此类事故的措施,要对症下药,提出告诫,或重申某一方面的纪律。

3. 情况通报正文的一般写法。

这种通报的写法,关键在于对情况的掌握要确实、全面、充分,它的正文包括叙述情况、分析情况、阐明意义、提出指导性意见。

(四)落款

在通报结尾的右下方,要写上成文日期并加盖印章。

【例文评析】

表彰通报

××市××化工厂,采取有力措施,切实贯彻《安全生产条例》,建立安全生产岗位责任制,实现全年生产无事故,成为市第一个安全生产年企业。为此,市政府决定对××化工厂通报表彰。

××市政府
2010年1月20日

【评析】

这是一份表彰通报,但存在一些问题:

1. 这篇表彰通报的标题不规范,应由发文机关、事由和文种组成;
2. 缺少主送单位;
3. 表彰事项不具体。文中只写"市政府决定对×××化工厂通报表彰",具体奖什么未写明;
4. 未写明×××化工厂是哪年实现安全生产年的,影响了本文的严肃性和真实性;
5. 正文内容残缺,应补写上号召和要求;
6. 落款处的成文时间应用汉字书写并加盖印章。

【温馨提醒】

写通报时,要注意以下几点:

(一)注意时效性

发通报要抓住时机,及时将先进典型和经验向社会宣传推广,对反面典型予以揭露,引起警戒,或对某些重大事项和重要情况,及时予以通报,以起到交流情况、信息,指导工作的作用。

(二)注意指导性

不能事无巨细都发通报,要选择对工作有普遍指导意义的事项来发通报。只有选准、选好典型,通报才能起到激励教育、推动工作和批评警戒的作用。

(三)注意真实性

通报中所涉及的事例,必须是客观存在的,经过反复调查、认为是真实可靠的,绝不允许捏造和虚构。同时,事例的反映要准确,不能夸大或缩小,要实事求是。

(四)注意通报与通知的区别

通报和通知都有告知性特点,但有所不同。

1. 适用范围不同。通知用于批转和转发文件,任免和聘用干部,告知需办理和周知的事项等一般工作;通报则仅用于表彰先进、批评错误、传达交流重要情况这几项重点工作。

2. 目的要求不同。通知是告知事项,布置工作,部署行动,有严格的约束力,要求受文机关遵照执行;通报的目的不在贯彻执行,而是通过正反两方面的典型教育人们,或通过传达重要精神和情况引起人们的注意,而没有具体执行的事项。

3. 表达方式不同。通知的写作主要采用说明,告知人们做什么,怎样做;通报则兼用叙述、议论和说明等表达方式。

(五)注意区分"命令"、"决定"和"通报"

"命令"、"决定"和"通报"三个文种都可用于奖励先进典型。一般来说,地方政府机关、单位表彰先进用"通报";表彰重大事项,影响范围广的先进典型用"决定";"命令"由于文种使用受到职权范围严格限制,在奖励先进典型方面很少用。

【拓展阅读】

小李写通报

最近××总公司的一名营业员勇擒偷盗者,保护公司的财产没有受到任何损失。这件事在全公司范围内传开,为了发扬这种大无畏的斗争精神,公司决定表彰这名营业员。领导让秘书小李拟写一份表扬通报,张贴在公司宣传栏,并同时发布到公司网页上。小李以前没写过通报,心中犯难了,可是领导交代的任务也得完成,他只好硬着头皮写了个初稿:

××县人民政府关于表扬营业员×××同志的通报

各乡镇人民政府:

二〇〇〇年×月×日中午十二时左右,××百货商店××路门市部售表柜台前来了一个青年顾客,提出要买一块"北京"牌手表。青年营业员×××同志将手表拿出上了几扣弦后递给这个顾客,又忙着接待别的顾客。一种强烈的责任促使她随时盯着买表人的动作。忽然,发现那人侧过身子挡住营业员的视线,把表放在耳边装作听表样。这种行为引起了×××同志的警觉,她心想:挑表为什么要侧过身子背对着营业员呢?当他把表交回来的时候,×××同志立即进行了检查,发现弦是满的,表面上有两道划纹。她马上认定新表已被换走,于是当机立断,喊了一声:"你停一下!"那人听到喊声,慌忙向店外跑去。见此情景,×××同志一跃跳到货圈外,用尽力气拼命追赶。霎时间,那家伙穿过胡同,跑出数百米。营业员边追边喊:"抓住他!抓住他!"终于在××分局同志的协助下,将罪犯逮住扭送公安派出所,从其衣袋里搜出换去的新表。

×××同志机智果断,不顾个人安危与坏人坏事作斗争,保住了国家财产,精神可嘉。决定给予通报表扬,并颁发奖金,以资鼓励。

(盖章)

二〇一〇年××月××日

初稿完成后,小李先拿给办公室主任看。主任看后,提出了几个疑问:(1)对事件是概括叙述还是小说式叙述?(2)此事迹是否值得县政府通报表彰?(3)表彰决定事项是否要更具体一些?(4)按表彰通报的正文写作模式要如何改?结尾缺写什么?最后,主任还指出表彰

通报正文可以采用"背景＋事件简述、分析评议＋典型意义、经验＋表彰决定＋号召、希望"的写作模式。小李根据主任的指导，又用了一个小时修改，这次主任脸上露出了笑脸。他是这样写的：

××总公司关于表彰营业员×××同志的通报

总公司各科室、各分公司：

×××同志是××百货商店××路门市部售表柜台的青年女营业员。×××同志平时爱岗敬业，工作细致认真负责，曾多次被××百货商店评为先进工作者。

今年×月×日中午，×××同志在柜台当班，当她发现一块新表被一名身材魁梧的男青年顾客换走时，当即大喊一声："你停一下！"该青年慌忙拔腿就跑。×××同志不顾自己身单力薄，奋力追赶，与该青年揪打在一起，最后在闻讯赶来的××公安分局的同志们的帮助下，将该青年扭送归案，换回了新表。

×××同志勇于保护国家财产，敢于与盗窃分子作斗争的精神，充分体现了一个当代青年的优秀品德。为了表彰×××同志，总公司决定给予×××同志通报表扬，并颁发奖金3 000元。

希望×××同志戒骄戒躁，为公司作出更大的贡献。希望广大干部、职工以×××同志为榜样，忠于职守，爱岗敬业，进一步做好本职工作。

××总公司（盖章）
二〇〇〇年×月×日

写作心语：

撰写通报并不难，关键要按一定的框架组织材料，同时要注意语言的概括、简练。

【文体训练】

一、填空题

1. 通报有下列写作要求：＿＿＿＿、＿＿＿＿、＿＿＿＿。
2. 为使下级机关单位了解某阶段的工作情况，或某重大事件、活动情况，指导工作，往往用＿＿＿＿将有关情况予以公布。
3. 表扬性通报正文大致包括＿＿＿＿、＿＿＿＿、＿＿＿＿三个部分。
4. 批评性通报正文包括＿＿＿＿、＿＿＿＿、＿＿＿＿、＿＿＿＿四部分内容。
5. 情况通报正文结构一般由＿＿＿＿、＿＿＿＿、＿＿＿＿、＿＿＿＿四部分构成。
6. 通报的署名可以在标题下方，这时，通报无需写＿＿＿＿和＿＿＿＿。

二、思考题

1. 通报分为哪几类？
2. 通报与通知怎样区别？
3. 通报正文的结构要素有哪些？

三、文体实训

搜集所在的学校、班级出现的好人好事及违纪现象，各写一份表彰性通报和批评性通报。

四、病文修改题

表彰通报

市××化工厂，采取有力措施，切实贯彻《安全生产条例》，建立安全生产岗位责任制，实现全年生产无事故，成为市第一个安全生产年企业。为此，市政府决定对××化工厂通报表彰。

××市政府
2012年1月20日

第三节　请示

【范文示例】

福建省运输管理局关于我省道路水路
运输管理执法人员实行外勤补贴的请示

省交通厅：

随着我省道路、水路运输业的发展和营运车辆、船舶数量的增加，在道路、内河、沿海执行监督检查的执法人员工作时间较长且早、午、晚不确定，遇双休日、法定节假日经常加班加点。为了调动他们的工作积极性，更好地维护运输市场秩序，保证执法工作正常开展，促进我省道路、水路运输市场健康、有序发展，经研究，拟实行执法人员外勤补贴制度。现将有关事宜请示如下：

一、发放范围：各级道路、水路运输管理机构的执法人员。

二、发放标准：正常上班日外勤稽查的，每人每天补贴30元；双休日外勤稽查的，每人每天补贴60元；法定节假日外勤稽查的，每人每天补贴90元。

三、发放办法：由各级道路、水路运输管理机构在严格考勤的基础上每月造册按实际外勤稽查天数计发。

四、补贴经费由所在单位经费中调剂解决。

以上请示如无不妥，请转报省财政厅。

（盖章）
二〇〇五年七月十九日

（来源：http://www.fjysgl.gov.cn/show.aspx? id=1117）

【知识储备】

一、什么是请示

请示是向上级机关请求指示、批准时使用的文书。具体地看，请示的适用范围主要包括如下几个方面：

1. 下级机关遇到新情况、新问题，因无章可循而没有对策或没有把握，需要上级机关给以指示的时候，要用请示；

2. 下级机关在处理较为重要的事件和问题时，因涉及有关方针政策必须慎重对待，需要报请上级机关批准时，要用请示；

3. 下级机关在工作中遇到问题，虽然有解决的办法，但由于职权、条件的限制，没有权力或没有能力实施这些办法，需要上级帮助解决的时候，要用请示；

4. 下级机关对有关方针、政策和上级机关发布的规定、指示有疑问，需要上级机关给予解答时，要用请示；

5. 下级机关之间在较重要的问题上出现意见分歧，需要上级机关裁决时，需要请示。

二、请示的特点

（一）单一性

与其他上行文相比，请示更要强调遵循"一事一报"的原则。在一份请示中，只能就一项工作或一种情况、一个问题作出请示，不得在一份公文中就若干事项请求指示和批准。如果确有若干事项需要同时向同一上级机关请示，可以同时写出若干份请示，它们各自都是一份独立的文件，有不同的发文字号和标题。

（二）期复性

在公文体系中，请示是为数不多的双向对应文体之一，与它相对应的文体是批复。下级有一份请示报上去，上级就会有一份批复发下来。不管上级是不是同意下级的请示事项，都必须给请示单位一个回复。因此，可以说，写请示最直接的目的就是得到批复。

（三）时效性

请示所涉及的情况和问题都有一定的迫切性，应该及时起草、及时发出，如有延误，就有可能耽误解决问题的时机。相应地，上级机关在处理下级的请示时，也应注意时效性，对请示及时作出批复。

（四）超前性

请示行文时机具有超前性，必须在事前行文，等上级机关作出答复之后才能付诸实施。

三、请示的主要类型

请示类型有多种分类。根据请示的不同内容和写作意图，将其分为两类：

1. 指示性请示。这类请示多涉及政策和认识上的问题。
2. 批准性请示。这类请示多涉及人事、财物、机构等方面的具体问题。

四、请示的结构和写法

（一）标题

请示的标题可以由发文机关、事由、文种构成，如"××省人民政府关于增拨防汛抢险救灾用油的请示"。也可以由事由和文种构成，如"关于成立老干部办公室的请示"。

（二）主送机关

请示的主送机关就是负责受理和答复请示的机关。请示在确定主送机关时，要注意以下三点：

1. 主送机关只能有一个；
2. 只能主送上级机关，不能送领导者个人；
3. 不得越级。

（三）正文

请示的正文由开头、主体、结语三部分构成。

1. 开头

开头主要表述请示的原由,是上级机关批复的主要依据。一般而言,这部分要写明所遇到的新情况、新问题,或自身没有能力解决的困难,要写得充分、恰当、具体。

内容简略、篇段合一的请示,开头也可以是表达行文目的和意义的一两句话,不独立成段。

2. 主体

主体是表明请示事项的部分,也是请示最核心、最重要的部分。请求指示的请示,主体要写明想在哪些具体问题、哪些方面得到指示。请求批准的请示,要把要求批准的事项分条列款一一写明。如果在请求批准的同时还需要人、财、物等方面的支持和帮助,更需要把编制、数量、途径等表达清楚、准确,以便上级及时批准。

如果请示内容十分复杂,可以在条款之上分列若干小标题,每一小标题下再分条列款。

3. 结语

请示的结语比较简单,在主体之后,另起一段,按程式化语言写明期复请求即可。期复、请求用语常见的有"当否,请批示"、"妥否,请批复"、"以上请示,请予审批"、"以上请示如无不妥,请批转有关部门执行",等等。

(四) 落款

在请示结尾的右下方,要写上成文日期并加盖印章。

【例文评析】

例 1

××县邮政局关于增设中兴街邮政营业所的请示

××省邮政管理局:

为合理组织网点,扩大邮政服务,我局拟在中兴街设立邮政营业所一处。

中兴街地处我县西郊,驻街机关、工厂、学校较多,系单位和居民密集地带。但该处距县局约二公里,用户使用邮政很不方便。为缓解当地用邮困难状况,我局近年来定期组织流动服务组到该处服务,但由于没有固定局房,生产和生活有诸多不便。且自2001年省有关部门公布我县为开放旅游区以来,当地邮政业务量激增,流动服务组的方式已远远不能满足需要。为此,请核准增设中兴街邮政营业所。

以上请示,请批复。

附件:1. 中兴街位置图
      2. 拟建局房平面图

(盖章)
二〇〇二年三月十日
(来源:http://www.worlduc.com)

【评析】

这份基层单位的请示,内容严谨有序,语言简明通畅,是一篇充满说服力的请示佳作。例文以目的(为合理组织网点,扩大邮政服务)和想法(拟在中兴街设立邮政营业所一处)开笔,一个独立成段的长单句十分醒目而直接。这种写法,在请求批准的请示中,是经常用到的。另外,文中十分严谨有序地谈及了几点理由:

首先,是中兴街的自然情况。其次,是采用流动服务组方式的具体困难。最后,是"流动服务组方式已远远不能满足需要"。这第三条理由完全排除了继续进行流动服务的可行性,因而,是具有相当分量的理由,这条理由的表述,尤使整个请示充满了不容拒绝的说服力。行文至此,再提出"请核准增设中兴街邮政营业所"的要求,可谓水到渠成,顺理成章。例文从请求批准内容的安排上,也充分体现了规范、严谨的构思。

例2

盛达公司关于盛达制衣厂翻建房屋的请示报告

总公司:

  我公司下属盛达制衣厂于2005年10月开始翻建汽车库,且已经拆除了司机、装卸工宿舍、武装部办公室、基建科办公室等共计510平方米。因为以上办公用房的拆除,以致汽车无处停放,有关职工无处办公,严重影响正常工作。为缓和厂区占地紧张状况及结合全厂长远规划,故决定一层为汽车库,二层为办公用房。为解决当前办公用房之急需,我公司把已拆除的510平方米面积加在了汽车库顶层,资金本公司也自行解决了。

  妥否,请批示。

二〇〇五年十月三十日(盖章)

(来源:http://wenwen.soso.com)

【评析】

这份请示主要存在以下几方面错误:

1. 标题文种错误,不存在"请示报告"文种。应用请示行文。
2. 主题不明确,标题上写的是翻建房屋,而文中内容未突出此中心内容。
3. 语言啰嗦,且不准确,如"因为以上办公用房的拆除,以致汽车无处停放……"。办公用房的拆除与汽车无处停放两者无因果关系,语句不通;再如"武装部办公室、基建科办公室"这里两个"办公室"重复,可以取消前面的"办公室"三个字。
4. 前后内容混乱无因果关系,如第一段最后写道"决定一层为汽车库,二层为办公用房"。而前面根本就未提及盖两层楼之事,突然提到两层楼的使用问题,让人感到突然,莫名其妙。
5. 这份请示在除房屋后才行文,不符合事前行文规则。

【温馨提醒】

写请示时,要注意以下几点:

(一)一文一事

一份请示只能写一件事,这是《国家机关行政公文处理办法》的规定,也是实际的需要,如果一文多事,很可能导致受文机关无法批复。

(二)单头请示

一份请示,只送一个上级领导机关,不能同时主送两个或两个以上机关。如有需要,对有关的单位可用抄送的形式。这样,可以避免出现推诿、扯皮的现象。受双重领导的机关向上级机关请示工作时,要根据请示内容的性质,主送一个上级领导机关,抄送另一个领导机关。

（三）不越级请示

请示与其他公文一样，一般不越级请示，如果因情况特殊或事项紧急必须越级请示时，要同时抄送越过的机关。请示一般不直接送领导个人，除非是领导直接交办的事项。把应由秘书部门统一办理的请示直接送领导个人，容易误事，甚至会造成领导者之间的矛盾。

（四）不抄送下级

请示是上行公文，不得同时抄送下级机关，更不能要求下级机关执行上级机关未批准的事项。

【拓展阅读】

请示的标题必须规范化

请示标题首先要标明"请示"这个文种，同时，要用请示的"事由"去限制，说明是关于什么问题的请示，目标集中。但在实际运用中，请示标题毛病很多，大致有以下三类：

第一类是"请示报告"式。

例1："××厂关于固定资产折旧出售的请示报告"。以"请示报告"代替"请示"，是概念使用上的一种混乱；应把"报告"去掉。

第二类是"申请（请款）报告"式。

例2："××局关于更新锅炉设备的请款报告"；

例3："××食堂关于购置冷藏柜的申请报告"；

例4：××市财政局关于申请追加广播事业费预算指标的报告。

上述三例都把"请示"写成了"报告"，尽管以"申请"、"请款"为"报告"增加了内涵，但落脚点还是在"报告"上，没能很好地表达"请求指示和批准"的内涵。应分别把"请款"、"申请"去掉，把"报告"改为"请示"。

第三类是"申请—请示"式。

例5："××教育局关于申请追加教育经费的请示"。则对概念作了无意义的限制，用"申请"限制"请示"，重复多余，应把"申请"去掉。

以上三类错误，有一定的普遍性，尤其是一些基层单位写的请示，这类错误较多，应引起足够的重视。有的把"请示"写成"意见"、"建议"，更是"题不对文"。

(来源：选自百度网，经删改)

写作心语：

善于运用正确的文种行文是写好请示第一要务，在现实中，稍不注意就会犯错，这一点对初学者尤为重要。

【文体训练】

一、填空题

1. 请示正文由_____、_____和_____三部分组成，三者缺一不可。
2. 请示适用于向上级机关请求_____、_____。
3. 如有特殊情况，请示必须越级行文时，应当_____被越过的上级机关。

二、判断题
1. 请示一般只写一个主送机关和领导人。（   ）
2. 请示如想要主送机关以外的有关上级单位知道，可用抄送形式。（   ）
3. 受双重领导的机关向上级机关请示，应当写明两个主送机关。（   ）
4. 请示不得发给下级机关。（   ）
5. 为提高办事效率，一份请示可请求指示或批准若干事项。（   ）
6. 请示可以一文一事，也可以一文多事。（   ）

三、改正下列公文标题的错误
1. 关于要求解决更换一台锅炉并大修一台锅炉的请示。
2. 关于申请2010年公费医疗补助费的请示。
3. 关于元旦文艺联欢会所需经费的请示报告。

四、文体实训题
根据下述材料，拟写一份请示：××省外资局拟于二○○六年一月十三日派组（局长×× 等五人）到美国纽约市××设备公司检验引进设备。此事需向省政府请示。该局曾与对方签订过引进设备的合同，最近对方又来电邀请前去考察。在美考察时间需二十天，所需外汇由该局自行解决。各项费用预算，可列详表。

第四节　报告

【范文示例】

××市人民政府文件

×府发〔2008〕3号　　　　　　　　　　　　　　　　　　　　　　　签发人：×××

××市人民政府关于治理××河水质污染问题的报告

××省人民政府：

省政府转来×××委员会提出的关于××河水质污染状况的报告，经市政府调查研究，对报告中提出的有关问题及解决方案报告如下：

一、解决××河水质污染问题的关键是尽快建成污水处理厂。现在××河的污染主要是××区排放的污水所致。××区的排放量为25万吨，污水比较集中，因污水处理厂未能及时建立，致使污水直接排入××河，造成了××河的污染。

为解决××河的污染，市政府已抓紧××区污水处理厂建设，争取在20××年建成。××区污水处理厂原设计概算为8 316万元，按现行价格估算约为1 100万元，已于20××年×月开工，建成了8项附属设施，计完成投资200万元。市政府今年安排的300万元投资已全部落实，××区城环局正在组织实施。

根据××河河道以南人口密集区的地下水污染和环境问题，在污水处理厂未建成之前，利用现有污水管道，把污水引到某区污水处理厂以西，污水直接排入污水处理厂的出口，这就避开了污染区。

二、电热厂的粉煤灰也是污染源之一。对于电热厂储灰厂的选址,必须考虑到对地下水和环境的污染。选址已责成××区电热厂抓紧做工作,争取尽快报市政府有关部门审批。对南储灰厂渗漏对地下水的污染,主要采取截流集中排放的措施减少污染。

(盖章)

二○××年×月×日

(来源:http://zhidao.baidu.com)

【知识储备】

一、什么是报告

报告适用于向上级机关汇报工作,反映情况,答复上级机关的询问。

作为行政机关公文的报告,和一些专业部门从事业务工作时所使用的行业文书,如"审计报告"、"评估报告"、"立案报告"、"调查报告"等,是不同的概念。这些文书不属于行政公文的范畴,注意不要混淆。

二、报告的特点

(一)单向性

报告是下级机关向上级机关汇报工作、反映情况、提出建议时使用的单方向上行文,不需要上级机关给予批复。在这方面,报告和请示有较大的不同。

(二)陈述性

报告在汇报工作、反映情况时,所表达的内容和使用的语言都是陈述性的。本单位遵照上级的指示,做了什么工作、怎样做这些工作、取得了哪些成绩、还存在哪些不足,必然要一一向上级陈述。反映情况时,也要把时间、地点、人物、事件、原因、结果叙述清楚,向上级机关提供准确的现实性信息。

(三)事后性

在机关工作中,有"事前请示,事后报告"的说法。多数报告,都是在开展了一段时间的工作之后,或是在某种情况发生之后向上级作出的汇报。

三、报告的主要类型

(一)工作报告

凡是用来向上级汇报工作的报告,都是工作报告。可以分为综合工作报告和专题工作报告两种。

1. 综合工作报告。这类报告涉及面宽,涉及主要工作范围之内的方方面面,可以有主次的区分,但不能有大的遗漏。大到国务院提供给人民代表大会的政府工作报告,小到某单位向上级提供的年度、季度、月份工作报告,都属于这种类型。

2. 专题工作报告。这类报告涉及面窄,只针对某一方面的工作或者某一项具体工作进行汇报,如行政机关关于技术革新工作的报告等。

(二)情况报告

如果本单位出现了正常工作秩序之外的情况,譬如说发生了事故,出现了意想不到的问题等,对工作产生了一定程度的影响,应该及时向上级将有关情况原原本本地进行汇报。即使对工作没有太大影响,一些有倾向性的新动态、新风气,以及最近出现的新事物等,必要时也要向上级报告。

凡此种种,都属于"情况报告"。作为下级机关,有责任做到"下情上达",保证上级机关耳聪目明,对下面的情况始终了如指掌,这就是情况报告的意义。

(三)答复报告

答复上级机关询问的报告,称为答复报告。这种报告内容针对性最强,上级询问什么就答复什么,不能答非所问。对待上级机关的询问,一定要慎重,如果不了解真情,要经过深入的调查研究后再作答复。

(四)报送报告

这是向上级报送文件、物件时使用的报告,正文通常非常简略,只需写明"现将××××报上,请指正(请查收)"即可。真正有意义的内容都在所报送的文件里。

四、报告的结构和写法

(一)标题

1. 发文机关＋事由＋文种

如"××部关于××抗灾救灾工作情况的报告"。

2. 事由＋文种构成

如"关于307国道××段立交桥积水堵车的情况报告"。

(二)主送机关

主送机关应为负责受理报告的上级机关。

(三)正文

报告正文的结构一般由开头、主体和结语三部分组成。

1. 开头

主要交代报告的原由,概括说明报告的目的、意义或根据,然后用"现将××情况报告如下"一语转入下文。

2. 主体

这是报告的核心部分,用来说明报告事项。它一般包括两方面内容:一是工作情况及问题;二是进一步开展工作的意见。

在不同类型的报告中,正文中报告事项的内容可以有所侧重。

(1)工作报告在总结情况的基础上,重点提出下一步工作安排意见。

(2)情况报告将突发情况或某事项的原委、经过、结果、性质与建议表述清楚。

(3)答复报告则根据真实、全面的情况,按照上级机关的询问和要求回答问题,陈述理由。

(4)报送报告,只需要写清楚报送的材料(文件、物件)的名称、数量即可。

3. 结语

根据报告种类的不同,一般都有不同的程式化用语,应另起一段来写。工作报告和情况报告的结束语常用"特此报告";答复报告多用"专此报告";报送报告则用"请审阅""请收阅"等。

(四)落款

在报告结尾的右下方,要写上成文日期并加盖印章。

【例文评析】

关于申请拨给灾区贷款专项指标的报告

××省××银行：

×月×日，我地区遭受了一场历史上罕见的洪水袭击，×江两岸乡、村同时发生洪水，灾情严重。经初步不完全统计，农田受灾总面积达38 000多亩，各种农作物损失达100多万元，农民个人损失也很大。灾后，我们立即深入灾区了解灾情，并发动干部群众积极开展生产自救。同时，为了帮助受灾农民及时恢复生产，我们采取了下列措施：

一、对恢复生产所需的资金，以自筹为主。确有困难的，先从现有农贷指标中贷款支持。

二、对受灾严重的困难户，优先适当贷款，先帮助他们解决生活问题。到×月×日止，此项贷款已达××万元。由于这次灾情过于严重，集体和个人的损失都很大，短期内恢复生产有一定的困难，仅靠正常农贷指标难以解决问题。

为此，请省行下达专项救灾贷款指标××万元，以便支持灾区迅速恢复生产。

以上报告当否，请批示。

盖章
二○××年×月×日
（来源：http://exam.eol.cn）

【评析】

这篇报告存在以下几个问题：

1.文种选择有误。从标题看，这篇公文是向省行提出灾区贷款专项指标的申请，目的是获得省行的批准。从正文的主体部分看，两条措施确属报告性质，但随后出现的专项贷款请求，就不是报告应有的内容了。从结语看，"以上报告妥否，请批示"，有着很强的期复性。综合起来看，这篇公文应该写成请示。

2.内容偏离中心话题。这是由于原文混淆了报告和请示的界限而造成。写请示，只需写明请示原由、请示事项，最后提出请示要求即可，与此无关的内容不应写入。而原文提出的两条措施："对恢复生产所需的资金，以自筹为主"；"对受灾严重的困难户，优先适当贷款"，既不是请示原由，也不是请示事项，不应该写入文中。

3.语言瑕疵较多。文中有多处语言不确切、不严谨的地方。如"×江两岸乡、村同时发生洪水"，×江两岸所有村庄都遭受洪灾似不可能，说洪水是在这些乡村"发生"的更是荒唐。"灾情较重"跟后面"这次灾情过于严重"的说法不一致，不知哪个意义确切？"据初步不完全统计"，"初步"和"不完全"语意重复。

【温馨提醒】

一、报告写作注意事项

（一）立意要新

提炼主题，应该在占有大量材料的基础上进行分析研究，归纳出新颖的观点，从而提炼出能反映出本质的、带规律性的主题。

(二)内容要真实、具体

报告的内容必须是真实的,尽管选材具有灵活性,但也要实事求是,一是一,二是二,有喜报喜,有忧报忧,绝不能编造假情况,欺骗上级。所以,起草报告的人员,要深入调查研究,掌握第一手材料,去伪存真。材料要具体,既有概括性的材料,也有典型的具体事例。

(三)重点突出

报告的内容要根据主题的要求来安排,分清主次轻重。同时,要注意处理好点和面的关系,比如既要有典型的事例,又要有面上的综合性的情况,做到点面结合,眉目清楚,说服力强。

(四)报告中不能夹带请示事项

对于报告,受文单位不用答复,如果夹带请示事项,不但不便于处理,甚至还会贻误工作。

(五)注意情况报告与工作报告的区别

工作报告反映的是经常性的常规工作情况,内容相对确定,写法基本稳定,有不同程度的说理;而情况报告汇报的是偶发性的特殊情况,内容因时因事而异,写法灵活多样,重在叙述、说明有关情况。

二、请示与报告的异同

请示与报告均属上行文,在格式上都应当注明签发人、会签人姓名。不同之处在于:

1. 行文目的、作用不同

请示旨在请求上级批准、指示,重在呈请。报告要向上级汇报工作、反映情况、提出意见或建议,答复上级询问,不需上级答复,重在呈报。

2. 行文时间不同

请示需要事前行文,报告一般在事后或者工作过程中行文。

3. 主送机关数量可以不同

请示只写一个主送机关。报告有时可写多个主送机关,如在情况紧急需要多级领导机关尽快知道灾情、疫情时。正式印发请示报送上级时,还应在"附注"处注明联系人的姓名和电话,以利主送机关在必要时查询,而报告没有此项要求。

4. 文机关处理方式不同

请示属办件,收文机关必须及时批复。报告多属阅件,一般收文机关对其他报告都可不行文。

5. 涉及内容不同

请示用于向上级机关请求批准、指示,凡是下级机关、单位无权解决、无力解决以及按规定应经上级机关批准认定的问题,均可以请示行文。而报告用于向上级机关汇报工作、反映情况、提出意见建议、答复询问。

6. 写作侧重点不同

虽然都要陈述、汇报情况,但报告的重点只在汇报工作情况,报告中不能夹带请示事项,而请示中所陈述的情况只是作为请示的原因,即使反映情况以及阐述原由所占的篇幅再大,其重点依然是请示事项。

【拓展阅读】

报告岂可这样写？

鹏程公司的上级主管部门催报年度工作报告。为此，经理办公室的丁秘书被指名负责起草公司年度工作报告。

丁秘书认为，工作报告不仅材料要有说服力，而且语言要生动感人并且一定要有典型事例。于是，他按照拟定的提纲开始专心写作。当写到党员王××兢兢业业工作、节约基建资金三万多元时，丁秘书的文学激情油然而生，便对王××的形象着力进行了描写。为了使王××的事迹催人泪下，丁秘书又虚构出一段王××不徇私情处理侄儿的情节。同时还想当然地将节约资金三万多元改为五万多元。仅王××这一个典型事例，总计用了2 400多字，占了全文的四分之一。

在审稿的那天，各个部门的领导一致认为工作报告要大改。

丁秘书为什么把工作报告写成了小说？关键在于他没有弄清秘书写作与文学作品写作的区别。秘书写作属于应用写作的范畴，它同文学创作截然不同。案例中的丁秘书由于没有弄清上述区别，在秘书写作中套用了文学写作的手法。

（来源：转引自百度文库，经过删改）

写作心语：

撰写报告时，要善于区分与文学写作的不同，也要善于区分与请示写法的不同，平时只要多留心，这些问题都可以避免的。

【文体训练】

一、填空题

1．本节学习的"报告"，是指国家行政机关公文报告，它不同于一般的_____、_____和调查报告。

2．报告的开头一般先总述开展工作的_____作为发文依据，然后常用_____作为过渡语，引起下文。

3．报告的主要类型有_____、_____、_____和_____。

4．报告中不得夹带_____事项。

二、判断题

1．报告可以同时上报几个机关。（   ）

2．关于申请修建学校大楼的报告。（   ）

3．关于发生重大火灾事故的报告。（   ）

4．关于扩建油库的请示报告。（   ）

三、文体实训

某大学要求各分院、系将2011年度开展"文明礼仪"活动的情况上报，作为该大学秘书系办公室主任的白丹将如何完成这一任务？请代为撰写此报告。

四、文体实训题

根据下面提供的材料,请以××市商业局的名义向××省商业厅起草一份报告。

(1)××××年2月20日上午9:20,××市××百货大楼发生重大火灾事故。

(2)事故后果:未造成人员伤亡,但烧毁三层楼房一幢及大部分商品,直接经济损失792万元。

(3)施救情况:事故发生后,市消防队出动15辆消防车,经4个小时扑救,火灾才被扑灭。

(4)事故原因:直接原因是电焊工××违章作业,在一楼铁窗架电焊火花溅到易燃货品上引起火灾,但也与××××百货公司管理层及员工安全思想模糊,公司安全制度不落实,许多安全隐患长期得不到解决有关。

(5)善后处理:市商业局副局长带领有关人员赶到现场调查处理;市人民政府召开紧急防火电话会议;市委、市政府对有关人员视情节轻重,做了相应处理。

第五节　批复

【范文示例】

国务院文件

国发〔1999〕48号

国务院关于同意陕西省撤销榆林地区设立地级榆林市的批复

陕西省人民政府:

你省《关于撤销榆林地区行政公署实行市领导县体制的请示》(陕政字〔1998〕36号)及有关补充报告收悉。现批复如下:

一、同意撤销榆林地区和县级榆林市,设立地级榆林市。市人民政府驻新设立的榆林市。

二、榆林市设立榆阳区,以原县级榆林市的行政区域为榆阳区的行政区域。区人民政府驻北大街。

三、榆林市辖原榆林地区的神木县、府谷县、横山县、靖边县、定边县、吴堡县、米脂县、绥德县、清涧县、子洲县、佳县和新设立的榆阳区。

榆林市的各类机构均应按照"精简、效能"的原则设置,所需人员编制和经费由你省自行解决。

此复

(盖章)

一九九九年十二月五日

(来源:http://www.china.com.cn)

【知识储备】

一、什么是批复

批复是答复下级机关的请示事项时使用的文种。它是机关应用写作活动中的一种常用的下行文书。

二、批复的特点

（一）被动性

批复的写作以下级的请示为前提，它是专门用于答复下级机关请示事项的公文，先有上报的请示，后有下发的批复，一来一往，被动行文，这一点与其他公文有所不同。

（二）针对性

批复要针对请示事项表明是否同意或是否可行的态度，批复事项必须针对请示内容来答复，而不能另找与请示内容不相关的话题。因此批复的内容必须明确、简洁，以利下级机关贯彻执行。

（三）权威性

批复表示的是上级机关的结论性意见，下级机关对上级机关的答复必须认真贯彻执行，不得违背，批复的效用在这方面类似命令、决定，带有很强的权威性。

（四）明确性

批复的内容要具体明确，不能有模棱两可的语言，使得请示单位不知道如何处理。

三、批复的主要类型

以批复的内容为根据，可以将批复分为：

1. 肯定性批复。表明同意下级机关就某项工作提出的请求，认可下级的某种设想或做法。
2. 否定性批复。不同意下级机关的要求，给下级机关否定的答复。

四、批复的结构和写法

（一）标题

批复标题的写法是完全式的标题，最常见的有两种：

1. 由发文机关、事由和文种构成，在事由中一般将下级机关及请示的事由和问题写进去。
2. 由"发文机关＋表态词＋请示事项＋文种"构成，这种较为简明、全面。

（二）主送机关

主送机关一般只有一个，是报送请示的下级机关。

（三）正文

批复正文一般包括批复引语、批复内容和结束语三个部分。

1. 批复引语（引叙来文）

即引用公文，应当先引标题，后引发文字号，如"你单位《关于……的请示》（×发〔2011〕×号）收悉"。引叙来文是为了说明批复根据，点出批复对象，使请示机关一看批复的开头就明确批复的针对性。但要注意尽量避免批复引语和批复标题的重复。

2. 批复的事项

针对请示中提出的问题，给予明确具体的答复。如果完全同意，就写肯定性意见。一般要求复述原请示主要内容后才表态，不能只笼统写上"同意你们的意见"。如果有的同意，有的不同意，就要写明同意的内容及不同意的理由（同意的不用写理由）。如果不予批准，一定要在否定性意见前面或后面写明理由。

3. 批复结束语

可以"此复"、"特此批复"、"专此批复"等收束用语作结。

（四）落款

在批复结尾的右下方，要写上成文日期并加盖印章。

【例文评析】

关于同意召开分公司工作经验交流会问题的批复

××××：

你单位《关于……的请示》(×发〔20××〕×号)收悉。经研究，同意今年9月中旬在广州总公司召开分公司工作经验交流会，会议规模缩小为50人，会期2天。会址另定。会议所需经费请按节约开支的原则，编制预算报总公司审核。

特此批复

二○××年×月×日(盖印)

【评析】

这份批复正文分成三部分：第一句话引叙来文标题及发文字号作为批复依据、背景。第二、第三句话为批复意见。态度明确，条理清楚。最后是批复结束语。整篇批复结构非常完整。

【温馨提醒】

要写好批复应注意以下几点：

1. 要核实请示原由的真实性，研究请示所提意见或建议的可行性，有些情况应先作调查研究。

2. 凡请示事项涉及其他部门或地区的问题，批复前都要与其协商，取得一致意见。

3. 及时批复，以免贻误工作。对不按行文的正常渠道办理或一文多头的请示，应予以纠正，以免误事。

4. 一文一批复。批复依赖请示而存在，请示为"一文一事"，批复也应是"一文一批复"。

5. 态度严谨，文字简练，语气肯定。

【拓展阅读】

批复为何"失踪"

大华公司总经理指示行政部季主任：查一下去年给锻接车间的"批复"件中规定他们今年减少生产WWH-6组件的具体数字是多少。季主任吩咐文档室查找，结果管文档的工作人员查遍了去年所有文件也未找到，仅查到《锻接车间要求减少生产WWH-6组件的请示》。经工作人员回忆，当时移交文件时，就曾提出过未见"批复"件，但时间一长，也就不了了之。因该文件最后一直未能查到，有关人员，包括办公室主任，都受到了应有的处分。

上述文件失踪，问题出在哪一环节？

企业行政部将领导批示后的文件，应发至承办部门。承办部门秘书人员经过签收、拆封、登记、拟办、分发、传阅、承办、催办、办复等程序，传达领导批示意见。承办部门办理完毕，应及时将批复件返回行政部,办注以后归档。如承办部门不及时返回,行政部到一定时间应组织有关部门清退文件,按规定收回文件,以免丢失和泄密。大华公司的批复件,显然是锻接车间在办完后,未能主动返回办公室,行政部亦未组织清退而造成丢失,这样的教训应当记取。

(来源:秘书实务课程网站 http://www.gdsdxy.cn/secretary/article)

写作心语:

　　上级部门的批复对下级单位、人员的合法利益的维护和工作的顺利开展有着举足轻重的意义。因此,有关批复的文件一定要做好归档保存,以免无从查找受到惩罚。

【文体训练】

一、填空题

1. 批复具有_____、_____、_____和_____特点。
2. 批复引语先引_____再引_____。

二、判断题

1. 批复应一文一事。(　　)
2. 如果同意下级单位的请示事项,可以不必说明同意理由,表明同意态度即可。(　　)
3. 如果不同意下级单位的请示事项,一般还要说明不同意的理由。(　　)
4. 批复内容若涉及其他部门,为了体现上级机关的权威性,起草批复时不必与有关部门协商。(　　)

三、文体实训

指出并改正下列批复的错误。

关于修建新办公大楼请示的批复

××厂:

　　有关请示已悉。关于修建新办公楼一事,经研究,还是以不建为宜。

　　此复。

××××有限公司
二〇〇五年五月五日

第六节　函

【范文示例】

中国科学院××研究所

关于商洽建立全面协作关系的函　　　　　　X函〔2007〕50号

××大学:

　　近年来,我所与贵校在一些科学研究项目上互相支持,取得了令人满意的成绩,建立了良好的协作基础。为了巩固已取得的成果,取得更大的成就,建议双方今后能进一步在学术思想、科学研究、人员培训、仪器设备等方面建立全面的交流协作关系,特提出如下意见:

一、定期就共同关心的学术问题举行所、校之间的学术讨论与学术交流；共同分析国内外同行的项目动态和发展趋势；互相参加对方组织的学术年会及专家讲学活动；互派专家参加对方的学术组织对科研发展方向、任务和学位、学术论文及重大科研成果的评审工作。

二、根据所、校各自的科研发展方向和特点，对双方共同感兴趣的课题进行协作。协作形式和办法视课题性质和双方条件，制定单项协议。

三、根据所、校各自人员配备情况，校方在可能的条件下对所方研究生、科研人员的培训予以帮助，所方为学校学生、研究生的毕业论文提供指导。校、所双方教学科研人员对等地承担对方一定的教学科研工作，享受同原单位职称相应的待遇。

四、双方每年进行科研计划交流，以便掌握方向，协调分工，避免重复。共商协作项目，使双方有所侧重与分工。

五、双方科研教学所需高、精、尖仪器设备，在可能情况下向对方提供利用，并协助做好测试工作。双方的附设工厂车间，相互给予科研和实验设备加工的方便。

六、加强图书资料和情报的交流。

以上各项，如蒙同意，建议互派科研主管人员就有关内容进一步磋商，达成协议，以利工作。

可否，盼复。

（盖章）
二〇〇七年×月×日

（来源：http://www.doc88.com/p—17985513650.html）

【知识储备】

一、什么是函

函是不相隶属机关之间商洽工作，询问和答复问题，请求批准和答复审批事项时使用的文种。

函的使用范围极广，使用频率极高。具体来说，函的适用范围主要包括四个方面：

1. 平级机关或不相隶属机关单位之间的公务联系、往来。
2. 向无隶属关系的业务主管部门请求批准有关事项。
3. 业务主管部门答复审批无上下级隶属关系的机关请求批准的事项。
4. 机关单位对个人的事务联系，回复群众来信等。

二、函的特点

（一）使用广泛性

函的使用不受级别高低、单位大小的限制，收发函件的单位均以比较平等的身份进行联系。上至国务院，下至基层组织，企事业单位，社会团体都广泛地使用函。

（二）行文多向性

函既可以平行，又可以上行、下行，但大多数函为平行文。

（三）用语谦敬性

不论什么类型的函，用语皆得注重谦恭有礼，尊重对方，力求得到对方更多的理解和支持。

三、函的主要类型

若按照文面格式分类,函可以分为公函和便函;若按照行文去向分类,函又可以分为去函和复函;按内容和用途函可以分为以下几类:

(一)商洽函

商洽函是不相隶属机关之间商洽工作,联系有关事宜的函。如人员商调,联系参观学习等。

(二)询答函

询答函是不相隶属机关之间相互询问和答复有关具体问题的函。询答函实际上又可分"询问函"和"答复函"。有些不明确的问题向有关机关和部门询问,用询问函。对机关和部门所询问的问题做出解释答复,用答复函。询答函涉及的多数是问题而不是具体的工作。

(三)请批函

请批函是不相隶属机关之间请求批准和答复审批事项的函。批请函实际上又可以分为"请批函"和"审批函"。请批函用于向不相隶属的主管部门请求审批事项,而审批函则用于主管部门答复不相隶属机关单位的请批事项。

(四)告知函

告知函是告知不相隶属机关有关事项的函。

四、函的结构和写法

(一)标题

1. 完全式标题。这种写法最常见,即由发文机关、事由和文种构成。
2. 省略式标题。由事由和文种构成。

(二)主送机关

主送机关一般只有一个,即受文并办理来函事项的机关单位。

(三)正文

函的正文一般包括开头、主体和结语三个部分。

1. 开头

去函的开头要写明发函的原由、背景和依据。一般来说,去函的开头或说明根据上级的有关指示精神,或简要叙述本地区、本单位的实际需要、疑惑和困难。

复函的开头要引叙来函,即引用对方来文的标题及发文字号;有的复函还简述来函的主题,这与批复的写法基本相同。

2. 主体

主体是指函的核心内容部分,主要说明致函事项。函的事项部分内容单一,一函一事,行文要直陈其事。无论是商洽工作,询问和答复问题,还是向有关主管部门请求批准事项等,都要用简洁得体的语言把需要告诉对方的问题、意见叙写清楚。如果属于复函,还要注意答复事项的针对性和明确性。

3. 结语

不同类型的函结语有别。如果行文只是告知对方事项而不必对方回复,则结语常用"特此函告","特此函达"。若是要求对方复函的,则用"盼复","望函复","敬请函复"等语。请批函多以"请批准","请大力协助为盼"等习惯用语收束。复函的结语常用"特此复函","特此回复","专此回复","此复"等惯用语。

（四）落款

在函结尾的右下方,要写上成文日期并加盖印章。

【例文评析】

上海××商厦关于给××超市总公司商租商场一事的复函

上海××超市总公司：

贵公司《关于商租××商厦五楼的函》(沪×超函〔2008〕20号)收悉,经研究,现答复如下：

贵公司欲租我商厦五楼闲置的楼面开设超市,这是方便顾客的购买需求,有利于盘活我商厦的闲置资源,扩大我商厦的经营规模与商品种类的好事,本商厦欢迎贵公司来我商厦五楼开设超市。具体租金请贵公司来人面洽。

特此函复。

（盖章）
二〇〇八年四月十日

（来源：http：//www.dhyedu.com/jp/xz/show.htm？id=6476）

【评析】

这是答复对方商洽事项的函。正文开头引述对方来函标题及发文字号,以作复函原由,继而用"经研究,现答复如下"一语过渡到主体部分。主体部分先概括对方来函所商洽的事项及意义,既是对来函的回应,又表达了自己的态度。紧承这句,做出"欢迎"合作的表态,并提出面谈要求。文章针对性强,态度诚恳,表述严谨,行文规范。

【温馨提醒】

函的写作,要注意以下几点：

（一）行文明确,用语得体

无论是给平行机关还是给不相隶属的机关的函,都要注意行文的针对性,注意语气平和有礼。以陈述为主,要把商洽的工作、询问和答复的问题、向有关主管部门请求批准的事宜写清楚。

（二）内容真实、集中,讲究时效

函的内容必须准确、专一、集中。一般来说,一个函件以讲清一个问题或一件事情为宜。函也有时效性的问题,特别是复函更应该迅速、及时。

（三）函与请示的区别

使用函还是请示,主要依据发文机关与受文机关的关系。函主要用于平级单位之间、不相隶属单位之间以及有业务上的主管和被主管关系的单位之间的工作往来。向主管单位请求批准有关事项,主管单位用复函批准请求事项。请示则用于有隶属关系的上下级机关之间,下级机关用请示向上级机关行文请求指示批准重要事项。

（四）函与批复的区别

函有去函与复函之分,复函是用于回复不相隶属机关来函提出的事项,批复则是用来批准答复下级机关的请示。从使用范围来看,函比批复更广泛,使用更灵活。

【拓展阅读】

函的写作中"礼貌原则"与"简明原则"的运用

撰写函时需要遵循特定的原则——"礼貌原则"与"简明原则"。请看下面一份商洽函:

××日报社关于青年记者业务进修的函

××大学教务处负责同志:

您好!

现有一事,烦请你校给予解决。你校是知名高校,尤其是新闻专业,更是享誉全国。因此,我社曾于去年准备派记者到你校学习,但由于力量不足,未能实现。现根据国家有关部门关于尽快提高新闻工作者素质的有关精神和上级要求,我社为了提高青年记者的业务能力,我们克服暂时困难,决定从现有记者中抽出12名青年记者,到你校新闻系记者进修班脱产进修一年,时间从2006年2月1日开始,到2007年1月31日结束。有关进修费用按上级有关文件规定缴纳。如你校能同意,不仅是对新闻事业的大力支持,也是对我社工作的鼎力相助。对此,我们将不胜感激。希尽快函告我们。

此致

敬礼!

(盖章)
二〇〇五年十月二十日

这份商洽函的内容虽然明白,但在语言运用上存在很大问题,违背了"礼貌原则"和"简明原则",影响了商洽函的效用。上文中"现有一事,烦请你校给予解决","决定从现有记者……脱产进修一年","希尽快函告我们"中的"解决"、"决定"、"尽快"等词语都有强行之意,命令对方,而无商量征询的口气,也没有尊重对方的诚意。另外,"现有一事,烦请你校给予解决。""你校是知名高校,尤其是新闻专业,更是享誉全国"偏离主题,画蛇添足,纯属多余。"因此,我社曾于去年准备派记者到你校学习,但由于力量不足,未能实现"交代过去,言不对题。"根据国家有关部门关于尽快提高新闻工作者素质的有关精神和上级要求","我们克服暂时困难"叙述报社内部事情,与对方毫无关系。这些语句表达的信息都是多余的,赘余的信息岔开了商洽的主题,模糊了商洽的问题,影响了函件的效用。其实,这份商洽函仅需几十个字就能够礼貌得体,简洁明了地讲清问题:

××日报社关于青年记者业务进修的函

××大学教务处:

我社为了提高青年记者的业务能力,拟选派12名青年记者到贵校新闻系记者进修班脱产进修一年,时间约为2006年2月至2007年1月。进修期间的各种费用均按贵校规定缴纳。如蒙同意,我社即派人赴贵校洽谈有关事宜。期盼得到贵校的大力支持。

敬请函复。

(盖章)
二〇〇五年十月二十日

(来源:转引自百度文库,经删改)

【文体训练】

一、判断题
1. 请批函与请示的共同点是"请求批准"。（　　）
2. 县教育局向县财政局要求拨建校款项用请示行文。（　　）
3. 便函不是函。（　　）
4. 函追求短小精悍，因而复函不必引用对方来函的标题及发文字号。（　　）

二、简答题
对业务主管机关请求审批事项，为何不能用请示而要用请批函？

三、文体实训题
1. 指出并改正下列函的错误：

关于要求报价的函

××茶厂经理：

我们对你厂生产的绿茶很有兴趣，十分想买一批君山毛尖茶。我公司要求不高，只要求该茶叶品质一级，规格为100克一包，望你厂能告诉单价报价和交货日期、结算方式等给我公司。

如果价钱合理，且能给予最好的折扣，我们将做到大批量订货。

此致

敬礼！

××公司
2009年5月9日

2. 北华学院经济管理系2011级120名学生拟于2012年3月19日去北京燕京啤酒集团参观。经济管理系主任将给北京燕京啤酒集团拟写一份函的任务交给了系秘书王红。请你代为撰写这份函。

第七节　会议纪要　会议记录

会议纪要

【范文示例】

××市人民政府会议纪要
××〔××××〕35号

××人民政府办公厅　　　　　　　　　　　　　　　　　　××年9月28日

"十一"黄金周旅游安全检查现场办公会议纪要

9月27日下午，副市长张××主持召开了"十一"黄金周旅游安全检查现场办公会，市旅游局、市公安局、市交警支队、市交通局、市运管处、市公路局、市工商局、市卫生局、市海事局、市质监局、市消防支队、××山景区管委会等市假日旅游协调小组成员单位的负责同志参加了会议。现将会议情况纪要如下：

会议听取了市假日旅游协调小组各成员单位"十一"黄金周旅游安全准备工作情况汇报，并深入206国道景区段、龚资线、上清竹筏码头、上清古镇、天师府、正一观、蔡坊竹筏码头等地进行了实地检查。会议指出，今年"十一"黄金周正值党的十六届四中全会刚刚闭幕，党中央对加强党的执政能力建设提出新的更高要求，市委、市政府对维护社会稳定工作高度重视，做好"十一"黄金周旅游安全工作，避免因安全问题而引发社会不稳定因素显得格外重要，各有关单位要进一步明确责任，加强协调，切实把各项安全措施落到实处，确保"十一"黄金周旅游安全万无一失。

会议围绕"十一"黄金周道路交通安全、消防安全、食品卫生安全、游览安全、治安安全等方面进行了全面部署。

一、关于交通安全。

会议要求：

1. 景区和公路部门要做好206国道（市区至景区段）、龚资线等旅游公路的路面清理工作，杜绝出现石块、木棍、农民晒稻谷等影响行车安全的现象，确保道路整洁通畅。

2. 公路部门要尽快设置龚资线交通指示标牌，一时不能规范设置到位的，必须在事故易发地段设立临时指示标牌或警示牌，引导车辆安全行驶。

3. 景区要加强对各旅游公路沿线群众和学生的安全教育，防止出现交通事故。

4. 交通、交警部门要加大巡查力度，严禁营运车辆超载、超速行驶，杜绝非营运车辆、带病车辆上路载客。

二、关于消防安全。

会议要求：（略）

三、关于卫生安全。

会议要求：（略）

四、关于游览安全。

会议要求：（略）

五、关于治安安全。

会议要求：（略）

会议强调，各安全责任单位要精心制定两个应急预案，一是制定突发事件应急救援预案，并对预案进行全面检验，确保预案切实可行。二是制定重大投诉事件处理应急预案，旅游、工商、质监等部门和景区要建立重大旅游投诉受理机制，切实维护游客的合法权益。

会议最后要求，在切实做好旅游安全工作的同时，旅游部门要认真落实旅游秩序、旅游服务质量等方面的相关措施，加大检查力度，确保"十一"黄金周旅游实现"健康、安全、秩序、质量"四统一的目标。

【知识储备】

一、什么是会议纪要

会议纪要是根据会议、会议文件和其他会议资料分析归纳写成用于记载、传达会议情况和议定事项时使用的文种。

会议纪要使用广泛，既可上呈，又可下达，被批转或被转发至有关单位遵照执行。

会议纪要主要作用是沟通情况，交流经验，统一认识，指导工作。

二、会议纪要的特点

（一）纪实性

会议纪要须如实反映会议的内容和议定事项，这样，才能起到传达会议精神、为有关单位提供工作依据、指导有关工作开展的作用。因此，纪实性是会议纪要的基本特点，也是撰写会议纪要的基本原则。

（二）提要性

会议纪要是会议的要点，必须对会议繁杂的情况和内容进行综合、概括性的整理，概括出主要精神，归纳出主要事项，体现出中心思想，使人一目了然，易于把握精髓。

（三）约束性

会议纪要一经下发，便要求与会单位和有关人员遵守、执行。

三、会议纪要的主要类型

根据会议性质的不同，会议纪要可以分为两类：

（一）办公会议纪要

用以传达由机关、单位召开的办公会议所研究的工作、议定的事项和布置的任务，要求与会单位和有关方面、有关人员共同遵守、执行。

（二）其他会议纪要

指专门工作会议、专题讨论会、座谈会、学术研究会等会议形成的纪要。这类纪要，有的起通报会议情况的作用；有的具有指导作用。

四、会议纪要的结构与写法

会议纪要由标题和正文组成。

（一）标题

1. 单标题：由"会议名称＋文种"构成。如"××物理学会×射线专业委员会第三届学术交流会会议纪要"。

2. 双标题：由"正标题＋副标题"构成。正标题揭示会议主旨，副标题标示会议名称和文种。

3. 一般公文标题写法。由主要内容（事由）加文种组成，如"关于解决粮食购销体制改革后遗留问题的会议纪要"。

（二）成文日期

与其他公文不同的是，会议纪要不用主送单位和落款。成文日期一般加圆括号标写于标题之下正中位置，以会议通过日期或领导人签发日期为准，不盖公章。

（三）正文

正文由导言、主体和结尾三部分组成。

1. 导言

导言即会议纪要的开头部分，一般是概括会议的基本情况，包括会议的名称、目的、内容、时间、地点、规模、参加人员、主要议题和会议成果等。导言要简明扼要。

2. 主体

主体是会议纪要的核心部分。它根据会议的中心议题,按主次、有重点地写出会议的情况和成果,包括对工作的评价、对问题的分析、会议议定的事项、提出的要求等。

主体的写法一般有三种:

(1)条项式。就是把主体内容包括讨论的问题和议定的事项,按主次一条条列出来,使其条理化,一目了然。

(2)综合式。就是把会议的内容或议定事项,进行综合概括,分成若干个部分。这是一种比较普遍的写法,有利于突出主要内容,分清主次。一般把主要的、重要的内容放在前面详细些,次要的和一般性的内容放在后面简略些。用于批转的会议纪要,多采用这种写法。

(3)摘要式。就是把与会者具有典型性、代表性的发言要点摘录出来,按发言顺序或按内容性质先后写出。这种写法可尽量保留发言人谈话的风格,避免千篇一律,比较客观、具体。

3. 结尾

结尾比较简短,通常用来强调意义、对与会者的希望和要求,也有的会议纪要不写专门的结尾用语。

【例文评析】

××公司第一次总经理办公会议纪要
(2009年4月23日)

2009年4月22日下午2～4时,本公司召开第一次总经理办公会议,研究讨论公司经济合同管理、资金管理办法、机关2009年3～5月份岗位工资发放等事宜。会议由张小求总经理主持,公司领导,总经办、党群办及相关处室负责人参加。现将会议决定事项纪要如下:

一、关于公司经济合同管理办法。会议讨论了……会议要求,总经办根据会议决定进一步修改完善,发文执行。

二、关于职工因私借款规定。会议认为……

三、关于公司资金管理办法。会议认为……会议原则通过,计财处修改完善后发文执行。

四、关于职工工资由银行代发事宜。会议听取了计财处提交的关于职工岗位工资和船员伙食费由银行代发的汇报,会议认为银行代发工资是社会发展的必然趋势,既方便船员领取,又有利于规避存放大额现金的风险。但需要2个月左右的宣传过渡期,让职工充分了解接受。会议要求计财处认真做好实施前的准备工作,人力资源处配合,计划下半年实施。

五、关于公司机关11月份效益工资发放问题……

会议最后强调,公司机关要加强与运行船舶的沟通,建立公司领导每周上岗接船制度,完善机关管理员工随船工作制度,增强工作的针对性和有效性。

(来源:百度文库,http://wenku.baidu.com)

【评析】

这是一份办公会议纪要。正文导言部分介绍了会议主题、会议时间、主持人以及出席人。主体部分即会议内容的摘要写得重点突出,观点鲜明,层次清楚,内容充实。写出了会议所讨论问题的情况和结果,而且适当阐述了一些做法的原则,这样写,有利于增强人们贯彻会议精神的自觉性。

【温馨提醒】

撰写会议纪要的注意事项：

1. 要正确地集中会议的意见。没有取得一致意见的，一般不写入纪要。但对少数人意见中的合理部分，也要注意吸收。

2. 例会和办公会议、常务会议的纪要，重点将会议所研究的问题和决定事项逐条归纳，做到条理清楚，简明扼要。

3. 会议纪要用"会议"作主语，即"会议认为"、"会议确定"、"会议指出"、"会议强调"、"会议听取了"、"会议讨论了"等。

4. 会议纪要写成后，可由会议主办单位直接印发，也可由上级领导机关批转。有的会议纪要还可由会议主办单位加按语印发。

【拓展阅读】

会议纪要语言技巧知多少

1. 切忌对语言不加整理，说什么记什么。对于不宜公开或有不好影响的观点言辞可以不记；对于言辞激烈的观点可以用较温和的词句替代表达；对于难以量化或精确或表述的事项、意见要善于运用模糊语言。如不能确定完成日期的决议事项可以以"近期完成"或"尽快完成"来表达。又如对于参与某项工作的人员范围、人数等难以表述可以以"相关人员"或"有关人员"来表达。

2. 对于难以集中在同一段或同一个标题下体现的意见观点可以以"会议指出"、"会议认为"等为导语引出。如代表会议某一精神的重要意见必须在纪要中体现但不好归纳在全文中的某一条或某一大标题下，独立成段又没有合适的标题，这种情况就可以以"会议认为"、"会议指出"为导语引出并独立成段。

写作心语：

会议记纪要不是简单的随意记录，需要撰写者扎实的基本功、熟练的专业功以及较强的逻辑概括、归纳能力。

【文体训练】

一、填空题

1. 会议纪要具有_____、_____和_____特点。
2. 按会议纪要的性质可分为_____、_____两个类型。

二、文体实训题

指出并改正下列会议纪要的错误：

××××学会会议纪要

时间：××××年×月××日

参加人员:常务副会长×××,副会长×××、×××、×××,办公室主任×××、副主任×××,活动中心主任××。

会议内容:

一、确定了学会的办公地点。根据××××年×月××日会议决定,×××、×××同志对学会办公地点进行了考察,经过比较,认为××大学办公条件优越,适合作为学会的办公地点。会议决定,从即日起××××学会迁到××大学,挂牌办公。通信地址:××市××区×××路××号。联系电话:×××××××××。

二、学会与××大学商定,由××大学给学会提供办公室、办公桌椅、电话和必要的办公费用。利用××大学的教学条件,双方共同组织举办秘书培训班等。

三、增补了学会副会长。为便于开展工作,建议增补××为学会副会长,负责学会的后勤保障和日常管理,先开展工作,以后提请×月份常务理事会确认。

四、制定了今年的活动计划。(略)

××××学会
××××年××月××日

＊ 会议记录

【范文示例】

××市城南开发区管委会办公会议记录

时间:2005年4月8日上午8:00~10:00

地点:管委会会议室

主持人:李××(管委会主任)

出席者:杨××(管委会副主任)、周××(管委会副主任,管城建)、李××(市建委副主任)、肖××(市工商局副局长)、陈××(市建委城建科科长)及建委、工商局有关科室宣传人员、街道居委会负责人。

列席者:管委会全体干部

记录:邹××(管委会办公室秘书)

讨论议题:

1. 如何整顿城市市场秩序。
2. 如何制止违章建筑、维护市容市貌。

杨主任报告城市现状:我区过去在开发区党委领导下,各职能单位同心协力、齐抓共管在创建文明卫生城市方面取得了一定成绩,相应的城市市场秩序有一定进步,市容街道也较可观。可近几个月来,市场秩序倒退了,街道上小商贩逐渐多起来,水果摊、菜担、小百货满街乱摆……一些建筑施工单位沿街违章搭棚……这些情况严重地破坏了市容市貌,使大街变得又乱又脏;社会各界反应很强烈。因此今天请大家来研究:如何整顿市场秩序?如何治理违章建筑、违章作业、维护市容……

讨论发言(按发言顺序记录)

肖××:个体商贩不按规定到指定市场经营,管理不得力、处理不坚决,我们有责任。这件事我们坚决抓落实:重新宣传市场有关规定,坐商归店、小贩归市、农民卖蔬菜副食到专的农贸市场……工商局全面出动抓落实，也希望街道居委会配合，具体行动方案我们再考虑。

罗××(工商局市管科科长)：市场是到了非整不可的地步了。我们的方针、办法都有了，过去实行过，都是行之有效的，现在的问题是要有人抓，敢于抓落到实处……只要大家齐心协力问题是能够解决的。

秦××(居委会主任)：整顿市场纪律我们居委会也有责任。我们一定发动群众配合好，制止乱摆摊、乱叫卖的现象。

李××(建委副主任)：去年上半年创建文明卫生城市时，市里出了7号文件，规定施工单位不能乱摆战场。工棚、工场不得临街设置，更不准侵占人行道。沿街面施工要有安全防护措施……希望管委会召集施工单位开一次会，重申市府7号文件精神，要求他们限期改正。否则按文件规定惩处。态度要明确、坚决。

陈××：对犯规者一是教育，二是严格执行制度。"不教而杀谓之虐"，我们先宣传教育，如果施工单位仍我行我素不执行，那时按文件精神严肃处理，他们也就无话可说。

周××：城市管理我们都有文件、有办法，现在是贵在执行，职能部门是主力军，着重抓，其他部门配合抓。居委会把居民特别是"执勤老人"(退休职工)都发动起来，按7号文件办事，我们市区就会文明、清洁，面貌改观……

与会人员经过充分讨论、协商，一致决定：

1. 由工商局牵头，居委会和其他部门配合，第一周宣传、第二周行动，监督实施，做到坐商归店，摊贩归点，农贸归市，彻底改变市场紊乱状况。

2. 由管委会牵头，城建委等单位配合对全区建筑工地进行一次检查。然后召开一次施工单位会议，对违章建筑、违章工场限期改正。一个月内改变面貌。过时不改者，坚决照章处理。

散会。(10:00)

主持人(签名)
记录人(签名)
二○○五年四月八日
(来源：http://www.qgpx.com/，经过删改)

【知识储备】

一、什么是会议记录

会议记录是由会议组织者指定专人，如实、准确地记录会议的组织情况和会议内容的一种机关应用性文书。它不属于行政公文，一般用于比较重要的会议或正式的会议，要求真实、全面、完整地反映会议的原始面貌。

二、会议记录的作用

(一)依据作用

会议记录忠实地记录了会议的全貌。会议精神、会议形成的决定和决议、会议对重大问题做出的安排，都要以会议记录为依据。

（二）素材作用

会议进行过程中连续编发的会议简报，以及会议后期制作的会议纪要，都要以会议记录为重要素材。可以说，会议记录是形成会议简报和会议纪要的基础。

（三）备忘作用

会议记录可以作为会议情况和会议内容的原始凭证。会议记录还可以成为一个部门和单位的历史资料，若干年后，通过大量会议记录可以了解这个单位的历史进程和发展状况。

三、会议记录的结构和写法

（一）标题

标题由会议名称加文体名称组成，就是《××××会议记录》。如果使用的是专用的会议记录本，连"记录"二字也可省略，只写会议名称。

（二）会议组织概况

1. 会议时间

要写明年、月、日，上午、下午或晚上，×时×分至×时×分。

2. 会议地点

如"××会议室"、"××礼堂"、"××现场"等。

3. 主持人的职务，姓名

如"校党委书记×××"、"公司总经理×××"。

4. 出席人

根据会议的性质、规模和重要程度的不同，出席人一项的详略也会有所不同。

（1）有时可以只显示身份和人数，如"各院系党总支书记和直属党支部书记 31 人"、"各部门经理"、"全体与会代表"等。

（2）如果出席人身份复杂，各级领导、人员都有，最好将主要人员的职务、姓名一一列出，其他有关人员则分类列出。

5. 列席人

包括列席人的身份、姓名，可参照出席人的记录方法。

6. 缺席人

如有重要人物缺席，应作出记录。

7. 记录人

包括记录人的姓名和部门。如××（××办公室秘书）。

（三）会议内容

要求写明发言、决议、问题，这是会议记录的核心部分。

记录发言可分摘要记录与全文记录两种。多数会议只要记录发言要点，即把发言者讲了哪几个问题，每一个问题的基本观点与主要事实、结论，对别人发言的态度等，作摘要式的记录，不必"有闻必录"。某些特别重要的会议或特别重要人物的发言，需要记下全部内容。有录音机的，可先录音，会后再整理出全文；没有录音条件的，应由速记人员担任记录；没有速记人员，可以多配几个记得快的人担任记录，以便会后互相校对补充。

（四）结尾

主持人宣布散会，也可以将散会一项略去不记。最后，主持人和记录人对记录进行认真校核后，分别签上姓名，以示对此负责。

四、会议纪要与会议记录的区别

1. 性质上。前者是法定行政公文;后者是单位内部的事务文书。
2. 内容上。前者是经过整理加工的会议上达成的一致认识,是会议的要点;后者是会议发言的原始记录,有言必录。
3. 形式上。前者遵照行政公文的规范格式;后者没有统一格式。
4. 发布方式上。前者按公文发文程序发;后者仅作为内部资料保存,不公开发布。
5. 提炼加工程度上。前者是在后者基础上,由执笔人经过抽象思维、加工制作而成的文章。

【例文评析】

中海股份有限公司董事会例会记录

会议时间:2003年4月14日上午10:00至11:50
会议地点:北京海淀高科大厦本公司总部会议室。
会议主持:高杰(董事长)
出席人员:高杰(董事长)、刘明(副董事长)、欧阳军(财务主管)、安慧(董事)、郭丽(董事),代理投票人有王龙董事、李忠董事、钱清董事。
缺席人员:无
会议记录:白丽婷(秘书)
会议内容:

1. 秘书白丽婷宣读了2002年3月10日会议的记录,并在宣读后获得通过。
2. 财务主管欧阳军提出的一份财务报告显示,2002年3月31日公司的流动资金余额为2 576.98万元。财务主管的报告在宣读后获得通过。
3. 关于参加公益活动的报告。主管公司企划部的副总经理郭丽董事报告说,公司企业策划活动的下一个项目是为北京护城河河道清淤项目捐款10万元人民币,这项公益活动将有助于提高企业的知名度。计划在"五一"期间举行捐款仪式,向北京有关部门捐款。关于此事全部细节情况的材料将于4月21号寄发给所有成员。
4. 其他活动。安慧董事提出在5月14日举行的下一次董事会例会上,公司董事会应任命一人负责公司职工艺术节(将于8月初举行),同时董事会还应在下次会议上为职工艺术节确定一个主题。此建议得到了郭丽董事的附议并获一致通过。

会议于上午11:50结束。

主持人:高杰(签字)
记录人:白丽婷(签字)
二〇〇三年四月十四日

【评析】

这是一份公司董事会例会记录。全文简明扼要,短小精悍,结构完整,格式规范,可资借鉴。

【温馨提醒】

会议记录的基本要求：
（一）会议要素，会前完备
会议组织概况中的相关要素要在会议主持人宣布开会前写好。
（二）原始记录，真实准确
记录必须真实准确，符合发言者的原意，决不能任意增减或改变，特别是关键词语不能走样。记录还要记下会议的有关动态，如发言中的插话、笑声、掌声，临时中断以及会场重要情况等。
（三）记录内容，重点突出
1. 会议中心议题以及围绕中心议题展开的有关活动；
2. 会议讨论、争论的焦点及其各方的主要见解；
3. 权威人士或代表人物的言论；
4. 会议开始时的定调性言论和结束前的总结性言论；
5. 会议已议决的或议而未决的事项；
6. 对会议产生较大影响的其他言论或活动。

【拓展阅读】

做个合格的会议记录员

做好记录员并非一件容易的事情，因此掌握一些技巧是必要的：(1)抓住发言者的关键意思记录。写字的速度永远赶不上说话的速度，因此记录员必须能够抓住主要意思记录，没有必要也不可能一字不差地记录所有的发言。如果不确信是否正确理解发言人的意思，可以和发言者进行确认。但是所写到白板上的字一定要清晰和容易辨认。(2)借助各种符号。在关键字上可以标注下划线、星号或划圈。使用不同颜色的笔也是一个非常有效的方法，它可以帮助解决记录中内容分类的问题。(3)牢记自己的职责——记录。记录员不参与任何的讨论。如果发言者对所记录的内容有异议，要按照其所提的意见进行当场修改。

（来源：比特网，作者：常言）

写作心语：

会议记录对记录人员有较高的要求，为了保证记录的有效性，记录时必须全神贯注，除了要掌握一些速记的技巧如一快、二要、三省、四代，有时还需借用一些记录工具。

【文体训练】

一、填空题
1. 会议记录具有＿＿＿＿、＿＿＿＿和＿＿＿＿特点。
2. 按记录方法可分为＿＿＿＿、＿＿＿＿两种记录。
3. 会议记录具有＿＿＿＿、＿＿＿＿和＿＿＿＿作用。

二、思考题

1. 会议记录与会议纪要的主要区别是什么？

2. 做会议记录时，应该注意哪些事项？

三、文体实训题

1. 指出并改正下列病文的错误：

××公司党支部会议记录

时间：2005年3月8日

地点：会议室

出席：赵×× 白×× 于×× 刘×× 郑×× 刘××

记录人：刘××

主持人：赵××

首先由赵××发言。接着进行了两项内容。第一项是对入党积极分子的培养情况进行了总结。对各人的缺点和进步之处进行分析，提出了改进之处，支部成员一致同意将蔡××、尚××列为党建对象。

第二项是召开了党内民主生活会，全体党员进行了自我检查，并开展了相互批评。张××认为支部成员的工作还不够细致，工作方法还应改进。支部书记赵××对此进行了解释，并表示将尽力改善。

散会。

2. 将全班学生分为二组，每组自由选择一个与学习生活关系密切的题目，尝试召开一个小型的研讨会，一组开会时，另一组同学练习做会议记录，会后根据参会情况和会议记录完成一份会议纪要。

实训要求：(1)格式规范，开头、主体、结尾内容正确，条款清晰，语言得体，语体感强。(2)会议记录的字数不限，但要如实记录会议所有要点。会议纪要要体现会议基本程序或会议的主要精神。(3)教师对学生的作业进行点评或让学生互评。

第四章 事务文书写作

目标导向
- 了解事务文书的含义和作用
- 学会各文种的用法和写法
- 会运用事务文书实际操作

事务文书是机关、团体、企事业单位或个人在处理日常事务时用来沟通信息、安排工作、总结得失、研究问题、制定规章制度等所写的实用性文体，如计划、总结、规章制度、调查报告、述职报告等都属于事务文书。作为机关单位处理日常事务使用的时候，就属于广义的公文；它与狭义的公文，即通用公文的区别在于，它没有统一的文本格式，不能单独作为文件发文，必要时可以公开面向社会，或提供新闻线索，例如简报；或通过传媒宣传，例如总结、调查报告等。

第一节 计划

【范文示例】

××学院学生会秘书处 2011 年工作计划

转星移斗，时间过得真快，不知不觉中新学期又悄然而至，在新学期中秘书处根据本学期工作要点，结合院学生会工作实际，特制订计划如下：

一、指导思想

以院团委的指示，坚持不懈地培养各方面能力，虚心听取老师和同学们的建议，努力把工作做得更好。

二、具体任务措施

1. 认真完成本职工作

主要职能：

负责学生会的文件制作，管理和各部门会议记录的收信整理、归档。

负责起草制定学生会的有关文件。

负责掌握各系学生会的活动资料。

负责"优秀学生会"的评比、监督及检查工作。

负责《学生快讯》的制作各传递工作。

负责各部门之间的协调工作，发挥好桥梁纽带作用，使各部门之间建立良好的工作群体，方便工作顺利进行。

由于院学生会各部门分工不分家，所以我们除了做好本职工作外，在其他部门组织活动时给予大力配合。各部门在活动前的计划和活动后的总结应整理好后交予秘书处，由秘书处正确摆放在团委书架的相关档案盒中，以便团委各位教育和各部门其他人员参阅。

2. 开展丰富多彩的校园活动

首届网络出版节即将拉开帷幕，在本届网络出版节中将举办10项大赛。由吉林省出版局、中共吉林省委对外宣传办公室主办本次出版节。为了丰富我校课余活动，秘书处组织开展了这项活动。活动主要以"三个代表"重要思想和党的十六届三中全会精神为指导举办，这个活动不但具有教育意义，而且具有社会意义及跨时代的历史意义。提高大学生网络素质树立良好的网络观念，秘书处计划将本次出版节的一些赛事引入校园，让学院每个学生对网络出版有一个新的认识，从而树立正确的人生观、价值观、世界观。

三、工作要求

1. 工作时要认真仔细，在确保速度的同时保质量完成工作。

2. 要讲文明礼貌，在工作中注意自己的言谈举止。

3. 在实践中积累经验，熟练业务，提高水平。

4. 提高各种素质。秘书处是一个工作比较繁琐的部门，接触其他部门的机会比较多，这就更能体现出高素质培养的急切性和重要性。

5. 树立良好的工作形象。树立良好的工作形象是学生工作的一个有利条件，本学期重点抓好以下方面：

一是抓好学生干部在日常生活中的言行举止问题。

二是抓好业务素质，做到公正严明、不以公谋私。

三是搞好学生干部和同学关系以便日后工作顺利进行。

以上是我部本学期的大体工作计划，在工作的具体实施中我们可能会遇到很多的困难，但我们坚信我们会排除万难，尽最大的努力把工作做得最好，同时请院领导及各位教师给予监督和指导，使我们的工作更加完美。

学生会秘书处
二〇一一年三月二日

【知识储备】

一、什么是计划

计划是党政机关、企事业单位、社会团体及个人对今后一段时间的工作、学习等活动进行预想和安排的一种事务性文书。

计划是一个统称,可以按不同的内容和期限采用不同的名称,常见的有安排、打算、规划、设想、要点、方案等(见表4-1)。合理的计划,有利于检查、督促工作和学习情况,从而推动和保证各项任务的顺利完成。

表4-1　　　　　　　　　　　　　　　计划的分类

名称	时限	基本内容	说明	示例
规划纲要	长期	涉及面广,规模大,内容概括,定规模、定方向、定远景	纲要比规划更概括,政策观念强	《××公司十年发展规划》、《××地区经济发展纲要》
要点	一定时期内	布置主要任务,交代政策,提出原则要求	要点偏重于原则性的指导	《××公司2011年第四季度工作要点》
安排	短期	任务明确,内容单一,措施具体	是计划中最具体的一种,适用于设计某种活动或会议	《庆祝××公司成立十周年晚会活动安排》
方案	近期短期	就某项任务、课题的具体实施,从目的、要求、方式、方法各项都作全面安排	方案的特点是细致周密,专业性强	《××公司×部门业务技能比赛活动方案》
设想构想	较长远的打算	对工作任务作粗线条的、非正式的安排	设想一般比较粗放、简约,离执行的距离还较远。构想是有一定规模的长远计划,有创造性	《××区建设××卫星城的战略构想》、《××地区经济发展战略的初步设想》

二、计划的特点

(一)目的性

任何一份计划都必须要有明确的目的,即在一定时间内需要完成的任务是什么,将获得什么样的收益。

(二)预见性

计划不是对已经形成的事实和状况的描述,而是在行动之前对行动的任务、目标、方法、措施所作出的预见性确认。预见是否准确,决定了计划写作的成败。

(三)针对性

计划的内容一是要根据党和国家的方针政策、上级部门的工作安排和指示精神而定;二是要针对本单位的工作任务和主客观条件而定。

(四)可行性

可行性是和预见性、针对性紧密联系在一起的,预见准确、针对性强的计划,在现实中才真正可行。

(五)约束性

计划一经通过、批准或认定,在其所指向的范围内就具有了约束作用,在这一范围内无论是集体还是个人都必须按计划的内容开展工作和活动,不得违背和拖延。

三、计划的类型

根据不同的标准,计划可分为不同的类别:
1. 按照性质分,有综合性计划、专题性计划等。
2. 按照内容分,有生产计划、学习计划、教学计划、科研计划、军事计划等。
3. 按照范围分,有国家计划、地区计划、系统计划、部门计划、单位计划、个人计划等。

4. 按照时间分，有长期计划、中期计划、短期计划三类，具体还可以称为跨年度计划、年度计划、季度计划、月计划、旬计划、周计划等。

5. 按照指挥性分，有指令性计划、指导性计划等。

6. 按照形式分，有条文式计划、表格式计划和文表结合式计划。

四、计划的结构与写法

计划没有固定的格式，可以采用条文式，也可以采用表格式，还可以采用条文与表格结合式。但是，一份完整的计划，一般应包括以下几个部分内容：

（一）标题

标题即计划的名称。由于计划是个统称，还有其他一些别称，加上结构形式多样，所以计划的标题也不拘一格，常规写法是由单位、时限、内容、文种四个要素组成。如《××建筑工程安装公司2011年工作计划》、《××学院2011~2012学年第一学期教学工作计划》。

有的计划可省略单位名称，如《2011年度全民义务植树造林工作计划》。有的计划可省略使用时间，如《××大学教师安居工程工作计划》。有的计划可同时省略单位名称和适用时间，如《科研工作计划》。越是基层单位的计划，因为涉及范围小，有些要素不说也明白，省略要素的情况越普遍。越是大单位的正规计划，要素越不可省略。由于每一份计划所强调的重心各有侧重，其指挥性、约束性的强弱程度也有较大不同，计划不一定都用本名做标题，可以根据自身的特点和需要变换名称，如《××大学党委宣传部××年度工作要点》、《党委中心学习组2011年理论学习安排》。

（二）正文

正文是计划的核心内容，阐述目标、任务（"做什么"、"做到什么程度"），措施办法（"怎样做"）等内容，一般由前言、主体和结尾三部分构成。

1. 前言

前言是计划的开头部分，可简明扼要地交代制定计划的目的或依据，提出工作的总任务或总目标，一般一两个自然段即可，常用"为此，今年（或某一时期）要抓好以下几项工作"之类的语句引领下文。前言的详略长短，要根据工作的重要程度、内容的多少来确定，总体上以精练简洁为原则。

2. 主体

主体部分是全文的主要内容。首先是工作目标和任务，要具体、明确地写明"做什么"，有具体的指标，要有主有次地写清楚完成什么任务，达到什么目的。其次是措施和步骤，由于内容繁多，通常需要分层、分条撰写。常见的结构形式为：用"一、二、三……"的序码分层次，用"（一）、（二）、（三）……"加"1.2.3.……"的序码分条款。具体如何分层递进，依内容的多少及其内在的逻辑性而定。措施一般包括人力、物力、办法、手段、组织分工等内容。

3. 结尾

结尾可以提出希望、发出号召、展望前景、明确执行要求等，也可以在条款之后就结束全文，不写专门的结尾部分。

（三）落款

在计划结尾的右下方，要写上制订者名称和制订日期。

【例文评析】

××学院 2011 年工作要点

以构建和谐社会为目标,我们对 2011 年的工作更加充满信心。在新的一年里,我们工作的指导思想是:深化改革,转变观念,主动适应社会主义市场经济对职业技术教育的要求,整肃纪律,规范管理,进一步提高学校管理水平和教学质量。

一、任务和要求:

1. 以评上国家级重点中专学校为动力,以解决办学水平评估中找出来的薄弱环节为着力点,长善救失,推动学校各项管理工作的规范化,提高学校的综合管理水平。

2. 把握职教发展的时机,根据社会需要,扩大办学规模。计划招生 1 300 人,其中,中专招生 1 000 人,高职招生 300 人。

3. 加强精神文明建设,营造融洽的人际环境,弘扬良好的校风,构建和谐校园。

二、措施和步骤:

1. 继续组织全体师生学习胡锦涛同志关于构建和谐社会的重要思想,认真领会文件精神,使全体师生在如何转变教育观念、转换办学机制等方面达成比较一致的认识,从而推动学校改革的不断深化。

2. 明确职责,规范管理,整肃纪律。(略)

3. 继续调整专业设置,完善联合办学体制。(略)

4. 更新教育观念,调整教学内容,改进教学方法。(略)

5. 添置教学设备,加强管理,发挥效用。(略)

6. 学生管理要进一步加强。(略)

7. 行政后勤工作要实实在在地确立起服务的观点,改进工作作风,提高办事效率。(略)

8. 进一步改革分配制度,提高教职工的福利待遇。(略)

我们一定要在工作中同心同德,团结协作,开拓进取,努力拼搏,保证 2011 年工作目标的圆满完成。

××学院
二〇一一年二月二十八日

【评析】

这个计划的主体部分首先写出三点任务和要求,然后根据任务和要求写出八条措施和步骤,从思想观念到当前工作,甚至每个部门的具体工作安排,都写得简明扼要,思虑周全。因此这个计划便于合理有效实施工作内容,实现工作目标。

【温馨提醒】

写计划时,要注意以下几点:

(一)切实可行

计划要根据实际情况定目标、定任务、定标准、定措施,要有科学的态度,既要量力而行,又要留有余地,既不要因循守旧,也不要盲目冒进。要符合事物发展的规律,符合党和国家的路线、方针和政策,符合本地区、本单位和本部门的客观实际情况。

（二）集思广益

要深入实际进行调查研究,采取各种方式广泛地听取群众意见,博采众长,反对主观主义。

（三）突出重点

要分清轻重缓急,突出重点,以点带面,不能胡子眉毛一把抓,面面俱到。

（四）防患于未然

要充分地估计困难和不足,针对计划执行中可能发生的偏差,可能出现的问题,制订必要的防范措施或补救办法。

【拓展阅读】

职业生涯规划

有一年,一群意气风发的天之骄子从美国哈佛大学毕业了,他们即将开始穿越各自的玉米地。他们的智力、学历、环境条件都相差无几。在临出校门时,哈佛对他们进行了一次关于人生目标的调查。结果是这样的:

27%的人,没有目标;

60%的人,目标模糊;

10%的人,有清晰但比较短期的目标;

3%的人,有清晰而长远的目标。

以后的25年,他们穿越玉米地。

25年后,哈佛再次对这群学生进行了跟踪调查。结果是这样的:

3%的人,25年间他们朝着一个方向不懈努力,几乎都成为社会各界的成功人士,其中不乏行业领袖、社会精英。

10%的人,他们的短期目标不断地实现,成为各个领域中的专业人士,大都生活在社会的中上层。

60%的人,他们安稳地生活与工作,但都没有什么特别成绩,几乎都生活在社会的中下层。

剩下的27%的人,他们的生活没有目标,过得很不如意,并且常常在抱怨他人、抱怨社会、抱怨这个"不肯给他们机会"的世界。

其实,他们之间的差别仅仅在于:25年前,他们中的一些人知道为什么要穿越玉米地,而另一些人则不清楚或不是很清楚。

（转引自百度文库,经过删改）

写作心语:

目标对于成功和一个人的一生影响的重要性再清楚不过了。做好计划,尤其是职业生涯规划是很必要的一门课。

【文体训练】

一、填空题

1. 计划具有_____、_____和_____三个特点。
2. 按写法分,计划一般分为_____和_____两种类型。
3. 机关单位计划的标题,一般由_____、_____、_____和_____四项组成。
4. 计划的正文部分,任务和要求主要写"_____",方法和措施主要写"_____"。

二、思考题

1. 计划有哪些别称,用法上有什么区别?
2. 计划的主体必须写清哪些内容?
3. 制订计划有哪些注意事项?

三、文体实训题

1. 根据下面条目中的内容制订一份你当前最需要的计划:
(1) 每月用餐的消费计划
(2) 宿舍卫生工作计划
(3) 体育锻炼计划
(4) 阅读写作计划
(5) 计算机、英语考级计划
(6) ××科目的复习计划(还可以自选内容)
要求:制订的计划要有标题、前言、主体、落款,字数不少于800字。
2. 请写出一份大学学习计划的提纲。

第二节 总结

【范文示例】

××证券经纪有限公司员工个人工作总结

本年度,在公司领导的正确领导和支持下,经过我们审计部全体员工的共同努力,圆满完成了领导交给的各项任务。作为审计部负责人,我的工作目的是组织公司全体审计人员认真贯彻执行国家财经法规、政策,组织做好日常审核、核算、监督工作,按时并圆满地完成公司下达的各项指标和工作任务。总结起来,主要做了如下工作:

一、常规性工作

(一)合同协议审核。

本年度,审核公司总部各有关部门和营业部合同(协议)80余份,提出修改意见和建议10余条。如:犍为营业部异地租营业场地建议公司不执行;中新营业部震后房屋维修方案应报请产权人同意后执行;五通营业部租赁房屋建议审查出租方的合法手续以及公司总部购买财产保险进行风险提示等。绝大部分建议被采纳。

(二)公司规章制度的修订和完善。

1. 根据账户规范有关文件要求,建议修改和完善了《客户档案管理办法》;

2. 为了进一步规范客户大额取款行为,加强风险防范和控制,根据监管部门合规管理要求,建议修订了《客户证券转银行资金上限规程》;

3. 为完善经纪人佣金返还操作流程,确保经纪人佣金返还程序合规、计算准确,建议经纪业务部对公司《营业部客户经理管理暂行办法》部分条款进行了修改;

4. 审查了《××证券派驻银行网点经理管理办法》,建议营销团队由营业部组建而非市场发展部;

5. 建议对现有客户计、结息规则改按银发[2009]129号文相关规定执行。

(三) 报表审核及报送。

1. 公司总部综合监管报表。每月按时填报公司总部综合监管报表基础信息,并审查各部门的报表;按时打印、及时报送至中国证监会四川监管局。

2. 营业部综合监管报表。自本年度7月始,每月督促营业部按时填报营业部综合监管报表,并对各营业部的报表进行审核,及时指出报表中的错误及监督修改。同时指导各营业部按时补报2009年度报表和2010年1~6月月报。

3. 自律报表。每月按时报送中国证券业协会要求报送的自律报表。

(四) 稽核审计。

1. 定期通过公司内控平台审查"系统设置审计→费用设置检查",确保公司所有客户费用设置无重大错误。(略)

2. 12月由于银行活期利率的改变,及时检查了柜台系统利率设置标准。(略)

3. 检查三方存管后柜台系统"银行参数"设置情况。(略)

4. 不规范账户规范复查。(略)

二、专项工作

(一) 离任审计。(略)

(二) 经纪人专项审计。(略)

(三) 账户规范专项检查。(略)

三、业务培训学习

(一) 公司内部培训和学习。参与公司人力资源部组织的"营销知识培训";组织本部门员工学习《两个条例》;学习讨论《证券公司风险控制指标动态监控指引》及交易所发布的关于异常交易监控实施细则等。

(二) 远程培训。学习了《金融衍生产品》、《从业人员职业道德》、《我国证券市场法律体系》、《证券投资基金募集与运作的法规与监管》、《证券公司风险处置条例》和《证券公司监督管理条例》、《金融期货产品与制度设计》《证券公司融资融券业务制度介绍》八门课程,并已全部通过测考试。

(三) 外部培训。按照公司人力资源部的培训安排,本人本年度参加了北京教育科技公司组织的证券公司合规管理培训,受益匪浅。

四、完成的其他工作

(一) 接受并妥善处理了员工家属及客户投诉事宜。

(二) 略

(三) 略

总之,本年度监管规定变化大、新增执行的法律法规条款多,随着监管力度显著增强,我感觉肩上的担子也尤其沉重。值得庆幸的是,在我们部门全体同仁及公司各部门的通力配合,以及各营业部的鼎力支持下,在工作任务重、时间紧而人手并未增加的情况下,顺利完成了稽核审计各项工作。公司从未受到监管部门的批评。公司分类监管也从"B"上升为"BBB"。展望未来,任重道远,我会继续努力,不断总结经验教训,努力营造合规经营理念,促使公司在规范中发展,在发展中不断规范。

任华
二〇一〇年十二月二十六日

【知识储备】

一、什么是总结

总结是单位或个人对过去一个时期内的实践活动做出系统的回顾分析,归纳评判,从中得出规律性认识,用以指导今后工作的应用文体。总结可收到回顾过去,评估得失,指导今后工作的效果。

二、总结的特点

(一)客观性

总结以回顾学习或工作的过程为前提。自身实践的事例,尤其是工作中的典型事例和确凿数据是写好总结的基础。

(二)理论性

通过总结,将实践中获得的大量零散的、感性的认识上升为系统化的理性认识。使感性经验上升为理论。能否找出带有规律性的认识,用以指导今后的工作,是衡量一篇总结质量好坏的标准。

(三)个体性

总结所反映的对象,一般只限于某一特定的部门、单位在某一段时间或某一方面的最有成效的工作实践。因此,总结一般都由本部门自己撰写,通常采用第一人称的叙述方法,带有鲜明的个性特征。

(四)概况性

总结必须实现从现象到本质、从感性认识到理性认识的飞跃,不能简单复述和罗列。

三、总结的类型

总结也有各种别称,如自查性质的评估及汇报、回顾、小结等都属于总结的范畴。根据不同的划分标准,总结可以划分为不同的种类:

1. 按照内容分,有工作总结、生产总结、学习总结、科研总结、经营总结、会议总结等。
2. 按照范围分,有个人总结、单位总结、部门总结等。
3. 按照时间分,有年度总结、季度总结、月份总结等。
4. 按照性质分,有综合性总结与专题总结。综合总结又称全面总结,它是对某一时期各项工作的全面回顾和检查,进而总结经验与教训。专题总结是对某项工作或某方面问题进行的专项总结,以总结推广成功经验为多见。

四、总结的结构与写法

总结一般由标题、正文、具名和日期组成。

（一）标题

公文式：单位名称＋时限＋事由＋文种，如《×××公司关于××××年度的工作总结》。这种标题多用于机关单位总结。

文章式：以单行标题概括主要内容或基本观点，不出现总结字样，但对总结内容有提示作用。如《股份制使企业走上成功之路》，某高校的专题总结《我们是如何实行教学与科研相结合的?》。文章式可以用双标题。正题揭示主题或概括主要内容，经验体会，副题标明单位、时限、事由和文种等，如《一本书一页纸一句话——职业技能考证学习方法总结》，《贴心服务为工友——我的工会主席工作总结》。

（二）正文

1. 前言

一般介绍工作背景、基本概况等，也可交代总结主旨并做出基本评价。开头力求简洁，开宗明义。

2. 主体

主体一般有以下两个方面的内容：

(1)基本做法、成绩和经验

多数总结把这部分内容作为重点。要写明在什么思想指导下，做了哪些工作，采取了哪些措施，取得了哪些成绩，其主客观原因是什么，有哪些体会等。成绩、做法是基础材料，经验体会是重点。要点面结合，重点突出，数据具体，具有较强的说服力。切忌面面俱到，不分主次，甚至写成流水账。

(2)问题与教训

要求以一分为二的观点看问题，写出工作中的存在问题与不足，并分析其主客观原因，及由此得出的教训等。不同的总结，可以有不同的侧重。如果是着重反映问题的总结，就要把这部分作为重点来写；如果是典型经验总结，或者工作中确无大的失误，这部分就不必写。也可以把这部分内容合并到结尾的"努力方向"中去写，如果是常规工作总结，就要概括写存在的主要问题。

3. 结尾

作为总结的结束语可以归纳呼应主题、指出努力方向、提出改进意见，或表示决心信心等作结，要求简洁明了。

（三）具名和日期

一般在正文右下方署名署时，如果单位名称已出现在标题中，落款处则可以省略。

六、总结常见的结构方式

（一）分部式结构

按"情况—成绩—经验体会—问题—今后设想"或者"做法—效果—体会"的顺序，分成几个大部分来写。比如可以先写基本情况，再写取得的成绩，并写出经验体会和感受。

（二）观点式结构

根据内容归纳出几个观点，每个观点就是一个大层次，使用"一、二、三……"序号排列，逐条叙述,条文之间具有比较严密的逻辑关系。也可恰当地运用小标题,每部分内容用一个小标题表示,或采用段首标题的方法,即把观点置于每一部分的开头,这是总结中最常见的写法。这种写法同样适用于单位总结。采用这种结构,可以使内容明晰,思路清晰,重点突出,能有效地加强总结的理论性。

（三）阶段式结构

把工作的整个过程,按时间顺序,划分成几个阶段来写。每个阶段写一个部分,在各个部分中再以板块式结构来安排内容。这种形式适合写时限较长而又有明显阶段性的工作总结。

【例文评析】

2011学年我的个人总结

烈日当空,没有一丝风,火辣辣的太阳简直叫人不敢出门,连知了也在树上不停地叫着。又一学年过去了,我应该利用暑假对这一学年的学习情况做一些总结,以迎接新学年的到来。

在这一学年里,我学习了成本会计、管理会计、审计原理、经济法、计算机应用、大学英语、应用文写作、体育、职业道德等课程。其中成本会计70分,管理会计84分,经济法89分,计算机应用90分,应用文写作90分,大学英语72分,体育是中,职业道德是优。总的来说,成绩还是可以的,在班上属中等水平。其中计算机应用和应用文写作成绩好些,而大学英语和成本会计差些。下一学期,我要继续努力,争取取得更好的成绩,最好都在80分以上,这样就可以获得奖学金,减轻家庭的经济负担,更可以在择业时增加自己的实力。

文秘三班×××

【评析】

这个总结有好几处地方有问题:
1. 标题写法不当。标题与总结正文中的内容不符合,应该为专项学习总结。
2. 正文内容不当,应该分前言、主体、结尾三个部分写。
3. 语言表达不当,应该用书面语,不能口语化。
4. 落款没有日期。

【温馨提醒】

写总结时,要注意以下几点:

（一）实事求是

总结必须是自身实践活动中真实具体的材料,所以必须从本单位、本部门或个人的实际情况出发,反映真实情况,如实总结工作中的成绩、缺点和不足。

（二）注意点面结合,观点和材料要统一

总结中所用的材料要选取有代表性的材料来支撑结论和观点,做到二者的有机统一。

（三）找出规律

写作中认真反复地分析研究材料,从客观实际出发,从分析研究问题和事实入手,透过现象看本质,发掘出事物的本质特点,找出取得成绩的原因和存在问题的根源,从而找出事物的本质规律,以指导今后的工作。

（四）叙议得当

这是总结在表述方法上的特别要求。应以叙述为主，叙议结合。一般在交代工作的过程、列举典型事例时，以叙述为主，而在分析经验教训、指明努力方向时可适当使用议论。

（五）注意总结与计划的关系

1. 总结以计划为依据，计划以总结为基础。
2. 计划是事前的行为，总结是事后的行为。
3. 计划侧重于对工作的安排打算，总结侧重于对工作回顾、分析以及探索事物发展规律。
4. 总结是根据计划落实的情况写出，计划是在总结过去工作的基础上制订。

【拓展阅读】

不总结行吗？

曾经看过一篇文章，作者把职场人员分为两种类型：做的和不做的；做的又分为两种：认真做的和应付地做的；认真做的又分为两种：做后总结的和做后没有总结的。最后，世界上的职场人员就有了成功和失败之分，前一类成功了，后一类失败了。所以有人总结出"总结能力是职场成长的跳板"，这话是很有道理的。

我说总结就是一个检测、是一个评估，大家认可吗？

案例：两个销售员的不同工作方法带来得不同销售结果

曾经有两个销售员，他们是同一天到公司上班的，两个人都是陕西人，一个姓王，一个姓肖。两个人开始干的都是派发宣传单的工作，还负责专柜的促销。小王长得不如小肖帅，但人缘特别好，见了人就笑，是个自来熟，同时他每天进行工作总结，写工作笔记。如今天见了什么客户？对方属于什么性格？自己采取的营销模式是什么？这种模式的利与弊，以后遇到这种类型的客户自己应该采取哪种最有效的谈话方式更容易谈妥生意？小肖工作特别认真，交给他的工作他会一丝不苟地完成，但一点也不会多干，也不会做业务之外的事情，是一个懂得享受生活的人。

开始两个月，小肖的业绩比小王好，可到了第三个月，小王的业绩开始超过小肖，半年后，小王的业绩是小肖的两倍多。于是公司升小王为业务经理。小肖对此特别不服气，觉得两个人同期到公司，自己工作也很认真，为什么只升小王的职？于是公司销售总监对他们说：你们两人去同一个镇各开发一家新药店客户，让实力说话。于是两人准备好产品样板出发了。第二天，他们回来同时汇报。小肖说："我已经和药店谈好了，以代销的方式先合作。销量起来后，再现金合作。最终价格需要老板你自己决定。"小王说："我总共谈了5家药店，三家药店都同意现金合作，其他两家代销。不过代销的价格要高出现金价格的10%……"随后小王将每家药店的具体情况作了汇报，还把公司的其他产品也都谈进去了。这时，销售总监问小肖："现在你知道公司为什么提拔小王了吗？"他这才表示服气。

看了上面的故事，我想大家都清楚了：第一，销售员的工作效率的提高首先要做到计划性，比如小王，在开展业务前，就在心里做好了计划，先做什么后做什么。随后把其他产品的样板准备好了。而小肖只简单地准备了老板要求的产品样板。第二，要提高效率，要注意培养自己的周密性和逻辑性。小王并没有把老板的考核当作考核，而是当作一次工作。因此，他考虑如何利用一天的时间，做出更大的工作成绩。第三，提高工作效率要创新性和主动性。销售的工作看似简单,却没有做完的时候,要主动找工作干。第四,学会在一次业务拜访中,达到多个目的。第五,始终充满激情的做销售工作,这是提高工作效率的最重要的保障。第六,尤为重要的是工作总结,每天把自己的工作做一个归纳,扬长避短,这样要想不成功也难……

很多事情,只有做了,才会有很深的体会。如果只是在行动的边缘不断地叹息,不断地怀疑,是无法体会做事以及收获的喜悦的,因为我们只是在边缘,没有进入本质进行思考。我承认,一开始,我也在怀疑:为什么要写这个东西?它很重要吗?它值得我们浪费时间来写吗?它的存在会为公司、部门带来什么样的效果呢?

实践出真知。我开始利用工作的空余时间,将每天完成和待完成的工作列在本子上,每到周末或月末进行汇总、回顾。这一次又一次的总结令我面对领导随时的询问时显得心应手,让我渐渐尝到了写工作总结和计划带来的甜头。

总结,反思,汇报你一天的工作,其实也是一个很好的展现自己的机会,让领导可以看到你每天都在做什么,出了什么样的成绩,更可以让领导看出你的工作态度,了解"你究竟是一个提问题的人?还是一个带着答案汇报问题的人?"。学会在总结中"汇报自己的成绩",让领导以及同事及时全面地了解我们的工作也是对自己负责的一种态度。

(来源:转引自百度文库,经过删改)

写作心语:

只有善于总结才能不断进步。要善于从经验、教训中找到不足进而改进提高,才能最终与成功相遇。

【文体训练】

一、填空题
1. 总结具有_____、_____和_____三个显著特点。
2. 按性质分,总结分为_____和_____两种类型。
3. 总结的标题有_____、_____两种常见形式。
4. 总结是事情_____之后再写,而计划是事情_____之前就写。

二、试写总结的标题

总结的标题有两种,一种是公文式标题,一种是文章式标题,照下面例子的样子试写同一个总结中两种不同类别的标题。

标题示例:1. 公文式标题 ××公司2010年全年营销工作总结
        2. 文章式标题 齐抓共管 促销盈利——××部门营销工作总结

三、判断题
1. 能否找出带有规律性的认识,用以指导今后的工作,是衡量一篇总结质量好坏的标准。(　　)
2. 写总结一般用第三人称。(　　)
3. 总结要把感性认识上升到理性认识的高度。(　　)
4. 总结的正文在结构安排上只有分部式和小标题式两种。(　　)
5. 总结要使用一般材料,更要选择典型事例。(　　)

6. 写总结一定要按照完成工作的时间先后顺序来写。（　　）

四、文体实训题

根据下面的题目自选，写一篇总结。

1. 你有什么兴趣爱好？这些兴趣爱好对自己有帮助吗？
2. 你某一门课成绩好的秘诀是什么？
3. 学习某一门课，你有什么诀窍吗？能够与同学通过总结的方式互相交流吗？
4. 你现在或过去担任专业或班级的一些工作吗？你获得了什么益处？
5. 你帮助过同学吗？在帮助别人方面有较为具体的事例吗？
6. 在某一项活动中，你参与了吗？整个活动过程使你获得了哪些经验？

写作总结的要求：(1)选择你最想写、最爱写的题目。(2)先要选材，选材要深入具体，以找到事例为好；事例至少要找到2~3个。(3)在班级内先开一个材料座谈会，相互交流，老师评析，确定材料之后再进行写作。(4)总结的字数为600~800字。

第三节　调查报告

【范文示例】

中国网民保健状况调查报告

近二十年来，社会发展日新月异，物质资源空前充裕，人们生活水平大为提高，老百姓的生活逐渐从温饱型向健康型过渡，伴随着互联网发展而成长起来的网友见证了这种变化，也正享受着这一成果。调查结果显示，65.43%的网民认为自己比较健康，15.19%的网民认为自己很健康，两项数据表明，有八成的网民认为自己是健康的，相比之下，仅1%的网民认为自己目前是大病缠身。

一、网民保健意识加强，整体保健状况良好。

健康状况的改善得益于经济的飞速发展、生活条件的改善等多方面因素，也得益于人们自身保健意识的增强。68.11%的网民意识到保持身体健康的最佳途径是日常保健，23.46%的网民认为有病就治才是最佳途径，8.43%的网民则选择了定期体检；在日常生活中，网民也逐渐注意积累养生保健知识，并愿意参加一些营养保健的教育活动。调查中，仅1.80%的网民表示没有注意过养生保健知识，仅5.26%的网民认为没有必要去参加营养保健的教育活动。此外，网民在平时也采取多种方法进行自我保健：73.31%的网民选择适量运动进行自我保健，分别有79.15%、32.84%的网民通过合理饮食、使用保健产品的方式进行保健。

这些数据表明，网民保健意识较之以前已大大提高，"未病先防"观念已深入人心。在健康问题上，人们不再完全依赖医生，也不单单是通过医院这一途径来管理自己的健康。总体而言，网民逐渐摆脱了在健康问题上被动的地位，开始主动地掌握自己的健康。

二、保健产品状况认知模糊，认识水平亟待提高。

保健意识的提高，催生了保健产品市场。目前市面上的保健产品主要有保健食品、保健用品、保健器械等三种类型。这里的保健食品是指声称具有特定保健功能或以补充维生素、矿物质为目的的食品，即适宜于特定人群食用，具有调节机体功能，不以治疗疾病为目的，并且对人体不产生急性、亚急性或慢性危害的食品;保健用品主要是保健日用品,例如保健牙膏、保健牙刷、保健内衣、保健枕等;保健器械则是指具有预防、诊断、治疗等作用的医疗器械,如各种检测仪(血压检测仪、血糖检测仪等),家用治疗仪(远红外线治疗仪、电子热磁理疗仪、频谱治疗仪、电子治疗仪、场效应治疗仪、风湿性关节炎治疗仪等),按摩器(强力红外按摩器、电子热磁波按摩器、电子叩击理疗按摩器、足穴按摩器、关节按摩器、头皮梳摩器等)等。

保健意识的增强是不是也意味着对整个保健产品、市场认识的加深呢?调查结果表明,两者之间不能划等号。绝大多数网友对保健产品状况的认知介于"完全清楚"与"不清楚"之间,对一些概念模棱两可。(略)

三、传统媒体塑造产品可信度优势明显,网络媒体打造产品知名度潜力巨大。

随着我国媒体业的飞速发展与商家策划意识的不断加强,人们了解保健产品品牌的途径也越来越多样化。目前,人们了解保健产品品牌的途径主要有报纸、杂志、广播、电视、网络、户外广告牌等大众传播方式以及街头宣传单、导购推销、亲朋好友等面对面的人际传播方式。

完整的品牌包含知名度、美誉度和忠诚度。品牌知名度是基础,美誉度是目的,品牌忠诚度是根本。根据产品的成长周期的不同阶段,企业通常会选择不同类型的媒体进行营销。调查结果表明,网络媒体在打造保健康产品知名度方面有着巨大的潜力:有62.9%的网友通过网络媒体这一渠道来认识保健产品,仅次于电视、报纸、杂志等传统媒体,所占比例远远高于户外广告牌、街头散发的宣传单等人际传播方式。

电视、报纸、杂志继续保持了其在塑造产品可信度方面的优势。35.24%的网民认为电视媒介发布的保健产品广告宣传最为可信;报纸、杂志紧随其后,人群比例达到14.49%,有近五成的网友认为电视、报纸、杂志等传统媒体在塑造产品可信度方面优势明显。

四、保健品成健康消费热点,营养补充类食品市场前景看好。

据有关资料显示,欧美国家的消费者平均用于保健品方面的花费占其总支出的25%以上,而我国只有0.07%。我国人均保健品消费支出仅为31元/年,是美国的1/17,日本的1/12。这表明,保健品市场潜力巨大,以目前全球保健品占整个食品销售的5%来推算,我国保健品消费还将大幅增长。

此次调查印证了这一现实。总体来看,健康需求拉动了保健产品的消费;从使用情况来看,17.74%的网民经常使用保健品,67.26%的网民会偶尔使用,总体而言,有八成多的网民使用过保健产品。

在健康产品的选择上,网民有明显的倾向性。47.72%的网民青睐于本土品牌,仅10.07%的网民比较热衷"洋品牌"。而在保健食品、保健用品、保健器械三大产品之中,67.65%的网友对保健食品感兴趣,其他两种产品感兴趣人群的比例分别为51.86%、34.36%,在保健食品中,营养补充类的保健食品成为网友的首选,比例高达71.61%,对营养补充类食品市场的兴趣从侧面反映出这一市场前景极为光明。

【知识储备】

一、什么是调查报告

调查报告是根据一定的目的,对某一情况、问题、经验进行系统周密的调查,经过认真细致的分析研究后写成的书面报告。调查报告有三个要素不可忽视：系统周密的调查，客观深入的研究，准确恰当的表述。

二、调查报告的特点

（一）真实性

客观事实是调查报告的基础。没有大量真实的事例，就得不出正确的结论，也就无从指导工作、提供政策依据和先进经验了。

（二）指导性

调查报告的作用是为领导机关提供政策依据，为领导决策提供参考，为人们的工作提供经验教训，具有很强的指导作用。

（三）报道性

调查报告要用大量的事实做依据，通过对事实进行系统的阐述和本质的分析，及时地反映某类社会问题，或使某种社会现象得到人们的注意。

（四）典型性

调查报告的材料必须是典型的，以便从中探索规律，寻求解决办法，以点带面，给全局的工作提供借鉴。

三、调查报告的类型

可以从不同的角度对调查报告分类，可大致分为以下几类：

（一）反映情况的调查报告

指通过比较全面的调查，及时反映现实社会中出现的新情况、新问题，目的是供上级机关或有关部门参考，作为贯彻政策、制订措施的依据。如《大学生暑期社会实践调查》。

（二）总结经验的调查报告

这种调查报告从事物发展的全过程中找出规律性的东西，加以阐发，目的是为贯彻执行党和国家的方针政策提供具体的经验和办法，因而具有普遍的指导意义。如《关于首都钢铁公司管理经验的调查报告》。

（三）研究问题的调查报告

这种调查报告侧重于现实生活中出现的新问题进行研究，从中探讨总结事物发展的规律，提出对策，直接为领导机关制定解决某一问题的办法、措施提供依据或参考，具有很强的针对性。如《关于青少年违法犯罪现象的调查》。

四、调查报告的结构与写法

（一）标题

有单标题和双标题两种形式。

1. 单标题

可以是叙述式的、议论式的、提问式的或公文式的，用"关于……的调查"作为题目的一般格式。如《关于当代青年消费问题的调查报告》。

2. 双标题

通常是正标题揭示主题，副标题说明对象及调查内容，如《"寒极"开始解冻——来自清远"扶贫开发试验区"的调查报告》。这类标题的正标题，从写作技巧来看，常采用比喻、借代、对偶、对比、顶真、设问等修辞方法，使内容生动、活泼、确切而富于吸引力。

（二）前言

前言写法灵活多样。可以交代调查的时间、地点、对象、目的，点明基本观点，介绍调查的基本方式；也可以概括介绍调查对象的基本情况或基本经验；还可以概述主要问题，以引出下文。

（三）主体

主体是主干，主要写调查的事实和基本经验。一般的写作思路是：先叙述情况，介绍所调查事物的发生、发展、变化的过程及存在的问题，再进行分析研究，从中找出主要矛盾，引出规律，最后得出结论。

主体在结构安排上也较灵活，通常有三种方式。

1. 纵式结构。即按照事物发展的先后顺序，将时间的推移和事物发生、发展的进程结构结合起来进行表述，用层层推进的方法来说明问题。

2. 横式结构。就是把调查得到的情况、经验、问题，按照内在逻辑联系分成几个部分并列来写，在横断面上表现出事物的各个方面。

3. 横、纵结合式。在叙述事实时采用纵式，在归纳分析问题时采用横式，纵横式结构相交互用。实际写作中，这两种写作形式的结合十分必要。客观叙述事情时使用纵式，能使层次井然，首尾贯通；在评析阐述中使用横式，有利于将事物的性质剖析透彻。

（四）结尾

结尾是调查报告的结语部分，写法灵活多样。一般对调查的问题作出结论，提出建议；也有的点明全篇主旨，展望前景；还有的对主体的有关问题进一步补充说明等。总之，结尾要简洁有力，不要拖泥带水、画蛇添足。

五、调查报告与总结的异同

（一）相同点

1. 两者都必须依照党的方针政策来总结经验，都要反映事物的基本面貌和发展过程，概括出规律性的东西，指导今后的实践，都具有较强的政策性和思想性。

2. 在写作上，都使用叙议结合的综合表达方式。

（二）不同点

1. 应用范围不同。总结针对已完成的工作，调查报告可以针对历史问题或现状。

2. 写作时限不同。总结紧跟工作之后，调查报告对问题的调研时间可早可迟。

3. 使用人称不同。总结使用第一人称，总结的是本部门、本单位或本人的工作、学习情况。调查报告使用第三人称，调查了解的是别部门，别单位或别人的情况，或者某一类社会问题。

【例文评析】

大学生课外阅读情况的调查

阳光下、草坪上、教室里、图书馆……到处可以看见书不离手的大学生，他们脸上洋溢着满足自信的笑容。

"你课外阅读的主要目的是什么？""你最喜欢阅读哪种类型的书籍？""你平时看一本书

用多长时间？"……前不久我们对大学生的阅读取向进行了一次访问式调查，目的是了解当代大学生读什么书、读多少书和怎样读书的问题。

通过调查有部分学生的课外阅读主要是为了休闲。他们认为"平时专业课程的阅读量已经很大了，课外阅读当然选择内容较轻松的课外书籍，以缓解读书的压力"。这样的学生大约占44.9%。还有部分同学的课外阅读是为了拓展知识面。这样的学生所占比例较少，只有8%。

大学生不青睐具有专业知识的书籍是否合理呢？不少招聘企业都感慨现在的大学生专业能力很薄弱，学以致用的能力较差。在学校期间不注重专业知识的积累和自身专业技能的训练，不阅读、不关注相关专业课外书籍，是造成这种现象的原因之一。

在回答"你最喜欢阅读哪种类型的书籍？"时。大多数学生选择报纸、杂志。报纸、杂志始终占据大学生阅读排行榜的首位。多数学生选择此类书籍的原因是因为"阅读起来方便"和"信息量大，来源广泛，易获得"。调查中发现。学校为学生免费提供的《文汇报》成为阅读人次最多的报纸，《青年报》《环球时报》《参考消息》《电脑报》《读者》有一定的市场。在阅读内容上，阅读新闻占61%，领先其他三项，阅读"生活信息及收集资料"占24%，阅读"文学作品"占16%，阅读"评论文章"占18%。

目前大学生的阅读结构对大学生正确世界观、人生观的形成非常不利，急需加以正确引导。

【评析】

这篇大学生阅读情况调查报告在结构内容和语言方面，都不符合文种的写作要求。具体说来，主要毛病如下：

1. 缺写交代调查基本情况的导言。这类调查的开头一般要交代调查的目的、时间、地点、对象、范围以及采用的调查方法等。

2. 主体部分对调查情况的叙述，涉及的调查问题虽多，但提供的调查信息却过于简单，材料不充分。文中虽然提到"对大学生的阅读取向进行了一次访问式调查"，但对调查对象人次，以及以什么方式归纳整理数据，却未作介绍，而这些均是必须写的内容。

3. 分析不够深入，原因和结果之间缺乏必然的联系，如文中写"企业都感慨现在的大学生专业能力很薄弱，学以致用的能力较差"，却得出学生"不阅读、不关注相关专业课外书籍，是造成这种现象的原因之一"的看法，又如，文章的结论是"目前大学生的阅读结构对大学生正确世界观、人生观的形成非常不利"。综观全文，这些结论难以令人信服。

4. 文章末段提到"大学生的阅读结构""急需加以正确引导"，没有按文种的要求写相应的建议，而建议是本文必不可少的内容。

【温馨提醒】

写作调查报告应注意以下事项：

（一）深入调查，广泛占有材料

深入调查，占有丰富材料，是调查报告的基础。作者只有实地考察，掌握第一手材料，不道听途说，这样获得的材料才更真实、详细、典型、富有说服力。因此，可采用一些调查的方法，如深入群众实地调查，查阅档案、文件，开调查会，问卷调查等。同时调查中应注意拟好调查提纲，有备而去；运用多种调查方法；多方面占有真实、典型的材料，注意材料内涵的广度和深度。

（二）科学分析，揭示客观规律

掌握了大量材料后，应对材料进行科学的分析，经过"去粗取精，去伪存真，由此及彼，由表及里"的过程，从纷繁复杂的事物中找出规律性的东西来，分清现象与本质以及主要矛盾与次要矛盾。

（三）用事实说话，做到观点与材料的统一

作者应善于抓住那些最能说明问题的材料，并合理安排，做到用材料说明观点，观点从材料中来，观点与材料有机统一。要注意：不要空发议论，不要堆砌材料，要点面结合，叙议结合。

【拓展阅读】

万能调查问卷模板

一、消费者问卷

A. 观念及购买问题：

  1. 对商品、品牌评价及意见；

  2. 与商品、品牌相关的生活习性；

  3. 购买商品、品牌之特征；

  4. 购买商品、品牌之名称；

  5. 购买价格；

  6. 购买量（数）；

  7. 购买决策者；

  8. 购买时期；

  9. 购买场所；

  10. 指名购买、推荐购买；

  11. 购买频次；

  12. 购买商品、选择品牌之原因；

  13. 品牌忠实度；

  14. 是否预订购买；

  15. 对厂家的期望值；

  16. 对商品、品牌的促销方式。

B. 产品方面：

  17. 企业形象识别、印象；

  18. 产品名称辨别；

  19. 产品的品质喜好；

  20. 产品的特点喜好；

  21. 产品的功能喜好；

  22. 购买动机之决策；

  23. 认购成本（价格）；

  24. 购买目的；

  25. 不购买的原因。

C. 媒介喜好：
    26. 最多的媒介；
    27. 电视台(名称、时间、内容)；
    28. 报纸(名称、内容)；
    29. 杂志(名称、栏目)。
D. 个人资料：
    30. 性别；
    31. 年龄；
    32. 职业；
    33. 收入；
    34. 学历；
    35. 家庭成员。

二、经销商问卷
    1. 产品宏观市场看法；
    2. 曾代理商品、品牌名称；
    3. 代理的商品特征、功能；
    4. 代理渠道；
    5. 月销售量、销售金额；
    6. 畅销品牌之类别、规格、品种、数量、金额；
    7. 代理效果；
    8. 奖罚政策；
    9. 销售最好时期；
    10. 消费者购买年龄层次；
    11. 消费者购买决策；
    12. 消费者购买频次；
    13. 消费者购买量；
    14. 消费者购买品牌之类别、规格、品种；
    15. 消费者购买对品牌忠诚度；
    16. 产品名称(联想、喜好)；
    17. 企业形象识别、印象；
    18. 产品品质问题；
    19. 代理意愿。

三、竞争对手问卷
    1. 对手的名称、地址、主要负责人；
    2. 产品范围、名称、价格、包装；
    3. 对手的营销广告策略；
    4. 生产情况、生产人员构成、生产实力；
    5. 科研力量、发展趋势；
    6. 对手的销售政策、销售网络、销售方式、销售成绩；
    7. 在本行业的形象、综合实力方面的表现。

四、零售店问卷
　　1. 产品销量好坏及前景预测情况;
　　2. 对产品的促销、广告等推广活动的建议、看法;
　　3. 进货方式、与供货商的业务沟通方式;
　　4. 针对本公司产品的各种广告、促销活动的看法。
五、内部员工访谈问卷
A. 公司管理方面的调查;
　　1. 自己的本部门工作流程情况;
　　2. 对直属领导的专业技术、组织能力、品德方面的评价;
　　3. 个人的能力是否与收入待遇、职位相称,工作压力及在公司的奋斗目标;
　　4. 对公司的企业文化、行政、人事、财务、销售、生产方面存在的问题和有效解决办法;
　　5. 部门或公司的人员结构、来源、构成合理与否;
　　6. 与同行的关系、差异点。
B. 对产品的调查。把他们当作一个消费者来看待。如关于产品的包装、广告、促销方面的看法。

写作心语:

　　常言道:不打无准备的仗。要了解工作岗位情况,熟悉工作环境,善于调查、分析和总结,才能够取得较好的成绩。

【文体训练】

　　一、判断题
　　判别下列句子说法的正误,对的在句后画"√",错的画"×"。
　　1. 调查报告针对性越强,它提供的参考或指导作用就越小。(　　)
　　2. 调查报告用事实说话,以叙述为主,又常在报刊上发表,因此,它与新闻文体相同。(　　)
　　3. 调查报告与总结写法有区别。(　　)
　　4. 真实性是写作调查报告的基础。(　　)
　　5. 调查报告有纵、横式结构和综横结合式三种。(　　)
　　6. 调查报告的建议部分可以写在全文的开头。(　　)
　　二、根据下面所给的标题示例和材料,分别写出单标题和双标题。
　　1. 单标题示例:上海郊区农民生产状况调查
　　2. 双标题示例:生育观的大转变——陕西汉中地区计划生育调查
　　材料1:哈尔滨市近年加快城市建设步伐,出现了新的变化。请为这条内容拟写一个调查报告的单标题_____。
　　材料2:上海中小学从家庭伦理道德抓起,开展尊敬父母,尊敬老人,争做"孝星"的活动,取得良好效果。请为这条内容写一个调查报告的双标题_____。
　　三、文体实训题
　　请对本校学生的择业、消费、阅读、打工、收视等情况,择其一展开调查,拟写一份调查问卷;并对调查所得材料进行分析、整理,完成一篇调查报告。

第四节 述职报告

【范文示例】

企业管理领导个人述职报告

尊敬的各位领导、同事们:

根据领导要求,我进行述职,不妥之处,敬请领导和同事们多多指正。我认为理清思路抓重点是做管理工作的重点,因为思路决定出路,思路不清,方向就不明,工作就难以推动,下面具体从五方面进行述职。

一、招贤纳士

人才是企业的核心竞争力!企业要持久发展,必须依靠人才,建立一支熟悉业务而又相对稳定的销售团队。人才是企业最宝贵的资源,一切销售业绩都起源于有一个好的销售人员,建立一支具有凝聚力、合作精神的销售团队是企业的根本。我将在今年的工作中依据实际需求,着手建立一个和谐、具有战斗力的销售团队。

二、战术制定

一年内,以中低端产品为切入点,重点抢做县级以下二级市场,较好地完成全年目标任务。

三、市场操作

加强客户管理工作,提高服务意识和服务水平。在客户管理工作中,我将在两个方面着手:一是……二是……

四、内部管理

在营销工作中,人是最活跃、最关键的要素,没有好的管理就不会有好的业绩。因此,在销售内部管理上,首先,要严格管理,加强纪律性……

五、总结

我坚信,服从领导是克服困难的基础;优质服务、大力公关是搞好营销的前提;以身作则、加强管理是带好队伍的关键;加强学习、提高能力是履行好职责的基本条件。只有在以上几个方面不懈努力,才能干出业绩,不辜负领导和同志们的期望。总之,在今后工作中我将诚恳听取批评意见,积累和增强做好本职工作的经验与能力,以强烈的事业心、饱满的热情、高度的责任感努力工作,为提高销售业绩、促进企业发展做出自己应有的贡献。

谢谢大家!

×××
××年×月×日

【知识储备】

一、什么是述职报告

述职报告是党政机关、人民团体、企事业单位的干部,向主管领导部门、人事部门、选区的选民或本单位的职工群众,陈述自己在一定时期内工作实绩、问题和设想的自我述评性的报告文书。作为综合性较强的文书,属于报告的一种,又与总结和讲话稿相似。

述职报告具有自述性、自评性和报告性等特点。

二、述职报告的作用

1. 上级主管部门考核、评估、任免、使用干部的依据。
2. 述职者本人总结经验、改进工作、提高素质的一个途径。
3. 领导干部与所属单位群众之间的思想感情和工作见解交流的渠道。

三、述职报告的类型

可以从几个不同的角度进行划分,因而存在着交叉现象。

(一)从内容上划分

1. 综合性述职报告

报告内容是一个时期所做工作的全面、综合的反映。

2. 专题性述职报告

报告内容是对某一方面的工作的专题反映。

3. 单项工作述职报告

报告内容是对某项具体工作的汇报,这往往是临时性的工作,又是专项性的工作。

(二)从时间上划分

1. 任期述职报告

指从任现职以来的总体工作进行报告。一般来说,时间较长,涉及面较广,要写出一届任期的情况。

2. 年度述职报告

这是一年一度的述职报告,写本年度的履职情况。

3. 临时性述职报告

指担任某一项临时性的职务,写出其任职情况。比如,负责了一期的招生工作,或主持一项科学实验,或组织了一项体育竞赛,写出其履职情况。

(三)从表达形式上划分

1. 口头述职报告

指需要向选区选民述职,或向本单位职工群众述职的,用口语化的语言写成的述职报告。

2. 书面述职报告

指向上级领导机关或人事部门报告的书面述职报告。

四、述职报告的写法

述职报告没有固定的写作模式,根据不同类型和主旨,可灵活安排结构。一般由标题、抬头、正文、落款四部分组成。

(一)标题

1. 文种式标题,只写《述职报告》。
2. 公文式标题,姓名+时限+事由+文种名称,如《××2006至2011试聘期述职报告》、《2008年至2011年任商业局长职务的述职报告》。

3. 文章式标题

用正题，或正副题配合，如《20××年述职报告》、《思想政治工作要结合经济工作一起抓——××造纸厂厂长王××的述职报告》。

(二) 称谓

1. 书面报告的称谓，写主送单位名称"如××党委"、"××组织部"或"××人事处"等。

2. 口述报告的称谓，写对听者的称谓如"各位代表"、"各位委员"、"各位同志"，或"各位领导，同志们"。

(三) 正文

述职报告的正文一般由开头、主体、结尾三部分组成。

1. 开头

开头又叫引语，一般交代任职的自然情况，包括何时任何职，变动情况及背景；岗位职责和考核期内的目标任务情况及个人认识；对自己工作尽职的整体估价，确定述职范围和基调。这部分要写得简明扼要，给听者一个大体印象。

2. 主体

这是述职报告的核心，主要陈述履行职务的情况，包括三个方面的内容：

一是任职期间的任务完成情况，取得的主要工作成绩；

二是存在的问题并分析问题产生的原因，以及经验教训；

三是今后工作的努力方向、目标或打算。

这部分，要写得具体、充实、有理有据、条理清楚。由于这部分内容涉及面广、量多，所以宜分条列项写出。"条"、"项"要注意内在逻辑关系安排好。

3. 结尾

简述对自己的评价，并表明自己的态度，最后以"谢谢大家"的语言结束。结尾一般写结束语。用"以上报告，请审阅"、"以上报告，请审查"、"特此报告，请审查"、"以上报告，请领导、同志们批评指正"等作结。

(四) 落款

述职人姓名和述职日期或成文日期。署名可放在标题之下，也可以放文尾。

【例文评析】

2007年度 HR 经理述职报告

各位领导、同志们：

本人自被任命为 HR 经理以来，在公司领导的支持下，紧紧围绕公司的工作目标，不断改进工作方法，努力提高我部门的工作效率和工作质量，顺利完成了2007年的工作任务，现结合具体情况向公司领导和同仁作一汇报，请予审议。

一、公司员工数量增长情况及文化程度

公司目前人员已达60人，自2006年初以来员工增长20人，基本满足公司用人需求。员工基本文化程度，基层员工文化程度为大学；中高层管理人员文化程度为大学或研究生不等。

二、各岗位说明的具体化

在各位领导的支持和建议下，HR部门在2007年一年期间，根据公司组织架构图对其每个岗位一一作了具体的定义,使每个员工更了解、明晰自己的岗位职责,没有员工觉得自己不知道该做什么或者不该做什么。每位新加入的员工都会由HR部门对其岗位给予培训或者根据岗位说明书给予解释,再让员工正式上岗。岗位说明书实施过程中也会遇到一些职责不清晰、不具体等问题,我们都及时作出了调整。此政策实同施后得到公司员工的认可,也大大提高了员工的工作效率和工作质量。这里我也希望员工多提些建议或者意见,在不违背公司意愿的情况下,HR部门都会予以接纳,并根据情况会予以改进。

三、薪酬福利标准的完善

在2008年1月1日新的劳动法出台之际,HR部门在2007年10月~2007年12月底对公司员工的薪酬重新定岗定酬,做了具体的薪酬体系,比去年工资总额增加了10%。公司按照新的劳动法重新编制劳动合同,目前公司共有60人全部完成与公司签署新的劳动合同,进一步保护了员工和公司的合法权益。重新调整了员工福利,由之前的三险一金,增加到五险一金;提供了员工宿舍,每个卧室可以住4名员工,提供床、电视机、热水器、洗衣机等家电,标准为270元/人;为了缓解员工日常工作压力、丰富业余生活,公司提供了健身卡,标准为30元/次。

四、员工岗位培训情况

本人任岗期间,在公司领导的帮助下,根据每个岗位说明书做出培训需求调查表,然后由HR部门分发给其他部门,做了一份详细的培训需求调查,根据这份需求报告,一年期间基层员工培训共有56次,中高层培训(包括在外培训)共30次,其中专业技术培训15次;中高层外出培训8次,其费用虽超出2007年培训预算的10%,但大大加强了员工的整体专业素质和综合素质,提高了工作效率和工作质量。今后HR部门还会调整培训需求表格,增加培训费用预算,扩大员工的培训范围,使员工素质综合全面的发展,挖掘员工潜在能力,为公司作出更大贡献。

五、2007年人力资源部出台制度

紧紧围绕公司发展,探索绩效制度、培训制度的长效机制。把制度建设当作最重要的工作来抓,逐步深化解决问题能力。2007年公司人力资源部是在公司领导的大力支持下发展起来的,我部室跟着公司发展遇到了很多新问题,总结了一套办法,具体是:抓关键,突出解决绩效问题。抓重点,突出加强职教培训制度建设。抓落实,突出加强监督制度建设。抓提高,进一步优化管理制度,提升管理质量。截至目前共出台《考核办法》、《考勤制度》、《职工培训管理制度》、《培训考核制度》、《安全培训制度》等制度。

六、今后HR部门主要工作描述

在之前的一些制度的调整对企业带来了更大的利润,今后我们将本着让企业和员工同事受益的原则,继续对各项制度和措施加以改善,主要有以下几点:(1)招聘制度的进一步完善。(2)员工培训方面,除了本行业专业知识外,其他方面的能力可能我们的员工还有很大的欠缺,需要及时扩展。(3)公司企业文化建立后的具体实施,这也是今年的主要工作。企业文化也是企业精神,是企业全体或多数员工共同一致、彼此共鸣的内心态度、意志状况和思想境界……目前上层领导正在制定公司的企业文化。在上级领导和全体同仁认可的前提下,我们将在领导的指导下发扬光大这种与公司战略相一致的企业文化。

谢谢大家!

×××

二〇〇七年×月×日

【评析】

　　这是一篇规范的述职报告范文。开头引语简练、得体地概述工作情况和客观环境,这是述职报告的常用写法。接着以"现结合具体情况向公司领导和同仁作一汇报"为过渡句引入正文。正文分条列项,每谈一项情况,事例典型,数据具体,业绩突出,逐条说明,层次脉络清晰,言简意赅,文约意丰。从述职内容介绍和实际情况看,这位经理是一位称职优秀的领导,值得学习。第六项还根据工作需要,提出存在的问题并设想今后 HR 部门主要工作,实事求是,真实客观,表现了述职者真诚、中肯、襟怀坦荡。

【温馨提醒】

　　撰写述职报告时要注意以下几点:
　　(一)实事求是
　　述职报告要讲真话、讲实话、讲心里话,以诚感人。无论称职与否都要与事实相符。要正确处理个人与集体、主观与客观的关系,要分清功过是非。承担责任要恰如其分,既不争功,也不必揽过。
　　(二)抓住重点
　　在全面汇报任职期间所做各项工作的基础上,要突出任职期间的重大成绩和创造性业绩,要有意识地抓住核心问题。述职报告必须围绕"职责"二字做文章。它的写作目的,不是评功摆好,而是为了说明是否称职。因此,凡重点部分,要写得详细、具体、充分、全面。
　　(三)虚实结合
　　"虚"指理论观点,"实"指具体工作情况。述职报告应该以叙事为主,论理为辅,用叙议结合的方式来表达,在事实的基础上加以概括总结,使理论与事实二者有机地结合起来。
　　(四)语言简练
　　述职报告的撰写需要一定的综合概括和文字表达能力,要尽量少用形容词和诸如"大体上"、"差不多"之类模棱两可的话。对情况的交代、过程的叙述以说明问题为宜,切忌冗长空泛,拖泥带水。
　　(五)区分"工作总结"与述职报告
　　工作总结,可以是单位的、集体的、也可以是个人的,写作角度是全方位的,凡属重大的工作业绩、出现的问题、经验教训、今后工作设想等都可以写;而述职报告却不同,它要求侧重写个人执行职守方面的有关情况,往往不与本部门、本单位的总体业绩、问题相掺杂。

写作心语:

　　实践证明:实事求是的述职报告能够促进各项工作的积极开展。对个人而言,认真总结,撰写出高质量的述职报告,能够得到领导群众的高度认可;对单位、部门而言,通过述职会,发现问题,凝聚力量,加强管理,取得实效。

【文体训练】

　　一、选择题
　　1. 以下属于述职报告的特点是(　　)。

A. 报告性　　　　　B. 多变性　　　　　C. 自评性　　　　　D. 自述性
2.（　　）不是常见的个人述职述职报告的标题。
A. 文种式标题　　　B. 公文式标题　　　C. 文章式标题　　　D. 内容式标题
3.关于述职分类以下分类不正确的是（　　）。
A. 按报告者分　　　B. 按职位分　　　　C. 按内容宽窄分　　D. 按时限分
4.以下不符合述职报告结尾的结束语要求的是（　　）。
A. "以上报告,请审查"　　　　　　　　B. "特此报告,请审查"
C. "以上报告,请领导、同志们批评指正"　D. "上述报告,立马批阅"

二、病文评析

2008年语文教师职务工作汇报

本人1993年7月从零陵师专中文系毕业后参加教育工作,于1996年10月取得中教二级专业技术职务任职资格,同期被聘为中学语文二级教师,至今已九年,符合申报中教一级的各项条件,现就任现职以来的德、能、勤、绩等方面的工作表现述职如下。

一、出勤

任现职以来,我坚持出满勤、干满点,从未因事因病请过一天假,耽误过学生一节课,特别是担任班主任以后,总是比学生先到学校,待学生就寝后我才离开学校,出色地完成了学校交给的各项任务。

二、教育教学能力与工作实绩

我潜心教学,热心教改,细心育人,教育、教学与教研能力强,成绩显著。

任现职以来,我一直满负荷工作,尤其是近五年来,根据工作需要,我一直跨年级执教两个班的语文,所教年级从初一直到高三,其中三年还担任班主任,工作积极主动,任劳任怨,按质按量地完成了学校交给的各项任务,成绩显著,赢得了学校领导、老师和学生们的一致好评。

为了提高自身文化修养和业务能力,我积极参加各种类型的进修和培训:自2002年起,我利用业余时间参加汉语言文学专业本科自学考试,两年内系统地学习了本专业的十一门课程,并于2004年12月完成论文答辩,顺利地拿到了湖南师大汉语言文学专业的本科文凭。在此期间,我还参加了教师进修学校组织的计算机培训和普通话培训,分别拿到了计算机操作初级证书和普通话二级甲等证书;2004年参加新课程培训,认真学习新课程标准和新课程标准下的教学理论,用现代教育思想武装自己。

为了搞好教学,我一方面认真学习新的教育理念,深刻领会新理念的精神实质,一方面大胆实践,用新理念指导教学,探索新课程标准下的高初中语文教学新思路。为此,我订阅了大量的教育报纸、杂志,阅读了几百万字的教育教学理论书籍,从中获取了最新、最详实的教育教学信息,并积极尝试,在教学实践中与同事一起探讨教改方法,研究学生的学习心理,落实学生的主体地位,及时推出了以"语文集体性阅读教学程序"和"加强管理,提高高三语文教学质量"为主要内容的改革方案,认真组织实施,及时总结经验教训,收到了较为理想的教育教学效果。现将教学过程中的心得体会总结如下:

在阅读教学中所作的改革是采用了集体性阅读教学程序。该教学程序是根据课堂教学社会学理论与语文阅读教学的特点设计的,包括独立思考、小组讨论、组际交流、集体评价和演练总结等五个环节。它特别适用于高中、初中的语文阅读教学,能满足学生对自身社会性发展的要求,体现学生学习的主体地位,充分调动学生学习的积极性,提高课堂教学效率。

三、政治思想表现

身为国家干部,本人热爱社会主义祖国,拥护中国共产党的领导,坚持四项基本原则,政治思想觉悟高。关心时事,遵纪守法,自觉按时参加政治学习,写下笔记心得达数万字之多,在思想上始终与党中央保持一致。

身为教育工作者,我热爱教育事业,热爱本职工作,热爱学生,专业思想巩固,工作责任心强。时时处处以身作则,为人师表,教书育人。服从领导,团结他人,有着高尚的职业道德。

在做好自己工作的同时,我还经常无私地帮助初涉教坛、教学经验不足的年轻教师。作为语文组的老教师,我和他们一起备课,热心地指导他们上课,帮助其熟悉教材教法,提高教学能力。在我的帮助下,他们的教学水平和业务能力都有了很大的提高,得到了老师们的高度评价。

三、文体实训题

情景材料:请以班干部或学生会干部的身份仿照例文的结构形式写一篇个人述职报告,写好后在主题班会上向全班同学宣读进行述职。然后请班级同学根据述职者的实际表现以及述职报告的写作要求,分组讨论、评议,并写出评议意见。

第五节 简 报

【范文示例】

例1 工作简报

简 报
第12期

××学校团委　　　　　　　　　　　　　　　　　　　　2009年11月4日

献爱心见行动
——各专业师生为病中的××同学踊跃捐款

在知悉××同学患了严重病症之后,全校师生立即行动起来,一周之内为××同学捐款1万余元。下面摘引几则捐助信息。

▲6月××日～××日,××系××专业2007级×班下午课余时间,在学院宣传栏前张贴"献出一份爱心,挽救一个生命"的大标语,设立捐款箱,仅3天就募捐到2 042元。

▲6月××日下午,××系××专业2006级×班同学召开了"为××同学献爱心"的主题班会,班会上,同学纷纷表示:"每天宁可少吃一根冰激凌,少喝一袋酸奶,也要向××同学献爱心"。这个班的同学共捐款780.50元,已经交送红十字捐助会。

▲正在进行共产党员先进性教育活动的××系党总支,向全体党员教师说明××同学患病和她家境困难的情况,号召全体党员同志救助××同学。仅在当天,这个党支部就收到党员捐款2 300元。

(写稿人×× ×××)

例2 专题简报

× × 学 院 简 报

第二期(总第××期)

××学院团委主办　　　　　　　　　　　　　　　　　2009年5月20日

院团委举办诗歌朗诵比赛圆满结束

　　5月18日,院团委举办的诗歌朗诵比赛落下帷幕,各系选手登台一展风采,尽抒豪情,最后××系穆为新夺得一等奖,二等奖和三等奖分别由李娜等7人包揽。

　　比赛之前一周,先由每系选拔出优秀选手各3名参加决赛。朗诵决赛一开始,××系范鹰的《致橡树》就先声夺人,赢得在场听众阵阵掌声。接下来,李娜的"相见时难别亦难"这首名诗,朗诵大有唐人风韵,使得在场的评委们都连连点头。在新诗和古诗交相竞采的热烈气氛中,××系穆为新以《假如我不再年轻》这首自己创作、自己朗诵的诗征服了在场所有的观众和评委,他的豪迈情怀,诗中感人的语句,赢得一次又一次雷鸣般掌声,最后以9.88的高分夺魁。

　　这次诗歌朗诵比赛,活跃了校园文化,陶冶了大学生情操,因此院团委书记××在发奖大会上讲:"今后的校园,要成为诗的世界,歌的海洋"。

　　报:……
　　送:……
　　发:……

(共印20份)

【知识储备】

一、什么是简报

　　简报是党政机关、人民团体、企事业单位编发的反映情况、沟通信息、交流经验、指导工作的一种简短、灵便的应用文体。

二、简报的种类

　　简报的名称很多,常见的有"情况反映"、"情况交流"、"简讯"、"动态"、"内部参考"等。

　　从不同角度对简报划分有不同的分类。从时间上分,有常规简报和阶段性简报;按版期分,有定期简报和不定期简报;从内容上分,有工作简报,是指为了推动日常工作而编的印的简报,其任务是反映工作的进展情况、工作中的经验和问题,表扬先进,批评落后,指导工作。如某高校党委、校长办公室编《××工作动态》、《情况反映》等。有专题简报,是指为了配合某项重要工作的开展而专门编印的简报,如《2007年科研简报》。有会议简报,主要反映会议的概况、议程、进程、中心议题、讨论情况及与会人员的意见和建议等,如某校学代会秘书组编发的《××学代会简报》。

三、简报的作用

简报在工作中起着重要的作用。简报可以下情上达,汇报工作,反映情况,也可以上情下达,互通信息,交流经验。简报还能为新闻单位提供有意义的新闻线索或稿件。简报的质量和采编速度,往往能反映一个单位的工作状况。

四、简报的格式与写法

（一）样式

简报有约定俗成的统一格式。由报头、正文、结尾三个部分组成。简报的格式见图4—1。

```
密级                                                              份号
                           简报名称
                          （第××期）
编发单位                                                        编发日期
─────────────────────────────────────────────
按语：……（或目录）

                    ××××××（标题）

        ××××××××××××××××××××××××××××××
        ××××××××××××××××××××××××××××××
        ×××××××××××××××。（正文）



─────────────────────────────────────────────
   报：××××
   送：××××
   发：××××

─────────────────────────────────────────────
                                                           共印××份
```

图4—1 简报的文体格式

（二）报头

报头又称版头。一般占首页三分之一的上方版面,用间隔红线与报体部分隔开。内容主要包括以下四项：

  1. 简报名称：如《商业工作简报》,在居中位置,用套红大号字体,要求醒目大方。

  2. 期数：排在简报名称的正下方,按期序编排,有的简报还注明总期数。

  3. 编发单位：写在横隔线的左上方位置上。

  4. 印发日期：在横隔线的右上方位置上。

（三）报核

1. 按语

按语是表明办报单位的主张和意图的文字。一般有三种写法：说明性按语,介绍稿件的来源、编发原因和发至范围。提示性按语,提示稿件内容,帮助读者理解稿件的精神。一般加在内容重要、篇幅较长的文稿前面。批示性按语,也称要求性按语,主要写在具有典型意义或指导作用的稿件前面。一般要声明意义,表明态度,并对下级提出要求或提供办法。不一定每篇简报都配按语。是否需要按语,根据稿件的情况而定。

2. 标题

每篇稿件都要有标题。标题必须确切、醒目、简短、有概括性,富有吸引力。简报文稿的标题类似新闻标题。如例1的标题《献爱心　见行动——各专业师生为病中的××同学踊跃捐款》就概括了该校师生积极捐款救助一位病中同学的情况。

3. 正文

正文一般包括前言、主体两个部分。前言,相当于消息的导语,用极简洁、明确的一句话或一段话,概括全文的主题或主要事实(含时、地、人、事、因、果六要素),给读者一个总的印象。写法一般有叙述式、提问式和结论式等。主体,这是简报的主干,是对前言的展开,使其具体化。简报正文如篇幅较长,为求眉目清楚,可采用小标题、序数法等方式展开。例2的主体是对前言的扩展,较为详实地报道了诗歌朗诵比赛的主要场面和经过。

4. 具名

具名即提供简报材料的单位或个人姓名,写在正文后右下角并用圆括号括上。如果作者是编发单位,则可不具名。

(四)报尾

报尾在正文之下,由一条粗横线与报体分开。报尾内容包括:主送单位、抄送单位、印刷份数等。

【例文评析】

陕西一些旅游点附近的农民向外国旅游者强行兜售商品造成不良影响

4月20日上午,美国413旅游团外宾去陕西乾陵参观游览。客人一下车,一群手拿各种工艺品的农民就一窝蜂而上,大叫大喊着、争抢着要外宾买他们的东西。其中一些人手持唐代铜镜、铜钟及汉唐古钱等文物出售。外宾急于参观,打手势表示没有心思买东西。然而,这些农民仍围着不散。导游走过去,使眼色,说好话,一个个左劝右劝这些人就是不想走,有些走开了一会儿又回来了,继续大声兜售商品,并且大声辱骂导游,有些话还十分难听,无法写出。当这个老外旅游团要离开陕西乾陵时,一群小孩还围住一位70多岁的穿中国红衣服的老太太外宾,非要她买不可。这老太太外宾无路可走,山穷水尽,只好一步步向路边退下去,结果被挤得跌进了一条大路边的不到2米宽的小水沟,造成右脚关节骨裂,呻吟不止,当即由导游叫来救护车,送进了医院。

最近,在陕西乾陵旅游点附近,围堵外宾,强迫向客人兜售旅游商品的现象时有发生。

【评析】

上面这篇"简报"是则病文,主要存在以下问题:

1. 结构安排不合理。简报的写法一般是在导言部分用一句话或一段话,概括全文的主题或主要事实,主体则将导言具体展开。因此,应将第二段移上来,成为第一段。

2. 病文的第一段对事实的叙述式展开,太详细、太具体,语言不够概况、不够简洁。作为简报没有必要写这么多细节。简报语言应用概括叙述的写法。

3. 标题可以更准确、更具体一些。可改为:乾陵旅游点附近的农民向外宾强行兜售商品产生不良影响。

【温馨提醒】

编发简报要注意以下几点：
1. 编发要快。及时捕捉信息，快速成文。
2. 材料要真。真实是简报的生命所在。简报的材料不能虚构，更不能任意想像，捕风捉影。
3. 内容要新。简报中反映的事件要有新闻性，要写新情况、新经验、新趋势。唯有"新"的东西，才值得编发简报。
4. 文字要简。顾名思义，简报是情况的简明报告。简报的"简"主要体现在三个方面：一是内容精粹、集中，一篇文章只反映一个主题，观点鲜明。二是语言简洁，开门见山，直陈其事。字数一般以1 000字左右为宜，最长不超过2 000字，甚至可以只有几十字。三是结构简明，线索单一，脉络分明。

【拓展阅读】

简报就是讲故事

有很多生手问我一个问题：怎么准备简报的内容呢？我告诉他们："简报就像讲故事。"怎么说呢？有人说简报就像写文章，要有起承转合，要有高潮迭起，只是这样的说法，忘了简报的时候下面有着满满的听众。

简报是用来说的，简报文件是辅助我们"讲"得精彩，就像我们拿个故事书讲故事给小朋友听，重点不在故事书，在你怎么讲好这个故事，让小朋友如痴如醉。

简报的重点有三个元素，第一个元素是听众，不同的听众，要用不同的风格。例如在公司的时候，你是讲给其他不相干的部门听你们的成果，还是讲给相关部门与长官听你们的专案进度？不同的对象就要有不同的准备。

第二个元素是要表达的内容。有一个学生告诉我她很羡慕一个我很熟悉的讲师，这位讲师总是能把不相关的主题连结起来，让人不仅觉得幽默有趣，还能觉得他讲得头头是道。私下我认识这名讲师，跟他吃过几次饭，我告诉我的学生："其实他就是个讲故事的高手，我平常和他聊天，他就很会铺陈故事剧情；讲鬼故事，就有恐怖的气氛，讲童话就有欢乐温馨的气氛；听他讲话，即使无聊的投资理财，他都能吸引大家的耳朵，分秒都舍不得分心……"

1."我是谁"的开场介绍

很多故事都是从"很久很久以前……"讲一个童话故事；"我们家的邻居曾经……"当作写实故事的开场白；或者"我听说……"作为一个虚拟故事的开始。无论是怎么样开始，都是先给听众一个环境因素的定位，也就是先表明我现在要讲的故事是在怎么样的环境之下开始。有了一开始的"认知"，甚至"认同"，听众就很容易接受你要接下来讲的内容。

我通常会把自我介绍和这样的开场结合在一起，先讲讲自己的工作经历，怎么样发现我以下要讲的主题。我的工作经历展现了我的专业，也把以下要简报的内容和专业紧紧扣在一起，专业的经历呈现了我的可靠度，也说明了为什么是我来讲这个主题的原因。让听众不容易对我之后所讲的产生怀疑,也更容易融入故事当中。

2."你们是谁"的听众联结

当然说完了我是谁,我为什么要讲这个主题之后,好的故事接下来就要让听众在故事还没开始之前,先体认到自己在这个故事当中的角色,越有关联性,他们越容易融入。如果让他们觉得这个主题关我什么事,那么后面的故事发展起来就不容易让他产生共鸣。

我在讲解网络营销课程的时候,总会先来上这么一段,请学生想想他在搜寻资料时候的使用习惯,"是不是很难找到你要的东西?"获得学生认同使用者的角色后,我才会说明关键的营销方法,这样的亲自体验,能够让听众充分融入主题。

3. 我和听众关系之间的联结

有了自己和听众的定位,接下来主导的就是我和台下的你们有什么关系,这是拉近听众和自己对于简报主题之间的距离。譬如我在做公司内部专案报告的时候,我一定会特别强调目前我们进行的这项专案和公司内部(就都坐在台下)有什么关系,他们可能要做的改变,尤其是能获得的好处,让整个专案不是只有我们这个部门在执行,而是必须获得大家的支持。

好的故事一定有听众和讲故事的联结因素,譬如共同面临的困境、一场紧张的危机,同时松口气的欢乐时刻。我们简报的时候就是要把这些元素彰显出来,让整个主题成为听众和你要共同面对的问题。

(选自网络:"凤凰网读书")

写作心语:

简报如同故事,要讲给大家听,因此要注意围绕主题精选材料,求简、求真、求懂。

【文体训练】

一、填空题

1.简报是_____的应用文体。
2.从内容上划分,简报可分为_____、_____和_____三种类型。
3.简报的报头可分为_____、_____、_____、_____四项。
4.简报的按语通常有_____、_____和_____三种。
5.简报编发要_____,选材要_____,内容要_____,文字要_____。

二、判断题

1.每一篇简报都要配写按语。(　　)
2.每篇简报都必须在正文后右下角具名。(　　)
3.简报正文的主体一般都是对前言的具体展开。(　　)
4.向上级机关汇报本单位、本部门工作动态的简报,作用同公文中的报告相同。(　　)
5.每份简报只能反映一件事或一个问题,这叫一文一事。(　　)

三、文体实训题

1.下面给出材料,请你加以组织、提炼、加工,写成一则动态简报。

9月5日,××区工会、团委联合组织了一次长跑活动,参加人数236人。区委书记亲临赛场。因为是纪念抗战胜利60周年,这次长跑的主题是"勿忘国耻 振兴中华"。这次长跑被命名为"醒狮杯"象征性长跑比赛。

写作要求:(1)要有报头。(2)材料要根据逻辑顺序组织,不能任意罗列。

2. 根据下面的材料,写一则工作简报。

2005年9月,高考结束后,××大学负责招生的同志得知:通州区有一名被录取的考生叫杨×,他的父亲去年病故,母亲体弱多病,只能做些家务,家中还有一个65岁的爷爷,在一个公司看门,全家人靠他的微薄收入维持生计。因此,杨×入学的学费成为极大困难。眼看一个优秀的学生即将失学。听了招生办公室负责人的汇报,这所大学的领导开会研究,作出决定,免收杨×同学的全部学费,杨×同学终于实现了自己上大学的梦想。

写作要求:(1)要以这个大学学生处招生办公室的名义写。(2)写出报头。(3)写出前言。(4)标题自拟。

3. 试以所在班级的集体活动或班会内容为材料,编写一份简报。

第六节 策划书

【范文示例】

××家电公司现场促销活动策划书

一、时限

自××年××月××日起至××年××月××日止,为期3个月。

二、目标

把握购物高潮,举办"超级市场接力大搬家",促销××公司产品,协助经销商出清存货,提高公司营业目标。

三、目的

(一)把握圣诞、元旦以及结婚蜜月期的购物潮,吸引消费者对"接力大搬家"活动的兴趣,引导选购××产品,以达到促销效果。

(二)"接力大搬家"活动在A、B、C三地举行,借此活动将××进口家电,重点引向××国市场。

四、对象

(一)以预备购买家电之消费者为对象,以F14产品的优异性能为主要诱因,引导购买××公司家电,并利用"接力大搬家"活动,鼓舞、刺激消费者把握时机,即时购买。

(二)诉求重点:

1. 性能诉求:

真正世界第一!

××家电!

2. S.P.诉求:

买××产品,现在买!

赶上年货接力大搬家!

五、广告表现

1. 为配合年度公司"××家电"国际市场开发,逐渐重视跨文化色彩,地方性报纸、电台媒体、电视节目选择,依据收视阶层分析加以考虑。

2. 以公司产品的优异性能为主要诱因,接力大搬家 S.P. 活动为助销手段,遵循此项原则,对报纸广告表现的主客地位要予以重视。

3. TV 广告,为赢得国际消费者,促销欣赏角度并重,拟针对接力大搬家活动,提供一次 30 分钟实搬、试搬家录现场节目,同时撷取拍摄 15 秒广告用 CF 一支,作为电视插播,争取雅俗共赏,引起消费者的强烈需求。

4. POP:布旗、海报、宣传单、抽奖券。

六、举办"经销商说明会"

为配合国际市场开发策略,并增加此次活动之促销效果,拟会同公司及分公司营业单位,共同协办"年末促销活动分区说明会",将本活动的意义、内容及对经销商之实际助益做现场讲解,以获求充分协助。

七、广告活动内容

(一)活动预定进度表

注:"接力大搬家"日期定于圣诞节前后,因为圣诞前后正是购货高潮期,应予把握。

(二)活动地区

在 A、B、C 三地,各择具备超级市场之大百货公司举行。

(三)活动奖额

1. "接力大搬家"幸运奖额(略)

2. "猜猜看"活动奖额(略)

3. 参加资格及办法(略)

八、预算分配

(一)活动部分费用(略)

(二)广告媒体费用(略)

广告媒体之选择分析:

1. 报纸部分

为配合"××公司家电"市场开拓,地方性报纸就此次活动多发消息,以助其宣传。

2. 电视部分

改变过去××公司重视高格调的表现形式,在广告表现形式上,采用平易近人的说明方式以 SLIDE 及 CF 播放。

3. 电台部分

突破历年来的保守方式,大量播放于地方台,并拟采用英语、中文配合播出。

××家电公司公关部
××年×月×日

【知识储备】

一、什么是策划书

策划书是指针对各种商务活动、社会活动等,为了达到一定的目的所制订的具有创意性、可行性的行动计划，也称企划书、策划案等。策划书是目标规划的文字书，是实现目标的指路灯。

二、策划书的类型

从策划内容来看，策划书一般分为两种：

（一）商务策划书

包括商业策划书、创业计划书、广告策划书、营销策划书、网站策划书、公关策划书等。

（二）专题活动策划书

包括活动策划书、项目策划书、婚礼策划书、医疗策划书等。

三、策划书的结构与写法

策划书基本结构包括标题、正文、落款三个部分。

（一）标题

即策划书名称。常见的写法有三种：

1. 单位＋名称＋文种。如"×年×月××公司××活动策划书"置于页面中央。
2. "名称＋文种"。如"新年促销活动策划书"。
3. 正标题＋副标题。正标题点明主题，副标题标识具体活动名称和文种。

（二）正文

正文部分包括前言、主体两个部分。

1. 前言

前言即活动背景。这部分内容应根据策划书的特点在以下项目中选取内容重点阐述：首先，说明基本情况简介、主要执行对象、近期状况、组织部门、活动开展原因、社会影响，以及相关目的和动机。其次，应说明问题的环境特征，主要考虑环境的内在优势、弱点、机会及威胁等因素，对其作全面的分析（SWOT 分析），将内容重点放在环境分析的各项因素上，对过去现在的情况进行详细的描述，并通过对情况的预测制订计划。

2. 主体

（1）活动目的、意义和目标

活动的目的、意义应用简洁明了的语言将目的要点表述清楚；在陈述目的要点时，该活动的核心构成或策划的独到之处及由此产生的意义（经济效益、社会利益、媒体效应等）都应该明确写出。活动目标要具体化，并需要满足重要性、可行性、时效性。

（2）活动开展

在此部分中，先列出所需人力、物力资源。对策划的各工作项目，应按照时间的先后顺序排列，并绘制实施时间表。人员的组织配置、活动对象、相应权责及时间地点也应在这部分加以说明，执行的应变程序也应该在这部分加以考虑。

（3）经费预算

活动的各项费用在根据实际情况进行具体、周密的计算后，用清晰明了的形式列出。

（4）活动负责人及主要参与者

注明组织者、参与者姓名、嘉宾、单位（如果是小组策划应注明小组名称、负责人）。

（5）效果评估

正确评价活动的效果，有助于组织者了解策划的实现程度，衡量活动的实际效果。效果评估要依据目标,实事求是,充分考虑内外环境的变化会给方案的执行带来哪些不确定性因素,当环境变化时是否有应变措施,损失的概率是多少,造成的损失多大,应急措施等也应在策划中加以说明。

(三)落款

最后署上策划者名称和策划书写作时间。内容比较复杂的策划书一般要单独设计封面,并写上标题、策划者名称和策划书写作时间等。有封面的策划书落款项可以省略。

【例文评析】

2011年中秋节晚会策划书

一、活动的意义

让在学校的同学们共同感受中秋节月圆人圆的欢乐,增加同学们对中秋节这一传统节日的认识,并增进同学们之间的友情,增强10政的班级凝聚力。

二、主办单位:2010级思想政治教育团支部

三、活动对象:2010级思想政治教育专业全体同学

四、活动时间:2011年9月12日晚上20:00~22:00

五、活动地点:风雨篮球场

六、前期准备工作

1. 班干开会商量晚会各项事宜,并做好内部工作分配

2. 宣传海报的张贴(宣传委负责)

3. 节目以及主持人的选定,鼓励同学们准备节目积极参加活动

4. 物品准备

(1)场地申请、笔记本电脑1台、话筒2~3个、音响2个

(2)节目流程单若干

(3)购买水果及游戏获胜者的奖励物品若干(由生活委安排)

(4)游戏所需物品准备,如游戏题目、规则等

(5)后期清理场地工作所需的扫把、垃圾铲、垃圾袋等

5. 通知工作,告知同学们在晚点名结束之后到场

七、活动流程

1、会场布置(部分班干和同学)

(1)将水果及奖品准备好

(2)布置好会场,将桌子、气球等物品摆放好

(3)调试好电脑、话筒、音响设备,确保音响效果的良好,并将节目所需要的音乐拷贝到电脑桌面上的同一文件夹下

2. 入场

工作人员对到场的同学进行分组安排,将全班同学分成九组,并按顺序排好

3. 活动开始

(1)主持人介绍活动流程并致晚会开幕词

(2)开场曲《爱你一万年》

(3)游戏一:嘴巴手指不一样

游戏规则：游戏分两轮进行。第一轮：①全班已经分成九个小组，每组派出一名同学参与游戏；②游戏中选手口令所喊出的数字范围为1～5；③选手喊出的数字不得与手指比划的数字相同，否则被淘汰，其余人继续游戏，直至最后两位胜出；④每位选手说出的数字不能与前一位选手的一样，否则被淘汰。

第二轮：同上。最后胜出的同学为四人，并得到奖励。

（4）班上同学生日，集体唱《生日快乐》庆生日、送祝福

（5）游戏二：脑筋急转弯

游戏规则：九组分为三轮进行，每轮三个小组全体人员参与，进行抢答，每轮比赛限时五分钟，答对一题得一分，得分最高者胜出，每轮决出一个赢家。最后由胜出的三个小组进行决赛，分出名次并进行奖励。

（6）游戏三：真心话大冒险

游戏规则：每组派出一位代表来参加"真心话大冒险"的游戏，参加游戏者从工作人员准备好的盒子里抽出一张纸条，并按照纸条上所写的内容完成任务。抽到"真心话"的问题时回答必须真实，抽到"大冒险"的题目时，必须按照要求完成。

（7）集体合唱《花好月圆夜》

（8）主持人致结束词，宣布晚会结束

（9）工作人员清理场地

八、后期工作

1. 归还各种租借设施（话筒、音响等）
2. 进行照片的冲洗和后期的海报宣传工作
3. 在班级博客上发表关于此次活动的文章以及照片
4. 进行此次活动的经验总结工作
5. 做好账目清算和财务报账工作

九、经费预算（略）

2010级思想政治教育团支部
二〇一一年九月八日
（来源：http://www.yingkelou.com/）

【评析】

这是一篇比较规范的策划书。首先就活动的目的、意义简单做了介绍，主题鲜明突出。然后从前期准备工作、活动流程，到后期工作、经费预算等各个方面都进行了比较具体周密的安排和计算，有较强的操作性。凭着这份策划书，这个团支部举办了一场成功的晚会。

【温馨提醒】

写策划书时要注意以下几点：

（一）设计应美观具体

策划书可以不拘泥于表格，自行设计，力求内容详尽、页面美观；可以专门给策划书制作封页；策划书可以进行包装，如用设计的徽标做页眉，图文并茂等。

（二）主题应单一

一份策划书涉及的具体活动，要紧紧围绕主题进行，尽量做到集中精简。太多的活动容

易造成主次不分,成本提高,执行不力。

(三)措施应可行

一份成功的策划书必须具有良好的可执行性,活动的时间、地点、详细安排等方面都要考虑周全,使之能按"书"操作。

(四)表述忌讳主观

在进行活动策划的前期,市场分析和调查是十分必要的。同样,在策划书的写作过程中,也应该避免主观想法,切忌出现主观类字眼。因为策划案没有付诸实施,任何结果都可能出现,策划者的主观臆断将会直接导致执行者对事件和活动形式产生模糊的概念。

【拓展阅读】

把100%的努力投入到一个策划案

2008年,我大学毕业后,在一家公司的策划部工作。部长对我们几个新人说:"公司要做个全国促销方案的策划,时间是一周,董事长要亲自过目。大家都是年轻人,好好抓住这个机会。"

冥思苦想之后,我决定在策划方案的数量上超过别人。在规定的时间里,我把四份策划案交给了部长。几天后,部长告诉我,董事长要我去他办公室。

屋里坐着一个和蔼的老人。"坐下来,小伙子,我有个故事要讲给你听。"

"'森林之王'老虎一胎产下两个宝宝,所有的动物都来祝贺,唯有老鼠不以为然。因为它刚刚产下10只老鼠,觉得'森林之王'不如它。猴子知道了它的心思,说:'老鼠呀,10∶2是客观存在,但你忘了,人家的品种比你好得多呀!'"

"我的故事讲完了,你的四个策划案我看了,也看出你尽了100%的努力。但你忘了,当你把100%的努力投入到四个策划案中的时候,每个方案你只有25%的努力;而你把100%的努力投入到一个策划案的时候,你得到的是一个最佳促销策划案!"

(选自百度网,经过删改)

写作心语:

许多经验证明,太多的策划活动不仅不能突出亮点,而且容易分散主题,造成主题不明确,主次不分,甚至可能执行不到位,达不到最佳效果。

【文体训练】

一、创意训练题

请从下列意象中随意抽取三个,用独特的有意义的话串联成短文或故事。

飞鸟　向日葵　风筝　鱼　创可贴　刺猬　沙漠　书　玫瑰　派克笔　石头　伞　郁金香　鹦鹉　咖啡馆

二、文体实训题

1.仿照"例文评析",请你撰写一份主题班会活动策划书。

2.结合自己的实际情况,写一份自己的求职策划书。

第七节　委托书

【范文示例】

法人授权委托书

受理单位名称：_____

　　兹有我司需办理（办理的事项）_____等事务，现授权委托我司员工：×××，性别：×，身份证号码：××××××××××××××××××前往贵处（司）办理，望贵处（司）给予接洽受理为盼！

法人代表（签字）：_____
单位名称（盖章）_____
×年×月×日

授权委托书

委托人/单位：_____

法定代表人：_____　姓名：_____　职务：_____　工作单位：_____

受委托人：_____　姓名：_____　职务：_____　工作单位：_____

现委托上列受委托人在我单位与_____因_____纠纷一案中，作为我方诉讼代理人。代理人_____的代理权限为：_____

委托单位：（盖章）_____
法定代表人：_____（签名或盖章）
×年×月×日

【知识储备】

一、什么是委托书

委托书也叫授权委托书，是委托他人代表自己行驶自己的合法权益，委托人在行使权力时需出具委托人的法律文书。公民、法人或其他组织，均可充当委托人或受托人。

委托书有单位之间委托、单位与个人之间委托、个人之间的委托等形式。

二、委托书的特点

（一）合法性

委托书是用来证明委托人和受托人之间签订委托协议的一种书面活动，只要签订了协议或者委托内容，就是合法的。

（二）真实性

委托的相关内容是双方商议之后达成的共同约定事项，是实际情况的真实反映。

三、委托书的作用

（一）委托代理权产生的标志和根据

受托人依授权范围代理事务，必须得到授权人的许可。例如股东委托他人（其他股东）

代表自己在股东大会上行使投票权的书面证明才可以用委托书。

(二)委托双方享有权利和承担义务

委托是双方的意思表示,因此只要签订了委托合同,双方应按规定享有权利与承担义务。

四、委托书的结构与写法

(一)标题

直接写明"委托书"或"授权委托书"。

(二)正文

正文主要说明委托事项,一般包括以下内容:

1. 首先要说明委托、受托双方的基本情况(包括姓名、性别、出生年月、身份证、现住址等),委托的事由和委托原因;
2. 具体交代委托事项;
3. 代理权限,代理权限属于全权代理还是专项代理;
4. 代理期限,应注明代理起止日期;
5. 有无转委托权。

除上述内容外,一般还有有无报酬的约定和解除委托的时间等。

(三)落款

写明委托人(有时包括受委托人),签名或盖章,委托书形成时间。

【例文评析】

委 托 书

委托人:×××,男,自动化工程系,2005级机械工程及自动化(1)班

　学号:××××××××,身份证号码:略

被委托人:×××,男,电信系,2001级信息工程(1)班

　学号:××××××××,身份证号码:略

委托事项:

本人同意委托×××(被委托人姓名)代理领取(办理)×××××事项,由此而产生的一切后果,由本人承担。

```
┌─────────────────┐         ┌─────────────────┐
│                 │         │                 │
│   委托人身份证    │         │  被委托人身份证   │
│     复印件       │         │     复印件       │
│                 │         │                 │
└─────────────────┘         └─────────────────┘
```

　　　　　　　　　　　　　　　　委托人(签名):

(盖外系学生所在系的公章)　　　被委托人(签名):

　　　　　　　　　　　　　　　　时间:20××年××月××日

【评析】

　　这是一份校内委托书,委托人、被委托人、具体委托事项、委托授权范围都写得很清楚。校内委托书需书写(复印)在同一页纸内,如《委托书》由两张纸及其以上构成的,属无效委托,不予认可,本例做得很好。委托书最后有委托人、被委托人各自的亲笔签名落款;而且本例被委托人是不同系的,需要先到相应的系盖章确认学生身份。

【温馨提醒】

　　授权委托书是指当事人为把代理权授予委托代理人而制作的一种法律文书,因此它是委托人实施授权行为的标志,是产生代理权的直接根据。签订授权委托书时应当注意以下事项:
　　1. 授权委托方法有三种:明示授权、默示授权和追认。
　　2. 委托的期限一定要写明起止时间,不写起止时间容易引起争议。
　　3. 特别授权委托书如果是公民之间的,应当办理公证,以确保委托行为的真实性、合法性。

写作心语:

　　委托书在现实生活中有着独特的作用,在起草、使用时都应慎重考虑,避免出现疏漏,给工作和生活带来不必要的麻烦。

【文体训练】

　　一、案例分析题
　　甲公司委托钟某到乙钢厂购买钢材,并签发了授权委托书,写明了采购钢材的数量以及价格等内容,钟某到乙钢厂后发现了两种型号的钢材,就买了一种口碑比较好的,结果甲公司以不需要此种钢材为由拒绝付款。
　　请问:此种钢材的货款应当由谁来承担?(注:回答此题需有法律知识)
　　二、文体实训题
　　甲乙两公司是生意伙伴关系,最近,甲公司以部分厂房抵押乙公司工程欠款,需要写一张委托书,说明房产由乙公司全权处理,请你代为拟写。

第五章 日常通用文书写作

目标导向
- 了解日常通用文书的含义、特点及种类
- 掌握各类常用文书的结构特点及撰写要求
- 学会根据具体情况确定合适的文书

　　日常通用文书是党政机关、社会团体、企事业单位和个人在日常工作和生活中广泛使用的沟通信息、联络感情、表达意愿的实用文书。

　　常见的有条据、介绍信、证明信、申请书、倡议书、感谢信、慰问信、求职信等。这类文书语言朴实简明、准确严谨，一般不具备专业性和官方性，但仍有其自身特定的行文对象、行文目的和较为固定的写作格式。

第一节 条　据

【范文示例】

借　条

今借到何满人民币壹佰元整，2012 年 11 月 27 日前还清。
此据

借款人：于俊
2011 年 10 月 22 日

【知识储备】

一、什么是条据

条据是人们在工作和生活中所使用的书面凭据,用于便捷地办理涉及财物的各种手续及说明情况和理由。主要包括涉及财务的各种存根单据和说明情况理由的各种便条。

二、条据的特点

1. 形式规范。条据具有规范的形式,一般包括标题、正文、落款(署名和日期)三部分。
2. 朴实准确。条据用语朴实无华、简洁明了。
3. 具时效性。条据须列出明确时间,往往具有时效性。

三、条据的类型

根据条据的内容和性质,通常可分为两类:

一类是说明性条据,如请假条、留言条、托事条、意见条等;另一类是凭证性条据,如借条、欠条、收条、领条等(见表5-1)。

表5-1　　　　　　　　　条据的类型

类型	名称	使用情形	特点
说明性条据	请假条	因事、因病不能上课、上班、参加活动而用以说明原因的条据	写明请假的原因和起始时间,最好附上相关证明
	留言条	拜访他人但因各种原因未能见面时、因不能久候他人而先行离去时所撰写的向对方说明事由的条据	可不用标题,应说清事由,通常需留下自己的姓名、身份和联络方式
	托事条	委托他人帮忙办理某事时所写的条据	可不用标题,但要语言礼貌并说明所托之人、事和自己的要求等
	意见条	不便当众或当场提出意见、建议时所写的条据	可不用标题,但要礼貌简要地说明自己的意见和建议
凭证性条据	借条	向他人或单位借财物时写给对方用作凭证的条据	也叫"借据",是一种非正式契约。所借财物归还后立据方应收回借条或当场销毁
	欠条	单位或个人不能全部交付应付财物时写给对方用作凭证的条据	应简单说明欠财物的原因;所欠财物付清后立据方应收回欠条或当场销毁。如欠条遗失则应由被欠方开具收条,以明责任
	收条	单位或个人收到应付财物时写给对方用作凭证的条据	也称"收据",要求写明何时何地接收何人何物及数量特质等;如代替单位或个人接收,标题则写为"代收条"
	领条	单位或个人领取另一单位所发放财物时写给对方用作凭证的条据	要求写明何时何地领取何单位何物及数量特质等;如代替单位或个人领取,标题则写为"代领条"

四、条据的结构与写法

(一)说明性条据的结构和写法

1. 标题

除不用标题的情形外,应按性质直接写明条据名称,例如"请假条",字号一般要比正文略大。

2.称谓

顶格写明收据方的姓名、称呼(单位则写其名称)。

3.正文

具体写明以下事项:首先,简洁概括地写明事由,包括原因、依据、目的等;其次,明确说明具体事项,包括时间、地点、期限、要求等相关信息;最后,结尾根据不同情形写上"恳请准假"等语以及致敬语。

4.落款

在条据结尾的右下方签上立据方的姓名(单位则写其名称)和日期。托事条等通常还要在后面附上立据者的联系方式。

(二)凭证性条据的结构与写法

1.标题

按性质直接写明条据名称,例如"欠条",字号一般要比正文略大。

2.正文

正文前一般没有称谓。首先,写上"今借到"、"今收到"、"今领到"等语,确认条据性质;其次,明确具体事项,包括对方的姓名、称呼(单位则写其名称)和财物的名称、性质、种类、数额、特征等相关信息;最后,结尾写上"此据"。

3.落款

在条据的右下方签上立据人姓名或立据单位名称(加盖公章),同时写明日期。立据方之前通常加上"立据人"、"借款人"、"经手人"、"领款(物)单位"等语。

【例文评析】

例1

请 假 条

尊敬的申老师:

  我因头痛发热,今天上午经医生诊断为病毒性流感,不能坚持到校上课,特请假两天(2011年10月9日至10日),请予批准。

  此致

敬礼!

请假人:郝清
2011年10月8日

附:医生证明

【评析】 这封请假条叙述请假理由充分、时间具体,并附有医生证明,是一篇格式规范的请假条。

例2

借 条

今借到杜腾(身份证号码:××××××××××××××××××)现金人民币伍拾

肆万陆仟圆整(546 000元),年利息8‰,2012年4月12日前本息一并归还。
此据

借款人:范健(签字 按印)
(身份证号码:××××××××××××××××××)
2011年10月18日

附:借款人身份证复印件
(复印借款人身份证正面、背面)

【评析】
  这封借条内容格式规范,同时由于涉及钱款数额较大,对借款人信息记录得更为详细,并附上了借款人身份证信息来区别同名者,以避免产生法律纠纷。

例3

欠 条

  今欠老白2 000元,保证于一周内还清,特立此据。

王旺旺
××月××日

【评析】
  这封欠条存在以下问题:
  (1)被欠款人老白应该写全名。
  (2)应写明欠款性质,如购房款、医药费。
  (3)应写明币种,同时数额应用大写汉字书写,并在数额后加上"整"字。
  (4)还款时间应写明具体日期。
  (5)立据时间的年月日应完整。

【温馨提醒】

  写条据时,要注意以下几点:
  1. 条据的称谓应用个人全名或单位全称。
  2. 条据应使用笔迹为蓝色或黑色的钢笔、签字笔书写,通常不能使用铅笔和其他颜色的笔。
  3. 如涉及金额应采用大写汉字书写,并加"整"字,前后不留空白。大写汉字数字为:壹、贰、叁、肆、伍、陆、柒、捌、玖、拾、佰、仟、万、亿。
  4. 文面应干净,不可涂改。如不得不涂改时,涂改处必须加盖印章(公章、私章)或签名。
  5. 手写条据需用正楷字体书写,字迹端正。
  6. 凭证性条据结尾不使用致敬语。

【拓展阅读】

条据中常涉及的"定金"与"订金"

  很多消费者在预付款消费时,拿到的常常是一张收据,因不清楚它是"定金"还是"订金",不能正确维护自己的合法权益。法律人士提醒消费者,没有明文约定定金性质的,当事人无权主张定金权利。

消费者郭先生反映,2011年3月12日他在某装饰城订购家具,当时他曾表示自己对家具尺寸的要求比较严格,装饰城则承诺会满足其要求。于是郭先生交了400元"定金"。上门量尺寸时,装饰城的设计师告诉郭先生"家具尺寸不好把握,不可能做到郭先生所要求的效果"。郭先生要求取消订购时,对方老板表示,"尺寸不好拿捏是正常的,谁家做都是如此。理论上不能退货,退货的话要扣除100元'定金'"。经记者采访了解,该装饰城在收取郭先生的"定金"时,开出的只是一张收据,并没有详细说明是"定金"还是"订金"。

国浩律师集团(天津)事务所毛军律师分析认为,给付定金的一方当事人如果不履行合同义务,无权要求对方返还定金,接受定金的一方不履行合同义务,则要双倍返还定金。而订金是按合同规定,在合同履行前就预先支付的一部分货款,合同履行后,只补交其差额;如果不能履行,应退回给对方,它没有担保作用,是一种预先给付。同时国家法律规定"当事人交付留置金、担保金、保证金、订约金、押金或者订金等,但没有约定定金性质的,当事人主张定金权利的,人民法院不予支持"。所以郭先生事实上交付给装饰城的是"订金"而不是"定金",装饰城无权扣除。毛律师提醒消费者在预付款时,要注意看商家开出的是"订金"还是"定金"的票据,维护好自己的权益。

(来源:网易,http://news.163.com)

写作心语:

在写条据时,一定要明确它的适用场合和易混淆词语的使用范围,还要注意它可能带来什么样的后果,切不可草率行事。

【文体训练】

一、判断题
1. 请假条与借条一样,是凭证性条据。(　　)
2. 借条由出借方保留,直到借方归还钱物后,也不销毁。(　　)
3. 凭证性条据结尾应使用致敬语。(　　)
4. 写借条或收条时可以使用铅笔。(　　)

二、选择题
1. 条据虽然小,但也属于(　　)。
   A. 记叙文　　　　B. 议论文　　　　C. 应用文　　　　D. 散文
2. 如个人向单位借财物,出借方的称谓应写为(　　)。
   A. 出借单位的名称　　　　　　　B. 出借单位的领导姓名
   C. 出借钱物的经手人姓名　　　　D. 会计或出纳姓名
3. 凭证性条据的数额写错时,如要涂改应(　　)。
   A. 直接涂改　　　　　　　　　　B. 在涂改处加盖印章或签名
   C. 在条据后说明情况　　　　　　D. 不做任何处理
4. 凭证性条据落款处日期的正确写法是(　　)。
   A. 写明何月何日,不必写年　　　B. 写明何日即可,不必写年月

C. 可以省略日期不写　　　　　　　　　D. 必须准确写明何年何月何日

三、文体实训题

天创豪庭股份有限公司向宏图霸业木材厂购入木材 10 立方米,每立方米定价 200 元,当场付现金 2 000 元。由于宏图霸业木材厂当天无法出具发票而向天创豪庭股份有限公司开出收条,并承诺 3 天后天创豪庭股份有限公司凭收条换取发票,请为宏图霸业木材厂写此收条。

第二节　介绍信　证明信

介绍信

【范文示例】

介 绍 信

浣熊市人才交流中心:

　　兹有我单位甄俊同志(身份证号××××××××××××××××××)前往你处办理领取我单位拾叁名同志 2012 年度未婚证明事宜,请予以接洽为盼。

浣熊市大学(盖章)
二〇一二年二月二十一日

【知识储备】

一、什么是介绍信

介绍信是机关、团体、企事业单位为联系工作、了解情况、洽谈业务、参加会议等,给本单位外出人员所出具的一种专用书信。

介绍信主要用于联系工作、了解情况、洽谈业务、参加会议时的自我说明,对于被介绍人而言,介绍信具有介绍、证明的双重作用。其使用方式是被介绍人持介绍信前往对方单位,面交对方办事人员,对方凭此予以接洽。

二、介绍信的类型

介绍信按是否采用固定格式印刷成文,可分为普通介绍信和专用介绍信(印刷介绍信)两种。其中专用介绍信按是否留有存根又可分为不留存根和留有存根两种情形(见表 5—2)。

表 5—2　　　　　　　　　　　　　　介绍信的类型

名称	存根	格式	使用情形	特点
普通介绍信	不留	用公文信纸或普通信纸书写或打印	一般性事务	不如专用介绍信正式,容易被伪造
专用介绍信 1	不留	按固定格式印刷成文,留出空白用于填写	一般性事务	随用随填,难以查对核实,目前很少使用
专用介绍信 2	留有	按固定格式印刷成文,分上下或左右两联,一联存根,一联本文,两联间有虚线划出的间缝	正式事务或重要事务	间缝须盖骑缝章,可以查对核实,目前多采用此形式的专用介绍信

示例模板：
(一)普通介绍信与专用介绍信 1

```
                        介绍信
 ____:
     兹有我单位____同志等____人前往_____联系_____事宜,请予以接洽为荷。
     此致
 敬礼!
                                                        (盖章)
                                                    年    月    日
 (有效期__天)
```

(二)专用介绍信 2

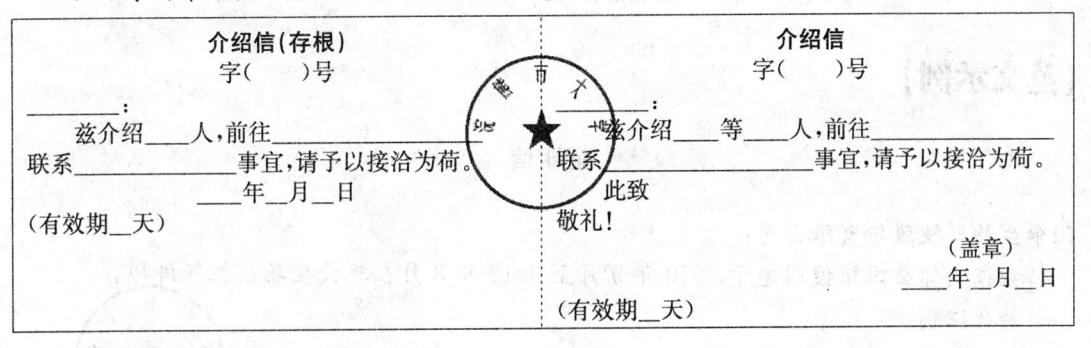

```
      介绍信(存根)                        介绍信
         字(  )号                          字(  )号
 ____:                             ____:
   兹介绍____人,前往_____            兹介绍____等____人,前往_____
 联系_____事宜,请予以接洽为荷。      联系_____事宜,请予以接洽为荷。
         __年__月__日                    此致
 (有效期__天)                         敬礼!
                                                        (盖章)
                                                    ___年__月__日
                                   (有效期__天)
```

三、介绍信的结构与写法

(一)普通介绍信的结构与写法

1. 标题

直接写"介绍信",字号一般要比正文略大。

2. 称谓

顶格写明接洽方的姓名、称呼(单位则写其名称)。

3. 正文

具体写明以下事项：

(1)被介绍人的姓名、身份、人数等。如果人数较多,可只写一人姓名,如"甄俊等拾叁人"。

(2)接洽事项。

(3)向接洽方提出希望或建议,例如"请接洽"、"请予以协助"。

(4)结尾写上致敬语。

4. 落款

在普通介绍信的右下方签上发信单位名称(加盖公章),同时写明日期。

(二)专用介绍信的结构与写法

专用介绍信写法与普通介绍信类似,直接填写有关内容即可。但带存根的专用介绍信有其自身的特点,具体如下：

1. 存根部分填写简略,仅供日后查对核实之用,不署名。

2. 联系办理重要或保密事务时,要注明被介绍人的职务、身份证号码等信息。
3. 重要介绍信要经领导过目或在存根上签字。
4. 除落款部分要加盖公章外,存根、本文两联的间缝正中也要加盖公章。
5. 必须注明有效期。

【温馨提醒】

写介绍信时,要注意以下几点:
1. 联系接洽的事项要简明扼要。
2. 普通介绍信建议使用公文纸书写或打印,以增强防伪性。
3. 专用介绍信注明有效期限时天数一般要大写。
4. 手写部分的字迹要工整,不能随意涂改。如有涂改,涂改处应加盖公章。

【范文示例】

证明信

阳伞生物科技股份有限公司:
  兹证明你公司甄俊同志于 2010 年 9 月至 2012 年 3 月在我校生物系担任讲师。
  特此证明

浣熊大学
二〇一二年三月二十日

【知识储备】

一、什么是证明信

  证明信是机关、团体、企事业单位为证明有关人员的身份、经历或有关事项的真实情况而出具的函件。
  对于被证明人而言,证明信则具有证明自身身份、经历或有关事项真实情况的作用。

二、证明信的特点

  1. 从目的上看,与介绍信具有介绍与证明这一双重目的不同,证明信仅用于证明。
  2. 从应用上看,介绍信只有主动介绍一种情形,而证明信的使用则包含两种情形——主动证明情况和被动回复证明情况。

三、证明信的类型

  与介绍信类似,证明信按是否采用固定格式印刷成文可分为普通证明信和专用证明信(印刷证明信)两种。后者按是否留有存根又可分为不留存根和留有存根两种情形。示例模板如下:

普通证明信

证明信

×××公司：
 兹证明你公司×××于××年×月至××年×月在我校×××。
 特此证明

×××（盖章）
××年×月×日

专用证明信1

```
┌─────────────────────────────────────────┐
│                  证明信                  │
│   _____：                             │
│    兹证明_____。      │
│    特此证明                              │
│                                          │
│                        ×××（盖章）      │
│                        ___年__月__日     │
└─────────────────────────────────────────┘
```

专用证明信2

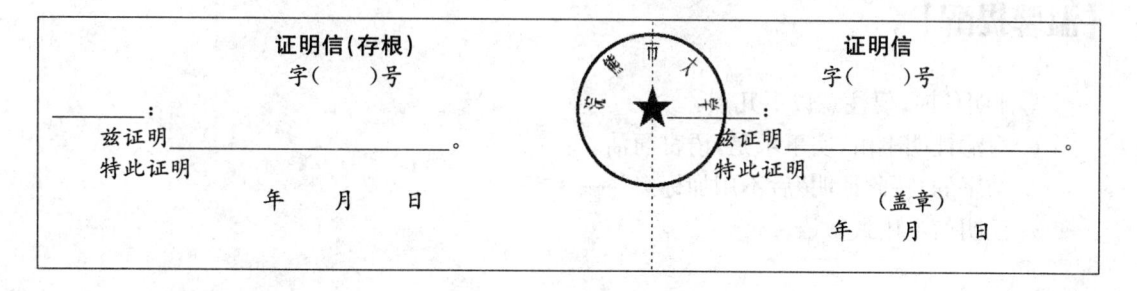

```
┌──────────────────────────┬──────────────────────────┐
│    证明信（存根）         │         证明信            │
│       字（  ）号          │        字（  ）号         │
│  _____：                 │   _____：                │
│   兹证明_____。      │    兹证明_____。     │
│   特此证明                │    特此证明               │
│                           │              (盖章)       │
│       年    月    日      │         年    月    日    │
└──────────────────────────┴──────────────────────────┘
```

四、证明信的结构与写法

（一）普通证明信的结构与写法

1. 标题

直接写"证明"、"证明信"或"关于×××的证明"，字号一般要比正文略大。

2. 称谓

顶格写明受文方的姓名、称呼（单位则写其名称），无固定受文者则可以省略。

3. 正文

具体写明以下事项：证明被证明人的相关情况，或者就来函提出的问题或要求给予证明；结尾写上特此证明。

4. 落款

在普通证明信的右下方签上发信单位名称（加盖公章），同时写明日期。

（二）专用证明信的结构与写法

专用证明信（印刷证明信）是按固定格式印刷成文，其基本结构和写法与普通证明信相同。注意事项则与专用介绍信类似，只是不需要注明有效期。

【例文评析】

证明信

伟业公司：

　　兹证明你公司郭媚曾在我厂做过电工。

　　此致

敬礼！

宏图锅炉厂
二〇一一年九月二十一日

【评析】

　　这篇证明信存在以下问题：
　　1. 仅证明曾做过电工意义不大，最好说明技术水平等情况。
　　2. 结尾缺少"特此证明"的表述。
　　3. 证明信不应用"此致"、"敬礼"等致敬语。

【温馨提醒】

写证明信时，要注意以下几点：
　　1. 写清证明事由，实事求是，语言简洁。
　　2. 结尾的"特此证明"后不用加标点。
　　3. 证明信不用致敬语。

【拓展阅读】

"此致"、"为荷"当何解

　　人们写信或写介绍信时，常在末尾写上"此致"、"敬礼"，或加上"请予接洽为荷"，那么"此致"、"为荷"是什么意思呢？

　　此，不是指后面的"敬礼"，而是指前面信中所写的内容。致，尽也，无保留地给予或呈献之意。"此致"的作用是概括全文，结束全篇。

　　"为荷"中"荷"字有两种用法：一是名词，如荷花；二是动词，当动词又有两种不同解释。其一是"扛"、"担"的意思，如"荷锄"、"荷枪"；其二是表示情感，如"感荷"、"致荷"。"为荷"的意思便是"为此感谢你"。

（郑裕棋：《"此致"、"为荷"当何解》，《语文世界》1998年第4期，第27页）

写作心语：

　　我们写介绍信或证明信时，一些惯用词语经常被使用，可其真正的意思却常常不甚明了，值得用心探究，正所谓处处留心皆学问。

【文体训练】

一、填空题
1. 介绍信具有_____和_____双重作用。
2. 按是否采用固定格式印刷成文,介绍信可分为_____和_____两种类型。
3. 证明信用于证明有关人员的身份、经历或有关事项的_____。
4. 证明信的结尾要写上_____。

二、思考题
1. 介绍信主要分为几种?其结构和写法分别有哪些特点?
2. 证明信的标题可以有几种表示方法?
3. 带存根的专用介绍信在结构和写法上有哪些注意事项?

三、文体实训题

东都市公安局交巡警支队王暮警长即将前往某事务所了解其员工李南的有关情况,请以东都市公安局的名义向某事务所写一封普通介绍信。

要求:称谓、正文、落款都要符合普通介绍信的结构和写法。

第三节　申请书　倡议书

申请书

【范文示例】

××公司员工转正申请书

尊敬的领导:

我于2011年7月9日成为公司的试用员工,到今天6个月试用期已满,根据公司的规章制度,现申请转为公司正式员工。

作为一名应届毕业生,初来公司,曾经很担心,不知该怎么与人共处,该如何做好工作;但是公司宽松融洽的工作氛围、团结向上的企业文化,让我很快完成了从学生到职员的转变。

在轮岗实习期间,我先后在工程部、成本部、企发部和办公室等各个部门学习工作了一段时间。这些部门的业务是我以前从未接触过的,和我的专业知识相差也较大;但是各部门领导和同事的耐心指导,使我在较短的时间内适应了公司的工作环境,也熟悉了公司的整个操作流程。

在本部门的工作中,我一直严格要求自己,认真及时做好领导布置的每一项任务,同时主动为领导分忧……在此,我要特别感谢部门领导和同事对我的入职指引和帮助,感谢他们对我工作中出现的失误的提醒和指正。

经过这6个月的学习,我现在已经能够独立处理公司的账务,整理部门内部各种资料,进行各项税务申报，协助进行资金分析，从整体上把握公司的财务运作流程。当然我还有很多不足，处理问题的经验方面有待提高，团队协作能力也需要进一步增强，需要不断学习以提高自己业务能力。

　　这是我的第一份工作，这半年来我学到了很多，感悟了很多；看到公司的迅速发展，我深深地感到骄傲和自豪，也更加迫切地希望能够以一名正式员工的身份在这里工作，实现自己的奋斗目标，体现自己的人生价值，和公司一起成长。在此我提出转正申请，恳请领导给我继续锻炼、实现理想的机会。我会用谦虚的态度和饱满的热情做好我的本职工作，为公司创造价值，同公司一起展望美好的未来！

　　此致
敬礼！

申请人：×××
二〇一二年一月八日
（来源：范文网，www.0839bx.cn，经删改）

【知识储备】

一、什么是申请书

　　申请书是个人或组织向机关、团体、企事业单位表达愿望、提出请求，并希望得到批准答复的常用文书。它是个人和单位、下级和上级、群众和领导之间沟通交流的有效手段。

二、申请书的特点

　　申请书因一事而写，内容单纯，主旨明确。同时，申请书作为说明理由、提出请求的专用书信，语言风格谦虚低调、恳切平和。

三、申请书的类型

　　1. 按作者分类，申请书分为个人申请书和单位申请书。
　　2. 按用途分类，申请书分为申请加入组织团体的申请书、请求划拨设备经费的申请书和生产经营申请书。

四、申请书的结构与写法

　　（一）标题
　　直接写"申请书"，或在"申请书"前加上内容，例如"入党申请书"、"科研经费申请书"，字号一般要比正文略大。
　　（二）称谓
　　顶格写明受文方的姓名、称呼（单位则写其名称），例如"尊敬的申景冰局长"。
　　（三）正文
　　1. 首先，清楚简洁地写明申请事项。
　　2. 其次，客观充分地说明申请的原因和理由。

3. 再次,提出希望或建议,例如"特此申请,望批准"、"恳请领导帮助解决"。
4. 最后,结尾写上致敬语。

(四)落款

在申请书的右下方签上申请人姓名或申请单位名称(加盖公章),同时写明日期。

【例文评析】

申请书

尊敬的申校长:

  袁部长在教育部2010年度工作会议上指出:"在健全国家助学制度方面,要扩大资助覆盖面、提高资助标准。"在这一精神的指引下,我市教育局通知2011年各职业学院在财力许可时应向学生发放临时生活补助,而我校属于示范性职业学院,获悉该消息后,同学们情绪高涨,喜笑颜开,纷纷表示坚决拥护。

  自建校以来,广大同学努力学习、认真生活,一批又一批的毕业生为社会做出了不可磨灭的贡献,受到了社会的广泛认可。2010年,香蕉台教育频道还报道了我校毕业生金世豪,认为他具有良好的职业操守,积极发展农家乐餐饮,为我市的乡村旅游业做出了贡献。因此,发放临时生活补助具有合理性。

  此致

敬礼!

天骄职业学院学生会
二〇一一年五月四日

【评析】

这篇申请书存在以下问题:

1. 未能清楚简洁地在开头说明申请事项。
2. 未能客观充分地说明申请的原因和理由。
3. 结尾缺少"特此申请,望批准"、"恳请领导帮助解决"等话语。

【温馨提醒】

写申请书时,要注意以下几点:

1. 申请事项要具体清晰、合理可行。
2. 申请理由要真实客观、充分有力,如涉及数据要保证其准确性。
3. 行文语言要简洁,态度要诚恳。

倡议书

【范文示例】

海州市政府关于低碳生活的倡议书

亲爱的市民们:

  新的世纪,我们渴望清新的空气,向往绿色的家园,期待环保、健康、卫生的生活、工作环境……但是我们生活的地球，正在日益遭受人类所排放的二氧化碳的折磨,全球暖化、冰川消融、海平面上升、臭氧空洞等问题，都成为我们每一位海州市民内心深处的忧虑。

作为地球的成员，倡导低碳生活，创造生态家园，是我们每一位海州市民义不容辞的责任。低碳生活其实离我们并不遥远，环保其实可以从点滴做起！我们应积极提倡和实践低碳生活，把好的经验推广给身边的人，将低碳生活的绿色概念传递给每一个家庭、每一个社区，营造节能减碳的良好氛围。为此，我们向广大市民提出如下倡议：

1. 节约每一张纸、每一度电、每一滴汽油。
2. 少用一次性用品，多使用耐用品。
3. 购买无氟产品，淘汰有氟产品。
4. 节约用水，一水多用，使用无磷洗涤剂。
5. 养成垃圾分类投放的习惯，树立资源循环再生意识。
6. 推行绿色装修，使用节能家电。
7. 提倡绿色出行，多乘坐公共交通工具。

亲爱的市民们，为了让海州市的环境越来越美、空气越来越清新，让我们立即行动起来，把低碳生活变成每一个人的自觉行动！

海州市政府
二〇一一年十二月二十一日

【知识储备】

一、什么是倡议书

倡议书是个人或组织基于推进某项工作、开展某项活动等需要，向社会或有关方面公开提出某种做法、要求，并希望能得到附和与响应的常用文书。

通过倡议书，可以比较便利地调动社会或有关方面的积极性，将某项工作或活动付诸实施。

二、倡议书的类型

根据发信人的不同，倡议书分为个人发布的倡议书和组织发布的倡议书；根据对象的不同，倡议书分为面向全社会的倡议书和面向有关方面的倡议书。

三、倡议书的结构与写法

（一）标题

倡议书标题字号一般要比正文略大，写法通常有三种，分别是：

1. 只写"倡议书"三字。
2. 采用"倡议内容＋文种"或"倡议者＋倡议内容＋文种"的形式。例如《爱护花草倡议书》、《北都农业职业学院关于文明就餐的倡议书》。
3. 采用正副双标题的形式。例如《创新创业，公平竞争——360倡议书》

（二）称谓

顶格写明受文方的称呼，例如"亲爱的同学们"。向全社会倡议则可不写称谓。

(三)正文

正文是倡议书的核心内容,主要包括倡议事由和倡议事项。具体如下:

1. 概况简洁地写明倡议事由,包括倡议事项的形势、背景、原因、依据、目的等。

2. 通过"特提出如下倡议"等表述过渡到倡议事项部分。可分条将倡议事项逐一列出说明,表述要具体明白。

3. 最后表达倡议者的希望或决心,唤起受文方的热情与积极性。例如采用"让我们一起努力吧"等希望、号召类话语。一般不写致敬语。

(四)落款

在倡议书的右下方签上倡议人姓名或倡议单位名称(加盖公章),同时写明日期。

【例文评析】

纪念 2011 年"5·22 国际生物多样性日"倡议书

尊敬的社会各界朋友:

2011年5月22日是第十八个"国际生物多样性日"纪念日。2011年"5·22国际生物多样性日"主题是:森林生物多样!生物多样性是指地球上所有生物、它们所包含的基因以及由这些生物与环境相互作用所构成的生态系统的多样化程度,包括遗传多样性、物种多样性和生态系统多样性。生物多样性提供了地球生命的基础,是人类一切社会活动的物质基础,没有生物,特别是植物,我们就无法生存。但是,随着人类生产力的发展和科学技术的进步,生物资源却遭到了过度的开发和利用。目前,生物多样性正遭受全球范围内的破坏,生物物种正以前所未有的速度减少,环境污染、气候变暖、大气臭氧层变化等生态灾难离我们并不遥远。据预测,到2050年,地球上的物种将有四分之一陷入灭绝的境地。生物链一旦断裂,将直接威胁到人类自身的生存与发展。警钟已经响起,保护生物多样性的工作刻不容缓。为此,在又一个"5·22国际生物多样性日"到来之际,我们向全社会发起如下倡议:

1. 行动起来,传播理念,从我做起。(略)
2. 走进自然,保护自然,深入宣传。(略)
3. 注重实践,争当义工,带动周边。(略)

各位朋友,保护生物多样性,实现和谐发展,既是一项惠及子孙万代的宏伟大业,也是一项需要全社会积极参与、复杂而又庞大的系统工程,需要您的大力支持和积极参与。生物多样性就是我们的生命,让我们携起手来,爱护自然,保护物种,保护森林,保护湿地,保护生物多样性,保障生态环境安全!

中山市环保局
二〇一一年五月二十二日

(来源:中山市环保局公众网,http://www.zsepb.gov.cn)

【评析】

这篇倡议书首先概括了倡议事项的背景、原因、当前形势、依据和目的。接着以"我们向全社会发起如下倡议"过渡到倡议事项部分。在倡议事项部分,分条列出了所倡议事项,并逐一做了具体简洁的说明。最后,倡议书以"让我们携起手来,爱护自然,保护物种,保护森林,保护湿地,保护生物多样性,保障生态环境安全"为号召,表达决心和希望。从全文来看,其结构完整规范,语言简洁清晰,倡议事项具体可行,具有较强的号召力和鼓动性。

【温馨提醒】

写倡议书时,要注意以下几点:
1. 倡议事项要有针对性和可行性。
2. 行文语言要有号召力和鼓动性。
3. 完成后可通过张贴、广播、登报等多种方式扩大影响,加强倡议效果。

【拓展阅读】

用"倡议书"比用"通知"好

最近,本人出差回来刚上班看到一则"通知",现抄录如下:

通知

兹有机关刘××因租住房屋漏水造成电起火,烧坏家具、电器等价值近 2 万元,由于小刘新婚不久,家在农村负担较重,在此危难之际,机关党支部经研究决定通知大家捐款,奉献一片爱心,捐款数字不限,捐款时间为 2000 年 11 月 1 日至 8 日,捐款地点为机关党支部办公室。此通知阅后请相互转告。

机关党支部
2000 年 11 月 1 日

看完通知,作为小刘的同事,本人为小刘遭受不幸感到难过,当即捐款。但也有人有不同意见,他们认为组织上只能倡导这种精神但不能下行政命令强迫大家捐款,因为捐款是个人的事情。笔者听后,觉得很有道理,于是作文以分析。

所谓"通知",顾名思义就是把一些事项告诉有关单位和人员知道。这是一种在实际生活和工作中应用极为广泛的公文,如上级机关对下级机关,机关、团体对个人,机关内部布置工作、传达事项、召开会议,都往往采用通知的形式。上面这则通知,本人认为既有"传达事项、交流信息之内容,又有布置工作之含义",且着重点在后者,有必须贯彻执行之意。事实上,捐款这种行为不能用行政命令,只能加以引导,倡导一种献爱心的精神,如果用"通知"这种形式去要求大家捐款,有可能影响预期效果。那么,采用什么写作形式呢?本人认为采用"倡议书"这种形式可能体现这种群众参与性活动,其效果也会更好。因为"倡议书"写作手法比较灵活,具有很大的群众性,对象更加广泛,它可以在更大范围内调动群众的积极性,使大家目标一致,齐心协力,共同奋斗。它是把一项重要的有创造性的建议或党组织和有关团体、领导的号召变为群众行动的重要途径。根据这个要求,本人就此事拟了一个"倡议书",以供参考:

倡议书

全体机关党员、干部及同志们:

俗话说:"天有不测风云,人有旦夕祸福。"我们机关的刘××租住的房子因年久失修屋顶漏水,昨天一阵暴雨过后,屋内电线短路造成起火,当时刘××与其妻均在上班,未能及时发觉,待中午下班回家时才发现家中失火,彩电、冰箱等家电只留下散发高温的空壳,新置办的结婚家具已化为木炭一堆,夫妻二人抱头痛哭,周围邻居无不落泪。

组织上得知此事后,一方面安慰小刘夫妇;一方面想方设法联系住房,解决救济款,同时与保险公司积极联系,力争赔款尽快到位。但是,无情的大火造成了大约2万元的财产损失,除上述措施可弥补部分损失外,尚有大部分损失仍然压在小刘夫妇的肩上,面临家园被毁,小刘夫妇陷入生活的困境之中……

刘××从前年大专毕业分至我们单位,在工作中兢兢业业,系工作骨干,为人诚实,深受领导和群众的好评。由于参加工作时间短,新婚不久,夫妻双方均来自农村,负担较重。俗话说"水火无情人有情","一方有难八方支援"。因此,组织上倡议大家伸出援助的双手,奉献一片爱心,资助小刘夫妇重建家园,体现我们社会主义大家庭的温暖,组织上也相信小刘夫妇会以饱满的热情投入到工作中去,以实际行动来回报组织和同志们的关心。

全体机关党员、干部及同志们,让我们行动起来吧!

机关党支部
2000年11月1日

附:捐款时间:2000年11月1~8日
　　捐款地点:机关党支部办公室

(周军:《用"倡议书"比用"通知"好》,《应用写作》2001年第1期,第56页)

写作心语:

善于使用倡议书,并产生一定的长远效果,才能更好地帮助需要帮助的人。

【文体训练】

一、填空题

1. 申请书是希望能得到_____的专用书信。
2. 倡议书是希望能得到_____的专用书信。
3. 申请书因_____事而写,内容单纯,主旨明确。
4. 倡议书作为一种号召手段,其自身_____约束力。

二、思考题

1. 倡议书的标题有哪几种写法?
2. 可以通过何种方式来扩大倡议书的影响,加强倡议效果?
3. 写申请书时,有哪些注意事项?

三、文体实训题

近来,全国正在进行平安校园建设,我市也不例外。作为大学生,更应该珍惜自己的生命,注意自己的人身安全。假如你是甄俊,担任着校学生会主席一职,请你就安全问题写一封安全倡议书,向全校学生发出倡议。内容包括:(1)不带管制刀具到学校;(2)不私自下河洗澡、游泳;(3)外出乘车时注意安全;(4)遇紧急情况,立即报警或向学校反映。

实训要求:①层次清晰,语言具有号召力和鼓动性,结构包括标题、称谓、正文、落款,字数不少于300字,相关内容可以合理虚构;②以班级为单位模拟学生会开展一次平安校园建设动员会,并在会上发出安全倡议。

第四节 感谢信 慰问信

感谢信

【范文示例】

感谢信

××部队全体指战员：

我县上月遇到了特大洪涝灾害，许多地区被淹，人民生命、国家财产受到了严重的威胁。在这危难之际，你部全体干部、战士连夜赶赴我县，投入到紧张的抗洪抢险之中。十几个日日夜夜，你们发扬"不怕牺牲，排除万难"的献身精神，始终冒雨战斗在抗洪抢险的第一线，谱写了许多可歌可泣的动人事迹。你们的奋力救援，有力地保住了我县人民的生命和财产安全，使我县上万亩良田和几百座房屋免于被洪水冲毁，使我县最后战胜了洪涝灾害，赢得了抗洪斗争的胜利。

你们这种急他人所急、助人为乐、无私奉献的精神值得赞扬和学习。为此，特向你们表示衷心的感谢！我们决心向你们学习，在党的领导下，积极恢复生产，重建家园，以实际行动报答你们的关怀和帮助。

此致

敬礼！

××县人民政府
二〇一一年九月二十日

【知识储备】

一、感谢信的含义

感谢信是机关、团体、企事业单位或个人对关心、帮助、支持过自身的单位或个人表示感谢的专用书信。

感谢信一方面可以正式表达自身的感激之情；另一方面，还具有表扬先进、弘扬美德的作用，能给人以号召和鼓舞。

二、感谢信的特点

1. 内容真实。感谢对象要真实，感谢的内容，包括时间、地点、经过和结果等都要真实。
2. 语言热忱。感谢信的语言要饱含热情，真挚诚恳。
3. 感召大众。感谢信大多会寄送对方单位或通过广播、电视、报刊、网络等媒体广为传播，从而对大众形成一定的感召力和号召力。

三、感谢信的类型

1. 根据送达方式的不同，可分为公开发布的感谢信和寄往单位和个人的感谢信。

2. 根据感谢对象的不同,可分为写给集体的感谢信和写给个人的感谢信。

四、感谢信的结构与写法

（一）标题

感谢信标题的字号一般要比正文略大,写法通常有两种,分别是：

1. 只写"感谢信"三字。
2. 采用"受信方＋文种"或"发信方＋受信方＋文种"的格式,例如"致××大学的感谢信"、"西宏市政府致创世昊天科技股份有限公司的感谢信"。

（二）称谓

顶格写明感谢对象的姓名、称呼(单位则写其名称)。

（三）正文

具体写明以下事项：

1. 简要回顾对方的事迹,说明何时何地因何事获得对方的关心、支持或帮助。
2. 说明对方的关心、支持或帮助有何意义和作用。
3. 表达自己的感谢之情,表示要向对方学习。
4. 结尾写上致敬语。

（四）落款

在感谢信的右下方签上感谢人姓名或感谢单位名称(可加盖公章以示郑重),同时写明日期。

【例文评析】

感谢信

天香盛放文化创意公司总裁王天香：

　　衷心地感谢您！

　　2011年9月21日,我公司承办"犀利市第一届文化节"时突然发现未准备发给嘉宾的纪念品。正在焦急万分之时,贵公司员工听说了此事并立刻放弃休假,集体加班赶制,终于赶在文化节闭幕前将纪念品送达我公司。

　　此致 敬礼！

创世会展股份有限公司
二〇一一年九月二十二日

【评析】

这篇感谢信存在以下问题：

1. 开头应简要回顾对方的事迹,不应直接感谢。
2. 没有说明对方所提供帮助的意义和作用。
3. 感谢对象不应仅为总裁,还应包括员工。
4. 结尾没有表达感谢之情。
5. 敬语格式不当,"敬礼"应换行顶格写。

【温馨提醒】

写感谢信时要注意以下几点：
1. 叙述感谢的事迹要简洁精练、实事求是。
2. 对被感谢人的评价要恰如其分，不能刻意拔高。
3. 行文要真挚热情，简洁得体。

慰问信

【范文示例】

慰问信

全体环卫职工：

金虎踏春去，玉兔送福来。在2011年春节来临之际，西门市环境保护局对你们一年来的辛勤工作表示最衷心的感谢！并向你们及家属致以最亲切的问候！

在市政府高度重视和全市人民的配合支持下，我市环卫事业蓬勃发展，环境卫生质量和服务水平明显提高，环卫基础设施日益完善，环境卫生管理日益规范，市民环境卫生意识普遍增强，城市面貌和市民生活环境明显改善，为我市创建国家级卫生城市和国家级园林城市营造了良好环境。这些成绩的取得，是我市人民关爱家园、崇尚卫生的写照，更是广大环卫工作者辛勤劳动、无私奉献的结晶。长期以来，广大环卫职工认真履行"城市美容师"的职责，起早贪黑，披星戴月，战酷暑，冒严寒，发扬"宁愿一人苦，换来万人乐"的无私奉献精神，充分展现了我市环卫工人的精神风貌！你们的辛勤劳动赢得了市民的赞誉和尊敬！

当前，正值我市加快实现跨越式发展的关键时期，环卫工作目标将更高，你们的任务将更重。希望你们继续发扬优良传统和作风，进一步解放思想，锐意创新，扎实工作，为创建国家级卫生城市、国家级园林城市做出更大贡献！

衷心祝愿你们身体健康，工作顺利，阖家欢乐，兔年吉祥！

西门市环境保护局
二〇一一年二月一日

【知识储备】

一、慰问信的含义

慰问信是机关、团体、企事业单位或个人在节假日以及在他人做出重大贡献或遇到灾害困境时表示问候、关心、安慰、鼓励的专用书信。

二、慰问信的特点

1. 行文针对性。针对慰问对象的不同，慰问信的行文具有不同的特点。
2. 语言感情性。为了表达问候、关心、安慰和鼓励，慰问信在语言上具有浓重的感情色彩。
3. 传播广泛性。慰问信大多通过寄送、张贴、广播、电视、报纸、杂志、网络等方式广泛宣传,以强化慰问效果。

三、慰问信的类型

慰问信依据慰问事项的不同,一般分为三种:

1. 节日慰问信。在节日期间向社会或某一群体表示问候和祝愿的慰问信。
2. 表彰慰问信。向做出巨大贡献的集体或个人表示赞扬和鼓励的慰问信。
3. 灾困慰问信。向遭遇灾害、不幸或陷入困境的集体或个人表示同情、安慰和鼓励的慰问信。

四、慰问信的结构与写法

(一)标题

慰问信标题字号一般要比正文略大些,写法通常有两种:

1. 只写"慰问信"三字。
2. 采用"受信方+文种"或"发信方+受信方+文种"的格式,例如《致全体教师的慰问信》、《西宏市政府致创世昊天科技股份有限公司的慰问信》。

(二)称谓

顶格写明慰问对象的姓名、称呼(单位则写其名称)。

(三)正文

1. 简要说明形势、背景及慰问的原因。
2. 或对慰问对象的成绩进行肯定和评价,或对慰问对象的困难表示理解和同情,或对慰问对象致以节日的祝愿。
3. 提出希望和表示勉励,例如"祝您早日恢复健康、重返工作岗位"、"希望你再接再厉、取得更大的成绩"。

具体针对慰问信的三种类型,其正文部分的通常写法分别如表5-3所示:

表 5-3　　　　　　　　　　　　慰问信的结构与写法

类型	表彰慰问信	灾困慰问信	节日慰问信
总体	简述对方取得的成绩及意义,表示赞扬,鼓励其继续努力	简述对方的不幸或困境,表示同情和安慰,勉励其鼓足勇气,战胜困难	强调节日的意义,赞扬取得的成绩和做出的贡献,并提出对今后的希望
首先	开头常用"欣闻(喜闻)……非常高兴,特表示祝贺并致以亲切的慰问"等概述语句	开头常用"惊悉(获悉)……深表同情,并致以深切地慰问"等概述语句	概述节日的意义,对有关人员表示亲切的问候
其次	写成绩如何取得,有何意义,并表示赞扬	写对方的境遇,鼓励其克服困难,勇往直前	简述其取得的成绩和做出的贡献,说明其肩负的责任,指出今后的任务
最后	鼓励再接再厉,争创更大的成绩	表明自身的态度和行动,表示良好祝愿和真诚的期望	提出希望及表示良好祝愿

4. 结尾写上致敬语。

(四)落款

在慰问信的右下方签上慰问人姓名或慰问单位名称(可加盖公章以示郑重),如为多个慰问方则要一一写上,同时写明日期。

【例文评析】

慰问信

青藏铁路养护公司全体员工:

  时值中秋、国庆佳节来临之际,集团公司党政工团向你们致以亲切的问候!真诚地向大家道一声:同志们辛苦了!

  秋高气更爽,双节月更明。2009年,是祖国华诞60周年,也是我们兵改工25周年的特殊年份。此时此刻,集团公司领导及全体干部职工更加想念战斗在青藏高原的全体养护员工……集团公司领导和机关感谢你们!

  国运昌隆欣欣向荣,企业发展蒸蒸日上。目前,全集团正以豪迈的步伐向着新的目标挺进。今年以来,全集团在科学发展观的引领下,一路高歌……中铁十二局集团永远铭记着你们的丰功伟绩!

  回首往昔,峥嵘岁月,我们欢欣鼓舞;展望未来,前程似锦,我们豪情满怀……青藏铁路无小事,你们肩上的责任十分重大。希望你们一如既往地搞好高原铁路养护工作,不断探索铁路养护管理新机制……为企业的全面发展做出自己应有的贡献,使我们的工作更上一层楼!

  让我们托付明月,将我们对祖国的爱,对企业的爱,对亲人的爱,播撒在青藏高原!祝同志们节日愉快,工作顺利,身体健康!

中共中铁十二局集团有限公司委员会
中铁十二局集团有限公司
中铁十二局集团有限公司工会委员会
共青团中铁十二局集团有限公司委员会
二〇〇九年九月二十三日

(来源:中铁十二局集团有限公司门户网站,http://www.cr12g.com.cn/)

【评析】

  这是一份节日慰问信,首先表达了对青藏铁路养护公司全体员工的节日慰问;接着说明慰问的原因是青藏铁路养护公司全体员工艰苦奋斗,为国家、集团做出了巨大贡献;然后向他们说明其肩负的重大责任,并就今后的工作提出了新的要求;最后提出希望和表达祝愿。全文条理清晰,层次分明,情真意切,融合了问候、鼓励和希望,具有较强的感染力。

【温馨提醒】

  写慰问信时要注意以下几点:

  1. 根据写作目的确定称谓写法。例如表彰慰问信的写作目的是对慰问对象的成绩进行肯定和评价,称谓前应加修饰语;灾困慰问信的写作目的是对慰问对象所受灾害不幸等困境表示理解和同情,称谓前不宜加修饰语。

  2. 根据慰问事项确定具体行文。如对死难者"致以最深挚的哀悼",对死难者家属"致以亲切的问候";对做出重大贡献的集体或个人用"致以亲切的慰问和崇高的敬意"。

3. 语言要富于感情色彩,真挚诚恳,亲切感人。

【拓展阅读】

该用贺信还是表彰慰问信?

贺信的写作原由较为单一,一般是写作受体取得了重要的成绩(写作受体本身并未受到损失、伤害、打击等),贺信作者认为有必要据此撰写贺信向其表示祝贺。慰问信的写作原由则相对复杂些。大体说来有如下几点:一是写作受体承担艰巨任务、做出了巨大贡献甚至牺牲,取得了突出成绩(如在抗洪抢险斗争中,军人付出了巨大的努力甚至牺牲,取得了突出成绩);二是写作受体由于某种原因而遭遇暂时困难或受到严重损失(往往是自然界的天灾所致,比如地震、海啸、飓风等);三是写作受体处在和自己密切相关的重要节日(如教师节、劳动节等)。例如,2008年8月9日,陈燮霞为中国军团夺得首金这一重要成绩,此情此景,值得祝贺,也值得慰问。那么,究竟是发贺信还是慰问信呢?根据上述分析,作为写作原由的成绩非常显著且无过于沉重的代价(如受到很大的伤害乃至牺牲等)作为前提,可喜可贺。故选贺信较为妥当。

(木易:《例谈贺信与慰问信写作之异》,《应用写作》2008年第11期,第37~38页)

写作心语:

贺信和表彰慰问信表面相似,其实在使用上各有各的定位,我们在使用并撰写时,切不可随意混淆。

【文体训练】

一、填空题

1. 感谢信是对关心、帮助、支持过自身的单位或个人表示_____的专用书信。

2. 依据慰问事项的不同,慰问信一般分为三种:_____、_____、_____。

3. 灾困慰问信的称谓前_____修饰语。

4. "祝您早日康复、重返工作岗位"的致敬语,一般用于_____。

二、思考题

1. 感谢信的标题通常有哪两种写法?

2. 写感谢信时,有哪些注意事项?

3. 不同类型的慰问信在行文上有哪些不同?

三、文体实训题

近一个月来,春都市暴雨成灾,大部分地区被淹,交通受阻,当地市民的生命和财产受到严重威胁并遭受巨大损失。创世生物科技股份有限公司因距离较远,不能前去抗涝救灾,决定捐赠钱款衣物并寄送春都市政府,同时还要寄去一封慰问信。请你以公司总裁西门华的名义撰写这封慰问信。

要求:格式完备,富于感情,符合灾困慰问信的行文要求,字数不少于300字。

第五节　求职信　个人简历

求职信

【范文示例】

求职信

尊敬的创世昊天科技股份有限公司李刚总裁：

　　您好！

　　我从 2011 年 9 月 1 日的《西州日报》上见到贵公司的招聘启事，得知贵公司因业务发展需要招聘一名秘书，特来应聘。

　　秘书在公司里起到文案、协调及向领导提供事务咨询的作用，是辅助领导管理公司事务的重要助手。忠于职守、忠于事业是对秘书的职业要求，也是我终身不渝的信念。我今年毕业于东光职业学院管理系文秘及办公自动化专业，得到过专业系统的秘书教育，并且热爱秘书工作。同时，在大学期间，我十分重视理论联系实际，课余时间积极在各种机构、团体、企事业单位进行文秘实习。尤其是大四时，我在西州市开发有限责任公司进行了连续一年的秘书实习，得到了比较系统的实际业务训练。因此，我对胜任贵公司的秘书岗位充满信心！

　　通过了解，我知道贵公司的志存高远、前景广阔，如能在贵公司工作，我将感到十分幸运，并且我将竭尽所能，认真负责，为贵公司的发展贡献出自己的一份力量！

　　我的简历及学历证书、实习鉴定、秘书资格证、计算机等级证、获奖证书等材料的复印件随信奉上，请查验。如蒙慨允给我一个面试的机会，我将十分感谢。

　　静候您的答复。祝您身体健康、事业蒸蒸日上！

　　此致

敬礼！

求职人：范天丽
二〇一一年九月二日

　　附：我的联系方式

　　　　联系电话：188××××1898

　　　　联系地址：西州市××区××路 21 号东光职业学院管理系文秘 1 班

　　　　邮政编码：略

【知识储备】

一、求职信的含义

　　求职信是求职者向用人单位或其领导介绍自己的实际才能，表达自己的求职愿望，促使对方录用自己的常用文书。

　　无论是应届毕业生、待业人员还是想更换工作的在职人员，求职信都是其求职的有效工具。它能使求职者比较充分地展示自己的才能，也能使用人单位比较便捷地了解求职者的基本情况，从而促使双方相互了解、增进信任，以达到人才资源的合理流动。

二、求职信的特点

（一）具体针对性

为了获得适合自身能力特长的理想工作，求职者首先必须针对自己的实际情况，如专业、兴趣、经历等来阐明求职的依据；其次，为了实现自身的求职意愿，必须针对用人单位的实际需要和招聘要求来说明自身的条件；最后，为了打动读信人，必须针对读信人的心理，了解读信人的态度和倾向，有的放矢地进行自我介绍。

（二）自我推销性

由于求职者和读信人往往素昧平生、互不认识，为了引起读信人的兴趣和重视，以达到被录用的目的，求职者必须在求职信中进行自我推销。自我推销既要全面真实，又要扬长避短，恰如其分地突出自身的特长和优势。

（三）简洁条理性

为了便于读信人便捷高效地了求职者，求职信需要条理清晰、行文流畅并且简明扼要。

三、求职信的类型

1. 按求职者身份，可分为毕业生求职信和社会成员求职信。
2. 依据是否针对招聘要求，可分为不针对具体招聘要求的自荐求职信和针对具体招聘要求的应聘求职信。

四、求职信的结构与写法

（一）标题

直接写明"求职信"，字号一般要比正文略大。

（二）称谓

顶格写明读信人的姓名、称呼（单位则写其名称），例如"尊敬的申景冰总裁"。称谓后一般还要写上问候语"您好！"

（二）正文

1. 引言。引言的目的是引起读信人阅读兴趣及自然转入主体部分，需用简洁明确的语言开门见山地解释求职的缘由、表达自己求职的愿望。

2. 主体。主体部分首先要根据所求职单位的不同要求来进行自身情况介绍，一般包括个人的教育背景、工作经历、社会活动、兴趣爱好和特长技能等。其次，通过学业成果或工作成绩来表明自身条件符合所求职单位的要求。再次，提示说明附在求职信后面的相关附件。最后，再次重申你的求职意愿，简要表达你对未来工作的愿景。

3. 结尾。结尾写明期盼答复的迫切愿望以及致敬语。

（三）落款

在结尾的右下方签上求职者的姓名和日期。除此之外，通常还要在后面附上自己的联系方式。

另外，需要注意的是，求职信经常还要附上个人简历，以对个人具体情况做进一步详细说明。

【例文评析】

求 职 信

尊敬的领导：

　　您好！

　　衷心感谢您在百忙之中阅读这封求职信，祝贵公司蒸蒸日上！

　　我是天骄职业学院文秘系秘书专业2012级应届毕业生金世豪。自从进入天骄职业学院，我就下定决心，一定努力学习。我相信天道酬勤，所以在学校我勤奋刻苦，不懂就问。三年以来，我的思想、心理、知识结构都有了质的飞跃。年华似水，岁月不居，转眼间我即将毕业走出校园，走上社会，但我充满信心！

　　天骄职业学院的校训说道："敢想敢做，人皆天骄。"我一直将其作为终身信念而铭记在心，立志为学校争光、为社会奉献、为梦想而战！在学好本专业的基础上，我遍览群书，涉猎了各方面的知识，具有极高的文化素质。而且，我还积极参加各种课外活动，认识到团队合作的重要性。我相信，即使未来有再多的困难，我也能沉着应对，战胜它们！

　　给我一缕阳光，我就可以无限灿烂！希望贵公司给我一个发展平台，我将全力以赴，为自身梦想，也为贵公司贡献自己的力量！

　　此致

敬礼！

金世豪
二〇一一年九月二十一日

【评析】

　　这封求职信存在以下问题：

1. 称呼不合适，一般应写明具体职务，以强调针对性。
2. 引言部分没有解释求职原由及表达自己的求职愿望。
3. 主体部分空泛，未能突出自身优势。
4. 自我评价夸大其词，例如"我遍览群书，涉猎了各方面的知识，具有极高的文化素质"。
5. 结尾未表明期盼答复的意愿。
6. 文后未附上自己的联系方式。

【温馨提醒】

写求职信时，要注意以下几点：

1. 情况介绍要真实。关于自身和相关情况的介绍要真实可信，实事求是。
2. 自我评价要客观。写求职信时，要对自己有客观的评价，行文中既不能自高自大，也不能妄自菲薄，应当不卑不亢、适度谦虚。
3. 行文表述要得体。写求职信时，行文要措辞得当、条理通顺，同时要简洁清晰，尽量在有限的篇幅中突出自身优势。
4. 格式版面要美观。写求职信时，要重视格式版面，确保格式正确、排版整洁、标点符号无误。

【拓展阅读】

获取求职信息的六条有效渠道

大学生求职,最重要的是求职信息、招聘信息了,那么有哪些渠道可以获取丰富的求职资讯、职位消息呢？在当今,大学生普遍依赖网络来获取信息,下面我们总结了求职中获取求职消息的重要渠道和方法。

1. 报纸、杂志的求职广告:这是最丰富的资料来源,尤其是周末的报纸,会有大量的招聘资讯,毕业生可以通过电话了解用人单位的基本情况,表达自己求职的意向。

2. 高校毕业生就业办公室:这是为毕业生服务的常设机构,有专门负责人和工作人员。高校毕业生就业办公室会为毕业生提供专业未来趋势分析及用人单位的信息等。用人单位通常也会直接把各种招聘信息送到学校,要求学校推荐人才。

3. 亲朋好友的介绍:亲朋好友比较了解你的个性、兴趣等,这样介绍的工作符合你自己,期望机会也相对较高。

4. 有效利用网络:这是目前最热门的找工作方式。通过许多人力资源网站,你可以随时查询数万条有效信息。所有的工作类别和需求都可以在网络上搜寻,同时可以直接把履历表用电子邮件寄给对方。

5. 参加各种考试:考试是一种较"公平"的机会,参加各种招聘录用考试是一个很有用的求职渠道。而且经由考试获得的工作机会,也通常比较有保障。目前有许多国家公务员招聘考试,如党中央有关单位,国务院有关部委以及公检法、海关、边防等公务员公开招聘考试。同时有越来越多的民营企业也逐渐利用公开招考的方式来招募人才,可以多多留意。

6. 各地的人才交流会:在毕业生临近毕业时,各省市区人事局都会召开人才交流会,参加人才交流会的用人单位都很多,人才交流会时间上多数安排在元旦之前或春节之后,毕业生在参加此类招聘会应充分准备好自己的有关推荐材料。

(来源:厦门人才网,http://www.xmrc.com.cn)

写作心语:

对当代大学生求职而言,除了要撰写出优秀的求职信外,还需要积极利用有效渠道获取求职信息。就业并非难事,信息就是机会。

个人简历

【范文示例】

个人简历

本人概况

姓名:××　　性别:×　　民族:汉
出生年月:××年×月×日　　生源或户籍所在地:××省
政治面貌:团员　　学历(学位):硕士
毕业院校:××师范大学　　专业:中国现当代文学

联系电话:12345678　　　手机:××××××
联系地址:××　　　　　邮编:100007
E-mail:12345678@sohu.com

教育背景
1997.9～2000.7 中国现当代文学 硕士在读 ××师范大学中文系
1993.9～1997.7 汉语言文学专业 学士
其他培训情况:
英语通过国家CET六级考试,通过×××研究生英语学位统考,英汉互译表达流畅
擅长利用Internet进行各种网际信息交流,具有一定网站建设、规划经验
熟练运用操作html、Frontpage98等工具制作各类网页及特效图
熟练操作windows平台上的各类应用软件(如Word97、Excel97、Powerpoint Internet Explorer、Netscape Communicator等)

工作(实践)经历
1999.8～至今 《乡镇企业报》编辑
1998.9～1999.7 《中国电影报》外国电影版记者
1997.9～1998.9 中日青年交流中心对外汉语教师

个人简介(自我评价)
　　我相信,爱一行才能干好一行。我对文字编辑工作一直很感兴趣,中学时期便有多篇文章发表,并担任校刊的编辑工作。多年的专业理论学习和工作实践,使我掌握了较好的文字功底,敏锐的观察力,优秀的口头表达能力和关注追踪社会热点的能力。我做事条理性强,乐于与人合作,平时喜爱读书、音乐等。请给我一个机会,我将还您以夺目的光彩! 本人性格开朗、谦虚、自律、自信。

【知识储备】

一、什么是个人简历

个人简历是求职者提供给招聘单位发的一份简要自我介绍。一份良好的个人简历对于获得工作机会至关重要。

个人简历具有简要性、时间性、客观性等特征。

二、个人简历的种类

(一)按形式分
1.表格式。要用个人简历模板,将内容分别填入表格。
2.文章式。将内容按一定顺序写成一篇文章。

(二)按内容分
1.时间型简历。突出求职者的工作经历,一般采用倒叙法。
2.功能型简历。突出求职者的能力和特长,不注重工作经历,是毕业生求职时比较理想

的简历分类。

3. 专业型简历。突出求职者的专业、技术技能,适合于毕业生谋求技术水平和专业能力要求比较高的工作岗位。

4. 业绩型简历。突出求职者在以前工作中取得过的成就、业绩。

5. 创意型简历。这种简历突出的是与众不同的个性和标新立异,目的是表现求职者的创造力和想像力。

三、个人简历的结构与写法

包括标题、正文两部分。其一般格式栏目如表5－4所示,可根据实际情况做适当增减(表10－1)。

表5－4　　　　　　　　　　　　　　个 人 简 历

姓　名		出生年月			贴照片处
性　别		民　族			
学历学位		政治面貌			
毕业院校		毕业时间			
所学专业		联系电话			
通信地址		邮政编码		E-mail	
求职意向					
教育背景					
获奖情况					
英语水平					
计算机水平					
实践经历					
主干课程					
自我评价					
附言					

(一)标题

在第一行正中写"个人简历"四个字。

(二)正文

1. 本人概况

写作时要注意不丢项,应包括姓名、性别、出生年月、生源或户籍所在地、民族、政治面目、学历(学位)、专业、联系电话、联系地址、邮编、E-mail。

2. 教育背景

应包括毕业院校其他培训情况。教育背景注意先写最近,然后按时间顺序依次往前写,最多写到高中即可。

3. 工作(实践)经历

工作(实践)经历也可以倒叙。作为学生,工作经历没有,有限的实习就显得尤为可贵,应重点写。

4. 自我评价

自我评价要适当,客观真实,突出自己的过人之处,突出自己的与众不同。

【例文评析】

个人简历

个人基本信息

姓名:×××　　性别:女　　出生年月:××××年×月
民族:汉族　　籍贯:××　　身高:165cm
毕业院校:××××职业学院　　学历:大专　　专业:文秘
现居住地:××省××市　　联系电话:×××××××××
目标职位:文员、行政文员

教育背景

2008.09～2011.06　××××职业学院　专业:文秘

主修课程:秘书学、现代秘书心理学、应用文写作、实用行政管理学、档案学、市场营销学、现代办公设备的使用和维护、实用英语、公共关系学、礼仪等。

专业技能:持有国家英语 b 级证书、英语 a 级证书、全国计算机一级证书、普通话二级乙等证书。熟悉办公自动化设备的使用,具有一定的英语阅读及听说能力,一定的写作能力,并且对英语有一定程度的热爱,熟悉使用 office 软件。

个性特质:善于与人沟通协调,常获上司赏识;处理问题能做到思前顾后;做事从不拖泥带水,条理清晰;受到同事诸如极具可塑性人才的评价。忍耐力及意志力兼备;具备一定的策划能力,喜欢创新思想。

工作经历

2010.9～2011.1:××县公安局
担任职位:刑侦大队后勤　　负责文件资料的收集整理和存档、档案的分类、收发传真、各类信息的调用

2011.3～2011.6:××杰赛科技有限公司
担任职位:电子商务　　负责客户的联系和跟进,与客户签下订单并安排发货

个人寄语

热烈追求文秘方面的工作,深刻认识到秘书这一职业在外表光鲜亮丽的背后要拥有比常人更强大的抗压能力与忠诚度,属于实力与素质型职位。善于社交礼仪,懂得细心照顾他人。适应于快节奏的工作生活步伐。在了解了这个职位定语后必定会用自己的一腔热血去追寻,直到成功。

【评析】

上述个人简历有如下问题:

1. 内容不简洁,层次太多,缺乏整理。如可将主修课程、个人技能均归入教育背景一段内,将个人特质与个人寄语合二为一。

2.最好采用表格式形式。在与求职信配合使用时,个人简历最好采用表格式,它可以使他人迅速找到所需要的信息,若其对你有兴趣,可通过求职信对你作进一步了解。

【温馨提醒】

制作个人简历要注意以下方面:
1.内容要真实、完整和全面

真实是个人简历最重要、最基本的要求。其作用在于使一个陌生人在很短的时间内了解你的基本情况,以使对方对你有比较全面的印象,因此要完整、全面。

2.写作要重点突出

对于不同的企业,不同的职位,不同的要求,求职者应当事先进行必要的分析,有针对性地设计简历。

3.语言要准确、简练

制作简历时不要使用拗口的语句和生僻的字词,更不要有病句、错别字;句式以短句为好,以叙述、说明为主,文风要平实、沉稳、严肃。

4.版面要美观

一份好的履历,除了以上对内容方面的要求之外,版面设计也是一个非常重要的因素,是真正的"第一印象"。

5.自我评价要客观

简历中通常都会涉及对自己的评价,应当力求客观公正,包括行文中的语气,要做到诚恳、谦虚、自信、礼貌。

【文体训练】

一、填空题

1.求职信后一般要附上_____,以对个人的具体情况做进一步详细说明。

2.求职信是在_____的情况下自己向用人单位自荐谋求职位的书信。

二、文体实训题

天创华光投资集团是一家以房地产开发、旅游投资、商业运营等产业为主的多元化经营的股份制企业。集团注册资本3 000余万元,集团自2005年8月成立以来,立足于四大名山的旅游地产开发,秉承"比想得多的人做得好,比做得好的人想得多"的企业精神,弘扬"能力至上"的企业文化,各项业务稳步推进,发展前景广阔。因业务需要,天创华光投资集团今年需招聘一名总裁助理。请你以光明职业学院旅游管理专业应届毕业生张成的名义写一封求职信。

要求:格式完备、行文流畅、情辞恳切、不卑不亢、字数不少于300字。

三、讨论思考

张苗要参加一场大型招聘会,听朋友说,由于近几年的招聘会多数人员拥挤,要与招聘人员当面详细地介绍自己几乎是很不可能的一件事。通过情境描述,请思考:张苗怎样才能在招聘现场给招聘人员留下印象?在招聘现场除口头方式外张苗还可以用怎样的方式向招聘人员介绍自己?

第六章 礼仪文书写作

目标导向
- 掌握一些常用礼仪文书的写作要求
- 能够运用所学礼仪文书进行熟练操作

礼仪文书是为礼仪目的或在礼仪场合经常使用的文书,又称公关礼仪文书。主要包括开幕词、闭幕词、欢迎词、欢送词、答谢词、祝词(辞)、邀请书、请柬、贺信(电)等。公关礼仪文书应当准确、恰当地表达出礼仪上的要求,根据不同的时机和对象,力求把文书写得恰如其分、恰到好处。

第一节 开幕词 闭幕词

开幕词

【范文示例】

天骄职业技术学院大学生科技学术节开幕词

院长 陈天骄

(2011年10月19日)

各位来宾、老师们、同学们:

  下午好!

  经过几个月的紧张筹备,天骄职业技术学院第一届大学生科技学术节今天隆重开幕了!在此,我谨代表学院对第一届大学生科技学术节的顺利启动表示热烈祝贺!

  学院"十二五"发展纲要确立了"立足地方,以人为本,崇尚品位,办出特色"的办学理念,并提出"要营造一个有利于学生健康成长和全面发展的学院氛围",而第一届大学生科技学术节的举办正是延伸课堂教学的有益尝试。通过举办科技学术节,将有利于培养学生的科研兴趣;有利于营造良好的学习科研氛围;有利于学生钻研科技、发挥才能;有利于学生提高自己的综合素质和创新能力,从而对促进我院形成健康向上、充满生机和活力的校园科研氛围具有重要作用。

借此机会,我对本届科技学术节提出如下几点要求:

1. 各有关部门要积极支持,群策群力,确保大学生科技学术节的顺利开展。各系应结合人才培养目标和专业教学特点,确定相关指导教师,有针对性地对学生进行指导。要引导学生到实验室去,到实训基地去,到企业去,到社会去,通过各种实际操作、发明创新来提高活动的水平。不能走过场,搞形式主义。

2. 活动过程中要重视广泛性,积极扩大活动的参与面,使大多数学生都有机会参与到科技学术活动中来;要注意科学性与趣味性相结合、科学性与思想性相结合,使学生既能培养科研兴趣,又能提高品德修养。

3. 开展大学生科技学术节是一项很好的活动,今后要把这项活动常规化,成为学生工作的一部分,每年举办一次,要办出特色,办出水平,形成品牌,以此来充实学生的校园文化生活。

最后,预祝第一届大学生科技学术节圆满成功!

谢谢大家!

【知识储备】

一、开幕词的含义

开幕词是在会议、会展等活动开始时,由主持人或主要领导人宣告活动开始、交代活动任务、阐明活动宗旨、介绍活动相关事项并预祝活动成功的致词。

开幕词宣讲后各项活动内容陆续展开,对整个活动的顺利举办具有指导作用。

二、开幕词的特点

1. 简明性。作为活动的序曲或前奏,开幕词应简洁明了、短小精悍,最忌长篇累牍、言不及义。

2. 口语化。开幕词语言应通俗、明快、上口,避免使用艰深晦涩的词语和句式。

3. 鼓动性。开幕词应热情洋溢地表示祝愿和希望,多使用感叹句和祈使句,以使听众受到感染和鼓舞。

三、开幕词的类型

开幕词的类型见表6-1:

表6-1　　　　　　　　　　　　　　开幕词的类型

分类标准	类　型
按性质划分	会议开幕词:用于党政部门、企事业单位、社会团体等所召开的会议
	专业活动开幕词:用于商务洽谈、交易会、学术研讨会、会展、运动会等专业活动
	庆典开幕词:用于周年庆、校庆等庆典
按范围划分	国际性活动开幕词、国家级活动开幕词、区域性活动开幕词、基层活动开幕词等
按内容划分	宣讲式开幕词、表态式开幕词、鼓动式开幕词、祝贺式开幕词、礼仪式开幕词等

四、开幕词的结构与写法

开幕词的结构和写法如下:

(一)标题

写法通常有四种:

1. 只写"开幕词"三字。

2. 采用"事由+文种"的格式,例如"阳伞生物科技股份有限公司成立十周年庆典开幕词"。

3. 采用"致词方+事由+文种"的格式,例如"王阿笠博士在燕赵文化博览会上的开幕词"。

4. 采用正副题结合的格式,其中正标题概括活动宗旨,副标题注明活动名称及开幕词,例如"推动我国创意产业大发展——第二届创意产业国际研讨会开幕词"。

(二)署名

在标题下居中为讲话人署名,必要时应加上职务或职称,如已写入标题则不再署名。署名下方可加括号标注日期,也可不标注日期。

(三)称谓

顶格写明出席对象的姓名、称呼,或采用"女士们、先生们"、"各位来宾"、"各位代表"等泛称。

(四)正文

1. 前言。用简洁的语言说明活动名称并宣布开幕;对活动的主题、规模、特点、来宾等进行简要说明,并表示祝贺或欢迎。

2. 主体。概述活动的历史沿革和主要成果,说明本次活动的意义、内容、任务、目标、要求等,对活动提出具体期望或建议。

3. 结尾。表达祝愿、鼓励或希望,例如"预祝大会圆满成功"。

【例文评析】

广州亚组委主席刘鹏在第十六届亚洲运动会开幕式上的致辞

(2010年11月12日)

尊敬的温家宝总理、尊敬的亚奥理事会主席艾哈迈德亲王、尊敬的罗格主席和夫人,女士们、先生们,朋友们:

今天亚奥理事会大家庭欢聚中国广州,共同迎接第16届亚洲运动会的开幕,我谨代表第16届亚洲运动会组委会和中国奥委会向与会的各位朋友表示热烈欢迎,向为筹备本届运动会做出巨大努力的各界朋友表示衷心的感谢和崇高的敬意!

20年前,第11届亚运会在北京成功举办,两年前,北京奥运会抒写了辉煌、团结、友谊、进步的体育精神传遍了神州大地,感动了亚洲和世界。20年后,亚洲各国各地区的朋友们再次相聚中国,相聚在广州这座充满生机与活力的南国都市,演绎亚运会历史上规模最大的激情盛会,谱写和谐亚洲的美好乐章。

未来的16天,将是亚洲人民盛大的节日,亚洲各国各地区的健儿将在赛场上展示实力和风采,和各界朋友共同收获欢乐和友谊。朋友们,亚运圣火即将点燃,让我们预祝各位亚运健儿勇创佳绩,预祝广州第16届亚运会圆满成功!谢谢大家!

(来源:新华网,http://news.xinhuanet.com)

【评析】

这是一篇规范精炼的开幕词,主要有以下特点:

1. 这篇开幕词篇幅短小,简洁精要。在短短的几百字的篇幅里,简要回顾了我国曾成功举办亚运会和奥运会的意义,对本届亚运会进行称赞并表达祝愿。

2. 语气热忱、友好、庄重,对特邀嘉宾和所有与会者都问候周到。

3. 语言明快,富于感染力。开幕词将亚奥理事会比作大家庭,拉近了彼此的距离;"谱写和谐亚洲的美好乐章"等热情洋溢的语言也富有号召力和鼓动性。

【温馨提醒】

撰写开幕词时,要注意以下几点:

1. 只有郑重的、有历史意义的大中型活动才使用开幕词。
2. 称谓部分要对参加活动的各方人士问候周到,不能遗漏任何成员。
3. 行文语气要热情友好,令听众感到致辞者的诚意。
4. 文字要简练。开幕词篇幅以不超过1 500字为宜,对活动的宗旨、意义、议程等只作画龙点睛的提示。

闭幕词

【范文示例】

昊天科技职业学院第三届运动会闭幕词

院长 陈世豪

(2011年10月19日)

亲爱的各位老师、同学们:

在组委会的精心组织下,在全校师生的大力支持下,经过全体工作人员、裁判员的辛勤工作和全体运动员的奋力拼搏,昊天科技职业学院第三届运动会圆满完成了预定的各项比赛任务,现在就要闭幕了。在此,我谨代表学院向为本届运动会做出不懈努力的老师和同学表示衷心的感谢,向取得名次的同学和获奖集体表示热烈的祝贺!

本届运动会是一次团结的盛会、友谊的盛会、成功的盛会。在短短的三天时间里,比赛进程井然有序,紧凑热烈,效率出众,成绩喜人。本届运动会共有123名运动员参加了25个比赛项目的紧张角逐,其中有7人刷新了学院运动会的纪录,并涌现出12个先进集体。同时,在为期三天的运动会上,全体裁判员始终严格要求自己,认真负责,坚持原则,以公正、公平、公开的工作作风,保证了本届运动会的圆满举办。

本届运动会充分体现了"更高、更快、更强"的奥运精神和"友谊第一,比赛第二"的良好风尚。运动会期间,全院师生发扬奋发有为、吃苦耐劳的精神,努力克服由于天气恶劣造成的种种不便,使本届运动会赛出了水平、赛出了风尚,获得了体育竞技和精神文明的双丰收。在今后的工作中,我们要继续发扬这种良好风尚,发扬"更高、更快、更强"的奥林匹克精神,互相学习,奋力拼搏,再创佳绩!

最后,我宣布,昊天科技职业学院第三届运动会胜利闭幕!谢谢大家!

【知识储备】

一、闭幕词的含义

闭幕词与开幕词相对应,是在会议、会展等活动结束时,由主持人或主要领导人宣告活动结束、总结活动成果并对活动的成功举办表示祝贺的致词。

闭幕词可对活动的进展、取得的成果、呈现的精神及举办的意义等做出总结和评价,同时可以激励参与者、弘扬活动精神、努力实现活动所倡导的各项任务。

二、闭幕词的特点

1. 概括性。闭幕词一般短小精悍,语言简洁明快,对活动的进展、取得的成果、呈现的精神及举办的意义等进行高度概括。
2. 号召性。闭幕词行文充满热情,语言坚定有力,富有号召力和鼓动性。
3. 口语化。闭幕词用语须适合口头表达,要求通俗易懂、生动活泼。

三、闭幕词的类型

1. 按性质划分,可分为会议闭幕词、专业活动闭幕词、庆典闭幕词等。
2. 按范围划分,可分为国际性活动闭幕词、国家级活动闭幕词、区域性活动闭幕词、基层活动闭幕词等。
3. 按内容划分,可分为宣讲式闭幕词、表态式闭幕词、鼓动式闭幕词、祝贺式闭幕词、礼仪式闭幕词等。

四、闭幕词的结构与写法

(一)标题

闭幕词标题写法通常有四种:
1. 只写"闭幕词"三字。
2. 采用"事由+文种"的格式,例如"阳伞生物科技股份有限公司成立十周年庆典闭幕词"。
3. 采用"致词方+事由+文种"的格式,例如"毛利兰教授在国际动漫博览会上的闭幕词"。
4. 采用正副题结合的格式,其中正标题概括活动宗旨,副标题注明活动名称及闭幕词,例如"开拓创新　进一步推进我国职业教育纵深发展——第五届职业教育国际论坛闭幕词"。

(二)署名

在标题下居中为讲话人署名,必要时应加上职务或职称,如已写入标题则不再署名。署名下方可加括号标注日期,也可不标注日期。

(三)称谓

顶格写明出席对象的姓名、称呼,或采用"女士们、先生们"、"各位来宾"、"各位代表"等泛称。

(四)正文

1. 前言。用简洁的语言说明活动已完成预定任务、即将闭幕,对相关人士表示的祝贺或感谢。

2. 主体。对活动的成果、意义等进行简要说明并提出未来的期望或建议。

3. 结尾。表达对活动成功举办的祝贺,宣布闭幕。例如"最后,衷心祝贺本届国际论坛取得圆满成功!我宣布,第五届职业教育国际论坛闭幕!谢谢大家"。

【例文评析】

2011 中国青岛国际海洋节闭幕词

中共山东省青岛市委常委、副市长 秦敏
(2011年8月9日)

尊敬的各位来宾,女士们、先生们:

下午好!

今天,历时十八天的 2011 中国青岛国际海洋节即将圆满闭幕。首先请允许我代表 2011 中国青岛国际海洋节组委会向在海洋节期间各项比赛中取得优异成绩的参赛选手表示热烈的祝贺!

2011 中国青岛国际海洋节的成功举办受到了国家体育总局、国家旅游局、国家海洋局以及中国人民解放军海军司令部的大力支持,在此我谨代表青岛市政府与 2011 中国青岛国际海洋节组委会表示诚挚的感谢!

本届海洋节围绕"邀世界共飨蓝色盛宴"的主题,汇集了海洋体育、海军活动、海洋科技、海洋旅游、海洋文化等特色鲜明、丰富多彩的活动,充分展示了帆船之都动感靓丽的城市风采,呈现海洋文化博大精深的丰厚底蕴,体现我们善待海洋、保护海洋的热切期盼。

2011 青岛国际海洋节的举办为青岛多彩的夏日带来了隆重的节日气氛,欢乐的时光总是短暂易逝,我们在依依不舍中迎来了海洋节的落幕。期望明年的这个时候,青岛市"帆船之都"品牌更加深入人心,山东半岛蓝色经济更加蓬勃发展,有更多的世界友人来到这里共飨蓝色盛宴。青岛永远张开怀抱欢迎你们的到来!

朋友们,让我们相约明年,相约 2012 海洋节!我宣布,2011 中国青岛国际海洋节胜利闭幕!谢谢大家!

(来源:百度文库,http://wenku.baidu.com,经过删改)

【评析】

这篇不足千字的闭幕词首先祝贺选手、感谢支持单位,礼仪周到;主体部分概括总结了本届海洋节的成果和意义,表达了惜别之情,并展望明年海洋节的盛况和辉煌,感情真挚;结尾则提出邀约、宣布闭幕,热情洋溢,是一篇闭幕词的典范。

【温馨提醒】

撰写闭幕词时,要注意以下几点:

1. 如果所办活动有开幕词,则也应有闭幕词,以前后呼应。

2. 要从较高层次和总体上对活动的精神和意义进行概括,对活动中发现的重要问题也可做适当强调或补充。

3. 行文要热情洋溢,富有鼓动性和号召力。

4. 篇幅要短小精悍,语言要简洁有力。

【拓展阅读】

敲响开场锣鼓
——例谈开幕词写作

　　召开一次大型会议,往往要有开幕、闭幕的仪式,以营造庄重的会议气氛。有开幕就必有开幕词,它是开幕仪式上必不可少的开场锣鼓,由此拉开序幕,使会议进入主体。开幕词一般都比较精短,只有千把字,有的甚至只有几百字,但它在整个会议中却有举足轻重的作用,为会议的顺利召开奠定了良好的基础。因此,写好开幕词,敲响这开场的锣鼓,就不是一件等闲之事。那么,怎样写才能让开幕词的锣鼓"响"起来?我们不妨从亚洲资本论坛主席李俊先生在"2006年中国经济年度论坛暨亚洲企业领袖年会"上所作的开幕词中,去寻觅一些有益的借鉴。

　　先来欣赏一下这篇开幕词:

尊敬的各位来宾,女士们,先生们:

　　晚上好!

　　今天晚上,我们在这个宁静而温馨的度假村举行这个盛大宴会,标志着2006年中国经济年度论坛暨亚洲企业领袖(揭阳)年会开幕了!我代表主办单位,向来自美国、日本、韩国、法国、泰国、新加坡、加拿大、印度、比利时、荷兰、澳大利亚、摩洛哥,以及中国台湾、香港、澳门和中国内地的300多名企业领袖、政府官员、专家学者及新闻记者表示亲切的问候!

　　5个月前,我以考察者的身份来到揭阳,来到京明度假村……5个多月过去了,我当时想像的那番情景,今天终于变成了现实。我的内心无比激动。我想,这是中国经济快速发展的魅力之所在,这是揭阳这个潮汕历史文化发祥地的魅力之所在。

　　如果说亚洲资本论坛在其中起了一定作用的话,那么首先……我要向远道而来的各位嘉宾,向中共揭阳市委、揭阳市人民政府,向深圳市安远投资集团有限公司,向京明度假村,以及向所有的协办单位表示衷心的感谢!

　　本届论坛与年会的主题是"中国与亚洲:知识致富与知识产权致富"。这是一个极富挑战性的话题。我相信,通过明天一天紧张的交流与探讨,一定会获得突破性的认识。这将是本届论坛与年会对中国经济与亚洲经济的共同发展做出的一个贡献。与此同时,明天我们还将聆听到权威专家有关中国投资、中国环境与中国房地产的三个年会报告。这也是本届论坛与年会献给每位嘉宾的一道智慧与思想的盛宴。揭阳的历史、潮汕的历史乃至中国的历史,将会铭记这次盛会。

　　最后,我预祝本次论坛与年会圆满成功!

　　祝各位嘉宾在揭阳、在揭西、在京明度假村过得愉快!

　　谢谢大家!

这篇开幕词不足千字,却把开场的锣鼓敲得引人入胜,让每一个与会者都在愉悦中进入角色。一篇不足千字的开幕词为什么会有如此大的魅力?从它的成功奥妙中,我们至少可以找到如下三点借鉴:

1. 要把开幕的锣鼓敲在点子上

开幕词是会议的指南,是会议的向导,它的一个重要使命就是要使与会者有几个明白:(1)明白这是一个什么样的会;(2)明白开会的时间和地点;(3)明白与会的单位(国家、地区)和人员;(4)明白会议的作用或意义;(5)明白会议的主旨、议程和议题。这些就是所要敲的点子。

2. 要把握热情礼貌、亲切友好的情感基调

开幕词是由会议主办单位负责人、以会议主人的身份发表的一番讲话,他不仅要通报会议的基本情况,还要通过他的这番讲话,调动起各方面的积极性,为开好会议铺平道路。因此,热情礼貌、亲切友好就构成了开幕词最基本的情感基调。李俊先生的这篇开幕词,就很好地把握了这一点。

3. 语言要活泼多姿

开幕词不是会议报告,可以调动多种语言手法,使语言生动起来,活泼起来,多姿多彩,引人入胜。李俊先生的这篇开幕词,注重修辞,语言优美,让人喜闻乐听。他在谈到五个月前来揭阳考察会议地点时,用诗一般的语言,描述出画一般的情景,寥寥数语,烘托出揭阳这座城市的诱人魅力,也使会场气氛变得轻松而快乐。"明天我们还将聆听到权威专家有关中国投资、中国环境与中国房地产的三个年会报告。这也是本届论坛与年会献给每位嘉宾的一道智慧与思想的盛宴。"这里又使用比喻,把三个年会报告比作"智慧与思想的盛宴",内涵丰富,耐人寻味。"揭阳的历史、潮汕的历史乃至中国的历史,将会铭记这次盛会。"拟人化的一句结语,生动有力,意味深长,把开场的锣鼓推向高潮。

(马增芳:《敲响开场锣鼓——例谈开幕词的写作》,《应用写作》2007年第7期,第34~36页)

写作心语:

撰写出优秀开幕词,就如同敲响开场的锣鼓,将为活动的顺利召开奠定良好的基础。

【文体训练】

一、填空题

1. 开幕词具有_____、_____和_____三个特点。
2. 《2011中国青岛国际海洋节闭幕词》这一标题结构由_____和_____构成。

二、文体实训题

根据下述材料各写一篇开幕词、闭幕词:

天际浪潮职业学院拟于2011年11月11~15日举行第十届教职工田径运动会暨第二届教职工趣味运动会,请你代校长熊雄拟写一篇开幕词,再代副校长田靡写一篇闭幕词。

实训要求:

(1)结构完整,层次清晰,语言具有感召力和鼓动性,语气要热情、友好,字数不少于300字,相关内容可以合理虚构。

(2)教师随机地抽取两到三名同学到讲台上,以校长的身份向同学们致开幕词,教师在每个同学发言后进行点评。

第二节 欢迎词 欢送词

欢迎词

【范文示例】

欢迎词

女士们、先生们、朋友们:

值此天创集团成立十周年庆典之际,请允许我代表天创集团并以我个人的名义,向远道而来的各位朋友表示热烈的欢迎!

各位朋友不顾路途遥远,专程前来贺喜并洽谈贸易合作事宜,为天创集团十周年庆典增添了许多喜庆和祥和之气。我由衷地感到高兴,并对朋友们为增进双方友好关系所做的努力表示诚挚的谢意!

今天在座的各位朋友中,有许多是我们的老朋友,我们之间有着良好的合作关系。天创集团成立十周年能取得今天的成绩,离不开老朋友们的真诚合作和大力支持。对此,我们由衷地表示感谢!同时,我们也为能有幸结识来自全国各地的新朋友感到十分高兴。在此,我再次向新老朋友表示热烈欢迎,并希望能与大家密切协作,发展相互间的友好合作关系。

"有朋自远方来,不亦乐乎"。在此新朋老友相会之际,我提议:

为今后我们之间的进一步合作,

为我们之间日益增进的友谊,

为朋友们的健康幸福,

干杯!

天创集团总裁 金昊天
二〇一一年十月十九日

【知识储备】

一、欢迎词的含义

欢迎词指机关、团体、企事业单位欢迎新成员时,或机关、团体、企事业单位或个人欢迎访客时所使用的讲话稿。

使用欢迎词有助于建立或深化彼此的感情,有助于缓和或谅解以往的矛盾、误解;还有助于为今后的交流合作创造良好的氛围等。

二、欢迎词的特点

1. 感情饱满,语气愉悦。欢迎词要感情真挚、情绪饱满、语气愉悦热烈。

2. 简短精炼。欢迎词一般发表于庆典仪式、宴会酒席、公众集会等特定场合,由于时间有限,内容应简洁精练。

3. 口语表达。欢迎词常用于现场向宾客口头表达,因此行文应采用口语化、生活化的语言。

三、欢迎词的类型

1. 按表达方式分,有现场演讲的欢迎词、报刊广电发表的欢迎词。
2. 按社交性质分,有公务活动欢迎词、私人交往欢迎词。
3. 按欢迎对象分,有欢迎新成员的欢迎词、欢迎访客的欢迎词。
4. 按使用场合分,有用于国际场合的欢迎词、用于国家级场合的欢迎词、用于区域性场合的欢迎词、用于亲友间的欢迎词等。

四、欢迎词的结构与写法

(一)标题

欢迎词标题的字号一般要比正文略大,写法通常有两种:

1. 只写"欢迎词"三字。
2. 采用"事由+文种"或"致词方+事由+文种"的格式,例如《在2012首都贸易洽谈会上的欢迎词》《熊昊天校长在欢迎新教师仪式上的欢迎词》。

(二)称谓

顶格写明欢迎对象的姓名、称呼(团体则写其名称)。

(三)正文

具体写明以下事项:

1. 前言。简要说明活动性质、欢迎对象以及致词方是以何种身份向对方表示欢迎。
2. 主体。根据欢迎对象来确定主体表达的内容。如为欢迎访客,则应介绍访客、说明访客的成就、来访背景、来访的目的意义和作用等;回顾以往的情谊或合作;表示今后加强合作与交往的信心与希望。如为欢迎新成员,则应首先表示新成员的到来恰逢其时;接着评价和赞赏新成员的特长和才华;然后介绍本单位的情况;最后表达对新成员施展才干、做出成绩的期望。
3. 结尾:写上致敬语。

(四)落款

在欢迎词右下方签上致词人身份、姓名(单位则写其名称),同时写明日期。如已写入标题则不再署名。

【例文评析】

欢迎词

女士们、先生们,朋友们:

在春末夏初的美好时光中,港城宁波迎来了"2000年全国体育大会"这一盛大的体育赛事,迎来了全国各地的体育健儿,也迎来了五湖四海的朋友。作为承办体育大会的宁波市人民政府,我们为此由衷地高兴,也表示热烈的欢迎!

"晴日暖风生麦气,绿阴幽草胜花时。"5月,有别样的壮美,是又一个丰收的季节。在宁波举行的"2000年全国体育大会",既是健美、门球、高尔夫等17个体育项目争艳斗彩的日子,也是这些项目的体育健儿们多年苦练出成果的时候。我们预祝这些体育项目的水平更上一层楼,也祝运动员们赛出风格、赛出水平、赛出新的世界记录!

宁波,是唐宋以来我国对外主要贸易口岸,是沿海开放城市,是旅游优秀城市,更是历史文化名城。改革开放后的宁波,焕发了青春活力,去年的港口吞吐量近亿吨,国内生产总值超1 000亿元人民币,财政收入也破百亿元大关,创出了历史最高纪录。宁波的精神文明建设也取得瞩目的成就,连续获得了"全省文明城市"、"全国双拥模范城"称号。

2000年全国体育大会的召开,是我国体育界的一大盛事,也是宁波全市的盛大节日,好客的宁波人民将以东道主的身份热忱地迎接各地宾客,把这次大会承办得精彩圆满。

祝2000年全国体育大会在宁波圆满成功!

宁波市市长 张蔚文
二〇〇〇年五月二十八日

(《市场报》2000年5月28日第四版,略有改动)

【评析】

这是一篇规范的欢迎词。正文部分首先简要说明了活动的性质、欢迎的对象以及致词人是代表宁波市人民政府来向来宾表示欢迎;接着介绍了2000年全国体育大会和宁波市的情况,表达了对2000年全国体育大会的支持;最后,表达了美好祝愿。

【温馨提醒】

1. 口头发表或现场宣读欢迎词时,一般不提及标题、署名和日期。
2. 根据场合的不同确定行文风格。
3. 把握分寸,不卑不亢,既要谦逊有礼,又不能夸大其词进行吹捧。
4. 在宴会现场口头表述的欢迎词一般相当于祝酒词。
5. 欢迎酒会上的欢迎词常用"我建议,为……干杯"结尾。

欢送词

【范文示例】

欢送词

尊敬的阿笠博士,同志们,朋友们:

就在三周以前,我们曾在这里欢聚一堂,热烈欢迎阿笠博士的到来。今天,阿笠博士即将结束对我镇的访问,于下午返回。因此,我们再一次在这里欢聚一堂,欢送阿笠博士。此时此刻,我谨代表西光镇政府并以我个人的名义,对阿笠博士的来访表示衷心的感谢,对阿笠博士的离去表示热烈的欢送!

阿笠博士的访问虽然短暂,然而却极其成功。在我镇访问期间,阿笠博士与我镇领导班子进行了深入友好的沟通,参观了我镇的工厂、企业、学校和公共设施,与我镇各界群众进行了深入的交流,并认真研究了我镇经济、文化、教育等各方面情况,加深了对我镇的认识。

在欢送阿笠博士之际,我恳请阿笠博士为我镇的建设多提宝贵意见和建议,并真诚地希望我们能尽早达成合资协议,共谋发展。

最后,衷心祝愿阿笠博士旅途愉快、一路顺风!

西光镇镇长×××
二〇一一年十月十九日

【知识储备】

一、欢送词的含义

欢送词指机关、团体、企事业单位欢送离任成员时,或机关、团体、企事业单位、个人欢送访客时所使用的讲话稿。

欢送词主要具有惜别性和口语性的特点,其类型同欢迎词基本相同。

二、欢送词的作用

1. 表达出致辞方的敬意和惜别之情。
2. 有助于建立或深化彼此的感情。
4. 有助于形成和谐气氛、增进相互了解。
5. 有助于为今后的交流合作创造良好的氛围。

三、欢送词的结构与写法

欢送词的结构和写法具体如下:

(一)标题与称谓

欢送词标题、称谓与欢送词写法基本一致。

(二)正文

具体写明以下事项:

1. 前言。简要说明活动性质、欢送对象以及致词方是以何种身份向对方表示欢送。例如"值此天骄职业技术学院大学生志愿服务队圆满完成支教任务、即将返京之际,我谨代表西光镇政府表示真诚的感谢和热烈的欢送"。

2. 主体。根据欢送对象来确定主体表达的内容。如为欢送访客,则应介绍其来访期间所取得的成绩及对双方交流合作的促进,并表示祝贺和感谢;如为欢送离任成员,则应介绍其任职期间所取得的成绩和做出的贡献,对其辛勤工作表示感谢,并表达希望今后保持联系的意愿。

3. 结尾。写上致敬语。

(三)落款

应在欢送词右下方签上致词人身份、姓名(单位则写其名称),同时写明日期。如已写入标题则不再署名。

【例文评析】

欢送词

金天俊先生:

首先,对您的离开表示热烈的欢送!

一年来,我们合作愉快,取得了可喜的成绩。我相信,在将来我们会有更加广泛和深入的合作,我们的友谊也会更加巩固和充实!

"故人西辞黄鹤楼,烟花三月下扬州。"在这春暖花开的日子里,衷心祝贺我们的合作项目获得圆满成功!

再见,金天俊先生!

陈南
2011年10月22日

【评析】

这篇欢送词存在以下问题:

1. 称谓前未加尊称。
2. 致辞人身份不明,不知是以何身份表示欢送。
3. 取得成绩的合作项目未明确。
4. 不仅要祝贺项目成功,还应表达对对方所做贡献的感谢。

【温馨提醒】

撰写欢送词时,要注意以下几点:

1. 注意对象。欢送词所欢送的对象各不相同,例如来访宾客、访问学者、离任同事、毕业生、校友等,应根据欢送对象来确定具体用语和内容。
2. 注意礼节,表达要委婉有分寸、不卑不亢。
3. 尊重对方的风俗习惯和民族禁忌,不讲对方忌讳的内容。
4. 篇幅要短小精悍,语言要简洁有力。
5. 欢送酒会上的欢送词常用"我建议,为……干杯"结尾。

【拓展阅读】

如何增强致辞之"雅"

致辞一般是在热烈、欢庆或重要的场合中所发表的简短讲话,如婚礼致辞、寿辰致辞、庆典致辞等。致辞有的是以主人的身份发表的讲话,这样的致辞也称欢迎词;有的是以来宾代表的身份发表的讲话,这样的致辞也称贺词。对致辞的要求从内容上说,要健康、文明、高尚;从形式上说,要优美,这就是人们所说的"雅"。因此,写致辞既要注意说什么,又要注意说的艺术——方法的艺术,语言的艺术。这样才能提高致辞的品位,雅俗共赏。具体地说:

一、开篇渲染气氛,把人们的情绪调动起来

致辞的开篇,话语不多,通常只有一两句话,用来点明活动的主旨,表达谢意或贺意等。但这一两句话不能讲得直白平淡,没一点气氛,而要讲得情感饱满,气氛浓烈,把人们的情绪调动起来。为了实现这样的讲话效果,致辞的开篇,往往运用烘云托月的写法,先是进行一番渲染,把气氛造起来,之后,用一个承上启下的句式,引出主要话题。

二、与时俱进,让传统祝语富有时代性

致辞是表达情感的一类讲话,尤其要表达热烈庆贺,良好祝愿的情感。因此,致辞中经常使用一些祝词祝语,特别是一些传统的祝词祝语,更是被频频使用。如祝贺开业的致辞,经常使用开业大吉、生意兴隆、财源茂盛等。祝贺新婚的常用婚姻美满、白头偕老、比翼双飞等。祝贺寿辰的常用健康长寿、寿比南山、福寿绵长等。这些传统的祝词祝语，朗朗上口，寄寓着良好的祝愿。但使用传统的祝词祝语，要注意与时俱进，推陈出新，赋予鲜活的时代内容，以增强致辞的高雅格调。

三、讲究修辞，让语言富有文采

致辞是雅词，致辞的语言要优美典雅。写作致辞要善于调动各种语言手法，把语言装扮得文采斐然。

四、议论风趣，让说理生动起来

致辞有时免不了要进行议论，以表明自己的观点和看法。但致辞中的议论，不宜抽象枯燥，把理说得老气横秋，呆板沉闷。而要做到生动活泼，富有理趣。因此，致辞中的议论一般不用概念、判断、推理式这种逻辑说理方法，而是采用一些特有的说理方式，如趣说、别解等，把严肃的话题说得趣味盎然，以增强致辞的雅趣。

（马增芳：《如何增强致辞之"雅"》，《应用写作》2007年第10期，第32～33页，有删改）

写作心语：

善于增强致辞的雅趣，能使欢迎词、欢送词更具亲和力和感召力。

【文体训练】

一、修改题

仔细阅读下面的欢迎词，指出其错误并改正。亚太旅游职业学院部分师生前往东湖宾馆参观学习，宾馆总经理在欢迎仪式上致欢迎词，如下：

欢迎词

尊敬的各位教师、各位同学们：

在此谨代表本宾馆的全体员工欢迎阁下同志们光临东湖宾馆。

东湖宾馆坐落于风景秀丽的东湖岸边，三面环水，环境幽雅。具有岛国风情，是西宏市接待来宾和对外开放的窗口。希望我们的服务能够让阁下有宾至如归的感觉，在此将宾馆内部设备及服务向你们作一介绍……

我们将忠诚地为阁下服务效劳，并希望你们能够提出宝贵意见。

东湖宾馆
总经理谨致
2011年11月11日

二、文体实训题

1. 我院录取的新生即将报到，将开始三年的校园生活，请以学长（学姐）的身份写一篇欢迎词。

2. 天骄职业技术学院的协作单位——天创集团——的领导和职员对学院的参观访问即将结束，请你以天骄职业技术学院院长陈天骄的身份写一份欢送词，欢送天创集团的参观访问人员。

第三节 答谢词 祝词(辞)

答谢词

【范文示例】

答谢词

天源圣水公司公关部申部长、公关部各位同仁：

　　我们今天初临贵境，刚下飞机就得到你们的热情接待。刚才申部长给我们详细介绍了贵公司的情况和经验，周到地为我们安排了参观、餐饮和休息，使我们感到就像回到家里一样亲切、温暖，请允许我代表参观团的全体成员向你们，并通过你们向贵公司领导和全体员工致以衷心的感谢！

　　贵公司生产的天源圣水饮料以质量上乘和慷慨捐助群众性体育活动而闻名全国，我们虽然远在千里之外的大西北，但是天源圣水饮料也早已如雷贯耳。我们这次慕名远道而来，不仅想看看你们是怎样生产、包装和运输的，而且想要学习你们的创新理念和宝贵经验。刚才申部长介绍的三条经验已经使我们感到耳目一新。在今后的参观访问中，我们一定能够学到更多的东西。我们参观团的成员全部来自企业，虽然不都来自饮料行业，但我们相信，你们的宝贵经验对我们都有极大的帮助和启发。

　　再次感谢东道主的盛情！

　　谢谢！

西北经贸交流参观团团长　杜求胜
二〇一一年十月二十一日

【知识储备】

一、答谢词的含义

　　答谢词，是指在各种礼仪场合对受谢方的招待或祝贺表达谢意的讲话稿。具有概括性和礼节性的特点。

二、答谢词的作用

1. 表示对受谢方的感谢。
2. 表示致词方的友好和诚意。
3. 为建立友好关系和今后合作交流营造良好氛围。

三、答谢词的类型

按照致谢原由，答谢词可分为两大类：

(一)"谢遇型"答谢词

　　"遇"指招待，款待。"谢遇型"答谢词，即用来答谢别人的招待的致词，常用于宾主之间，既可与"欢迎词"相对应,也可与"欢送词"相对应。

(二)"谢恩型"答谢词

"恩",指所受帮助支持。"谢恩型"答谢词,即用来答谢别人帮助、支持的致词,常用于捐赠仪式或颁奖典礼。

四、答谢词的结构与写法

(一)标题

答谢词标题的字号一般要比正文略大,写法通常有两种,分别是:

1. 只写"答谢词"三字。
2. 采用"事由＋文种"或"答谢方＋事由＋文种"的格式,例如"在募捐会上的答谢词"、"金天俊总裁在颁奖典礼上的答谢词"。
3. 采用"受谢方＋文种"或"答谢方＋受谢方＋文种"的格式,例如"致西宏市政府的答谢词"、"××镇长致金天俊总裁的答谢词"。

(二)称谓

顶格写明受谢方的姓名、称呼(团体则写其名称),或采用泛称。

(三)正文

根据致谢原由表达诚挚的感谢。具体针对答谢词的两种类型,其正文部分的通常写法见表6-2：

表6-2　　　　　　　　　　答谢词的结构与写法

类型	"谢遇型"答谢词	"谢恩型"答谢词
前言	简要说明致词人是以何种身份向接待方答谢,对接待方的相关安排与盛情款待表示感谢	如为颁奖典礼等祝贺活动应对主持人或祝贺者表示诚挚的谢意；如为离职答谢则应对领导和同事的关心与帮助表示感谢
主体	对本次访问予以肯定；概括本次访问的内容、意义和影响；展望未来,表达对双方合作前景的信心和展望；表达再次访问或邀请对方回访的意愿；以简短语言再次表示感谢	谦逊地介绍自身工作情况、主要成绩以及今后的打算等；表达今后继续努力的决心和保持联系的愿望
结尾	写上致敬语。若是酒会上的答谢词,常用"我建议,为……干杯"致敬	写上致敬语。若是酒会上的答谢词,常用"我建议,为……干杯"致敬

(四)落款

在答谢词右下方签上致词人身份、姓名(单位则写其名称),同时写明日期。如已写入标题则不再署名。

【例文评析】

答谢词

尊敬的许总裁、尊敬的西湖科技公司的朋友们:

我们对贵公司的访问即将结束。首先,请允许我代表××科技公司访问团全体成员对许总裁及贵公司对我们的盛情接待表示衷心的感谢。

我们一行五人代表××科技公司首次来贵地访问,此次来访时间虽短,但收获颇大。仅三天时间,我们对贵地的电子商务业有了比较全面的了解,与贵公司建立了友好的技术合作关系,并成功地洽谈了电子商务技术的合作事宜。这一切,都得益于许总裁及贵公司的真诚合作和大力支持。对此,我们表示衷心的感谢!

　　电子商务是朝阳的产业,蒸蒸日上,有着广阔的发展前景。贵公司拥有一支由网络专家组成的庞大队伍,技术力量相当雄厚,在电子商务市场一枝独秀。我们有幸与贵公司建立友好的技术合作关系,为我地电子商务的发展提供了新的契机,必将推动我地的电子商务业迈上一个新台阶。

　　最后我代表××科技公司再次向西湖科技公司表示感谢,并祝贵公司迅猛发展,再创奇迹!更希望彼此继续加强合作,共创明天!

　　最后,我提议：

　　为我们之间正式建立友好合作关系,

　　为今后我们之间的密切合作,

　　干杯!

××科技公司总裁 白珍珍
二〇一一年十月二十一日

【评析】

　　这是一篇规范的"谢遇型"答谢词。称谓用了尊称,礼貌周到。正文分为三个部分：首先,简要说明了致词人是代表××科技公司访问团答谢接待方,并对接待方的盛情款待表示衷心感谢；其次,对访问的效果予以肯定,表示收获颇大,并概括说明了访问的内容和意义,表达了对双方合作前景的信心和展望；最后,再次表示了感谢,并致敬。全文情感真挚、言辞简洁流畅、格式完备规范。

【温馨提醒】

　　撰写答谢词时,要注意以下几点：

　　1. 态度要真诚,不能过于客套、内容空泛。要处理好客套和真实的关系,根据不同情形表达出谢意的真诚：

　　(1)对接待方的欢迎表示感谢时,可将接待方的欢迎活动列举出来。

　　(2)表达建立友谊或合作关系的愿望时,可说明希望与之建立友谊或合作关系的原由。

　　(3)如是欢迎仪式上的答谢词,可阐明到来的直接目的。

　　2. 语言要礼貌热情,不卑不亢,并巧用敬辞、谦辞和婉辞。

　　3. 注意对方的风俗习惯,避开对方的忌讳。

　　4. 篇幅力求简短精炼。

祝词(辞)

【范文示例】

××局长在甄××和郝××婚礼上的祝词
(2011 年 10 月 22 日)

尊敬的各位来宾,女士们、先生们：

在这个浪漫温馨、吉庆祥和的日子里,我们欢聚一堂,为甄××、郝××两位新人举行婚礼,请允许我代表西宏市国税局全体干部职工向两位新人表示热烈的祝贺和衷心的祝福,向前来参加婚礼的各位来宾和朋友表示诚挚的谢意!

今天,能够和各位来宾共同见证这美好的时刻,分享两位新人的幸福甜蜜,我感到非常高兴,也非常荣幸。郝××在西宏市国税局工作,自参加工作以来,认真学习,勤奋工作,尊敬领导,团结同事,受到了局领导的充分肯定和全局同志的广泛赞扬。作为单位领导,半个"娘家人",看到郝××能够找到和她一样优秀、风度翩翩的帅哥作为爱人和伴侣,携手人生,共结连理,在高兴之余我更感到非常欣慰。

千里姻缘一线牵,百年修得同船渡。郝××家在西宏市,甄××家在南光市,相距近千里之遥,两人能够相识、相知、相恋,直到今天走进婚姻的殿堂,可以说是天作之合促成了这段美好的姻缘,美好的姻缘写就了这段感人的佳话。希望你们珍惜这份缘分,永结同心,恩爱百年!

婚姻既是爱情的升华,更是责任的开始,是人生的重要篇章,也是走向社会的重要一步。今天,你们在所有来宾的见证下,共同组建了新的家庭,在今后的人生道路上,就要肩负起这份爱的责任,互帮互助,携手共进,共同面对人生的喜怒哀乐,共同分担生活的酸甜苦辣。把恋爱时期的浪漫和激情,在婚姻现实和物质生活中,一直保留到永远。要互相包容、互相理解、互相关心,孝敬双方父母,团结双方亲人,把自己的小家打造成温馨幸福的港湾,同时为双方的大家庭增添和谐欢乐。以工作上的进步、事业上的成功、生活上的幸福报答各位长辈和亲朋的厚爱。

最后,让我们共同祝福两位新人百年好合,婚姻幸福,早得贵子。祝各位来宾身体健康,万事如意,吉祥满堂!谢谢大家!

【知识储备】

一、祝词(辞)的含义

祝词(辞)泛指对人、对事表示祝愿的致词的统称。祝词常用于开工庆典、活动会议、节日庆祝等各种庆典、仪式和活动,表达美好愿望和真诚祝福,以激励对方为今后的目标努力奋斗。另外,在时间上,祝词一般是预先对尚未成功的事情表达祝福和希望。

二、祝词(辞)的特点

(一)喜庆性

祝词(辞)用于在喜庆场合表达祈颂祝福,因此在内容和措辞上要体现出喜悦、美好之情,避免提起令对方尴尬、不快的人和事。

(二)直接性

祝词(辞)主题先行,开篇即写明因何事向何人祝贺,并且根据节日、乔迁等不同背景有所调整。开门见山,坦率直白,忌过于含蓄。

(三)现场性

祝词(辞)用精炼简洁的语言,善于营造和谐气氛,增进双方感情,便于双方今后的交流合作,现场感强。

三、祝词(辞)的类型

1. 根据祝愿内容的不同,祝词(辞)可分为祝事业、祝酒、祝寿、祝婚、祝节日五类祝词(辞)。
2. 根据形式的不同,祝词(辞)可分为韵文体(诗、词)和散文体两类祝词(辞)。

四、祝词(辞)的结构与写法

韵文体祝词(辞)需按照诗、词等文体的规范来撰写,最常用的祝词(辞)是散文体祝词(辞),其结构和写法如下:

(一)标题

散文体祝词(辞)标题的字号一般要比正文略大,写法通常有三种:

1. 只写"祝词(辞)"两字。
2. 采用"事由+文种"或"致词方+事由+文种"的格式,如"春节祝词"、"××总裁在开业典礼上的祝词"。
3. 采用正副题结合的格式,"夕阳总是无限好——在离退休老同志座谈会上的祝词"。

(二)称谓

顶格写明受祝方的姓名、称呼(单位则写其名称)。

(三)正文

1. 前言。简要说明在何种背景下向受祝方表达祈颂祝福。
2. 主体。根据祝愿的背景来确定主体的内容。通常包括:说明祝愿的理由或原因;对受祝方进行适当评价和称赞;鼓励受祝方再接再厉;再次表示祝愿。
3. 结尾:写上致敬语。

(四)落款

应在右下方签上致词人身份、姓名(单位则写其名称),同时写明日期。如已写入标题则不再署名。另外,如在报刊上登载,也可将署名、日期写在标题下面,并且日期要加括号。

【例文评析】

夕阳总是无限好

——在离退休老同志座谈会上的祝词

尊敬的离退休老领导、老教师:

你们好!

岁岁重阳,今又重阳。在重阳佳节到来之际,各位老领导、老教师在这里聚集一堂,欢度重阳佳节。请允许我代表全院教职员工向各位致以节日的祝贺!

有人说过:童年是一幅画,少年是一个梦,青年是一首诗,中年是一篇散文,老年是一部哲学书——在此,我衷心地祝贺老同志步入了哲学家的行列,并表示真诚的敬意!时光荏苒,岁月如歌。在座的各位老领导、老教师都曾经为祖国的教育事业兢兢业业、勤勤恳恳,贡献了自己的青春和力量。岁月的年轮勾刻了你们的皱纹,三寸粉笔染白了你们的双鬓。可以说没有你们昨天的辛勤汗水,就没有今天教育园地的满园芬芳;没有你们的无私奉献,就没有今天和明天教育事业的灿烂辉煌!

今天,我们的学院事业正兴,前景广阔。学院的发展壮大,离不开老领导、老教师的支持和帮助,我们的教育教学工作更需要老领导、老教师的悉心指导,言传身教。从你们身上,我们学到了"不要自夸颜色好,只留清气满乾坤"的高尚品格;学到了"精诚所至,金石为开"的待人哲学;学到了"契机而运,拙法成巧"的处事艺术。我们为有你们这样的老同志而感到自豪!莫道桑榆晚,为霞尚满天。请相信:你们的青春将在新一代教师身上延续,你们的工作热情将会发扬光大,你们的敬业精神将鼓舞我们克服困难,勇往直前!

谁道人生无再少,夕阳正红无限好!在重阳佳节到来之际,请接受我们全体教职员工对各位老领导、老教师的衷心祝福:

祝福你们福如东海,寿比南山!

祝福你们家家和睦,身体康健!

祝福你们平平安安,欢度晚年!

谢谢大家!

天骄职业技术学院院长 陈天骄
二〇一一年十月五日

【评析】

这是一篇规范的节庆祝词。祝词首先简要说明致辞时的背景,对离退休老领导、老同事表示节日祝贺;其次说明祝愿的理由,高度赞扬了老同志们为教育事业所做出的突出贡献;接着激励他们继续努力,老有所为;最后再次表达祝愿。

【温馨提醒】

写祝词(辞)时,要注意以下几点:

1. 称谓要礼貌、妥帖。祝词(辞)的对象可以是群体、个人或某项活动,因此称谓要根据不同对象进行调整,既要尊重有礼,又要符合分寸。如果是机关、团体、企事业单位的集会、典礼、宴会,可称"尊敬的各位领导、同志们";如果是一般性的涉外招待会、宴会,可称"女士们、先生们";如果是重要的涉外招待会、宴会,则应首先突出贵宾;如果是针对个人,则要加尊称,以表达亲切、尊敬之意。

2. 表达准确、感情充沛。撰写祝词(辞)时要准确把握致词方与被祝方的关系,有针对性地拟写祝贺内容,语言既要热情真诚,又要表达准确。

【拓展阅读】

祝词与贺词易混淆

祝词与贺词有时被合称为祝贺词,二者都是泛指对人、对事表示祝贺的言辞和文章,它们都富于强烈的感情色彩,针对性、场合性也很强。因此祝词和贺词在某些场合可以互用,如祝寿也可以说贺寿,祝事业的祝词常常也兼有贺词的意思。结构与写法也基本相同。

虽然祝词与贺词有时可以互用,但二者所包括的含义并不相同。严格地说二者是有区别的。祝词一般对象是事情尚未成功,表示祝愿、希望的意思;而贺词一般对象是事情已成,表示庆贺、道喜的意思。如祝贺生日诞辰、结婚纪念、竣工庆典、荣升任职等,一般用贺词的形式表示庆贺、道喜。另外,贺词使用范围比较广,如贺信、贺电等,也属于贺词类。

写作心语:

祝词是一种有效的交流形式,能够增加彼此间的感情。在使用时要理清祝词与贺词的异同,这样才能恰如其分地表达祝愿。

【文体训练】

根据下面的材料撰写祝词。

1. 假定你是新郎/新娘×××,即将举行婚礼,请撰写一篇向来宾致谢的答谢词。

要求:新颖凝练、礼貌热情、谦逊坦率,字数不少于200字。

2. 第二十八届教师节即将来临,请以昊天科技职业学院院长陈世豪的名义写一份教师节祝词,并模拟扮演院长宣读祝词,比较谁的表现最好,角色扮演最到位。

要求:礼貌妥帖、表达准确、感情充沛,字数不少于200字。

第四节 邀请书 请柬

邀请书

【范文示例】

首届"跨文化视野下的××美学"学术研讨会
邀请书

尊敬的郝教授:

您好!

为了促进××美学界的学术交流,××大学美学研究所将于2011年11月1日至11日举办"跨文化视野下的××美学"学术研讨会。

回顾××美学的发展历程,可以看出,××美学作为一种美学思想、一种哲学思考和追求,并非单单属于历史范畴,而是与现代社会文化中种种思潮密切相关,是一个与时代紧密契合的主题。我们希望这一话题能得到世界各地学者积极响应,分享各自的真知灼见,从而激发美学界在这一领域更深层次的思考。通过此次会议,会务组将评选出优秀论文结集出版,以展示与会学者的精彩观点和会议的学术成果。

素仰您在××美学领域精研深思、建树卓然,我们热诚邀请您参加本次学术研讨会。

会议事项说明如下:

一、会议主题:跨文化视野下的××美学

二、会议时间:2011年11月1~11日

报到时间:2011年10月30日14:00~11月1日9:00

三、会议地点:盛世豪庭宾馆

具体地址:××市中心区世纪大道7号,地铁5号线世纪大道站向西步行200米即到。

四、联系电话：赵秘书×××—××××××××

五、会议费用：会务组提供会议期间食宿，往返交通费用请自理。

六、如您有意参加会议，请于10月25日前将回执与一篇相关论文用电子邮件发送至 zhaohoney@ xlu. edu. cn。

敬请您拨冗出席！

此致

敬礼！

××大学美学研究所
二〇一一年十月十一日

附：回执

回 执

姓名		单位	
电话		E-mail	
联系地址			
是否与会			
论文题目			
有何建议			

【知识储备】

一、邀请书的含义

邀请书又称邀请信，是邀请对方前来参加会议、庆典、仪式等活动的一种专用书信，其性质与请柬相似，但内容要比请柬详细。

作为包含详细说明的正式邀请通知，邀请书可以有效促使受邀方参加活动，被广泛用于学术会议、庆典仪式、商务峰会等方面。

二、邀请书的特点

1. 内容详实。邀请书要具体写出活动的指导思想、内容、希望等事项。
2. 对象明确。邀请书针对具体的受邀对象，没有泛指。
3. 适用广泛。邀请书可适用于学术讨论会、成果鉴定会、展销订货会等多种领域。
4. 注重礼节。邀请书作为礼仪文书，礼节性是其行文的显著特点。

三、邀请书的类型

1. 按是否有回执来分，邀请书可分为无回执邀请书与有回执邀请书。
2. 按用途来分，邀请书可分为商务活动邀请书、仪式庆典邀请书、学术会议邀请书、个人喜事邀请书等。

四、邀请书的结构与写法

(一)标题

邀请书标题的字号一般要比正文略大,写法通常有两种,分别是:

1. 只写"邀请书"三字。
2. 采用"事由+文种"的格式,如"天骄职业学院五十周年校庆邀请书"。

(二)称谓

顶格写明受邀方的姓名、称呼(单位则写其名称),并且姓名要加敬语,如"尊敬的郝先生"。称谓后一般还要写上问候语"您好!"

(三)正文

1. 简述开展活动的原由或目的。
2. 介绍活动的内容、时间、地点等细节。
3. 说明对受邀方的要求,例如请受邀方致辞、做报告、当评委、准备节目等。
4. 其他事项,例如时间、地点、乘车路线、食宿安排、联系人姓名、电话等。
5. 结尾写上"敬请光临"、"敬请莅临指导"、"请拨冗出席"等恭候语以及致敬语。

(四)落款

在邀请书的右下方签上邀请人姓名或邀请单位名称(加盖公章),同时写明日期。

【例文评析】

邀请书

西宏市职业学院管理系文秘班:

为慰问因交通事故受伤住院的管理系甄朴老师,兹定于 2011 年 12 月 21 日下午两点在西宏市第二医院集体看望。

届时务必准时到场集合瞻仰,不见不散。

西宏市职业学院学生会
二〇一一年十二月二十日

【评析】

这篇邀请书存在以下问题:

1. 看望老师并非做客,不应发邀请书。
2. 到医院看望病人并非喜庆之事,也不宜发邀请书。
3. "届时务必准时到场集合瞻仰,不见不散",措辞不当。

【温馨提醒】

写邀请书时,要注意以下两点:

(一)活动内容要介绍清楚,尤其时间、地点、联系方式要明确。
(二)特别要求应说明,例如写明请受邀方致辞、做报告、当评委、准备节目等。

请柬

【范文示例】

```
                         请  柬

×××先生：
    兹定于2012年12月21日（星期五）上午9时，在市政厅大礼堂举行阳伞公司成立十
周年庆典。恭请届时光临。

                                    阳伞生物科技股份有限公司
                                       二〇一二年八月二十六日
```

【知识储备】

一、请柬的含义

请柬，又称请帖，是为邀请对方参加某种活动（多为喜庆活动）的书面通知书。其内容简单，形式多样。

作为正式的邀请通知，请柬有利于促使对方参加活动，被广泛用于联谊会、纪念活动、婚礼、生日或会议等。

二、请柬的特点

1. 内容简单。与内容详细的邀请书不同，请柬不需要介绍活动的指导思想、目的意义等，仅说明活动的基本内容、时间、地点和方式即可。
2. 形式多样。尤其填写式请柬往往印刷精美、各具特色。
3. 请柬一般仅表示邀请之意，不用回执。

三、请柬的类型

1. 按书写方法来分，请柬可分为填写式请柬与手写式请柬。
2. 按格式来分，请柬可分为横写式请柬与竖写式请柬。
3. 按用途来分，请柬可分为演出请柬、婚宴请柬、诞辰请柬、会议请柬、典礼请柬等。

四、请柬的结构与写法

（一）封面或开头

封面写明"请柬"字样。没有封面时写在第一行中间，字号一般要比正文略大些。

（二）称谓

顶格写明邀请对象的姓名、称呼（单位则写其名称），例如"尊敬的申景冰教授"。

（三）正文

1. 说明邀请对方所参加活动的内容，如开业典礼、联欢晚会、生日聚会等。

2. 清楚地交代举行活动的时间、地点和方式。如有特别要求要注明,例如"请准备发言"、"请穿正装出席"。

4. 结尾写上恭候语,例如"敬请光临"、"恭请莅临"。

(四)落款

在请柬的右下方签上邀请人姓名或邀请单位名称(加盖公章),同时写明日期。

需要说明的是,正式活动的请柬目前大多采用印刷精美的填写式请柬,如图6—1所示。

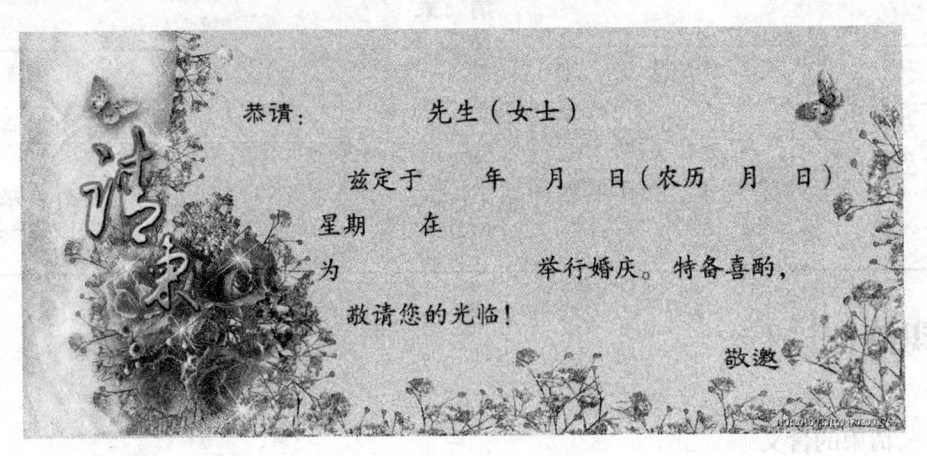

(资料来源:昵图网 http://www.nipic.com。)

图6—1 请柬

【例文评析】

请柬

谨定于<u>2011</u>年<u>11</u>月<u>11</u>日(农历10月16日)星期五上午<u>11</u>时为小女×××与×××举行结婚典礼,敬备喜筵。
  恭请
   申景冰教授
光临
  席设 天创豪门大酒店
 	
                   ××× 敬邀
                   二〇一一年十一月一日

【评析】

  这则请柬内容明确,时间地点具体,用词典雅又不失亲切,是标准的婚礼请柬。

【温馨提醒】

请柬注意事项:

1. 正文内容表述要清楚,尤其时间、地点要明确。

2. 用语要大方雅致、真诚热情。既要突出诚恳邀请之意,又不能有"必须"、"一定"等强制性词语。

3. 如果是邀请对方观看表演,应附上入场券。

4. 注意区分请柬与邀请书

邀请书与请柬都是邀请对方参加活动的一种专用书信,都可作为报到或入场的凭证。但也有不同之处。

(1)邀请参加的活动不同

邀请书涉及的活动一般时间较长、项目较多、程序较复杂,例如学术研讨会、成果鉴定会等。请柬涉及的活动则一般为礼仪性的、惯例性的活动。

(2)书写内容不同

邀请书的内容比较详细,篇幅较长。除写明活动的内容、时间、地点外,还要交代有关事项,许多情况下还附有回执。请柬的内容则比较简单,除介绍时间、地点外,一般只会用一句话来点明活动的内容。

(3)外观形式不同

邀请书的外观形式类似一般信函,朴实无华。请柬则注重装饰,强调设计美观、装帧精良,更具礼仪性。

(4)送达方式不同

邀请书可寄可送,请柬则一般需专人送达。

【拓展阅读】

"盛筵"还是"盛宴"

先看两个例句:

例①"一次促进语文教师专业成长的盛筵"。(《中学语文教学》2006年第12期第71页。)

例②"今日起游戏盛宴等您品尝"。(《成都商报》2007年1月17日02版。)

上面两例所写的具体内容是各不相同的,但都是在写人数众多、规模盛大的一次活动。那么,形容这样的活动有的用"盛筵",有的用"盛宴",究竟哪一个对呢?带着疑问,笔者查阅了部分工具书,认为用"盛宴"一词较好。其理由如下:

第一,《汉语大词典》同时收录了"盛筵"和"盛宴"两词,其中解释"盛宴"为"盛大的宴会。"举例为《文汇月刊》1982年第4期:'当晚碧瑶分会为我们举行了盛宴,更增添了欢乐的气氛。'"(第七卷第1428页)解释"盛筵"为"盛大的宴席。"举例为"清蒲松龄《聊斋志异·局诈》:'家人归告侍御,侍御喜,即张盛筵,使家人往邀王。'瞿秋白《赤都心史》十二:'俄俗凡逢复活节的一星期,每家设着盛筵,种种食物鲜美丰盛。'"(页码同前)从这里的解释和举例来看,显然"盛宴"在强调"宴会",有宾有主,隆重、热烈、欢快;"盛筵"则强调"宴席",重在酒席食物的丰盛,并且有主人而不一定有宾客。

第二,《辞源》(第三册第2188页)和《汉语大词典》(第七卷第1428页)都收录了"盛筵难再"一词,都解释为"谓良会之不易重逢。"并都引例王勃《滕王阁序》:"胜地不常,盛筵难再。"(《汉语大词典》第七卷第1428页还收录"盛筵必散"、"盛筵易散",引例为《红楼梦》中语和清王嗣槐词)从这里来看,"盛筵"最早出自王勃文句。而王勃写《滕王阁序》是在都督阎某欢宴群僚和宾客之时,文中有"躬逢盛饯"之说,今高中课本解释为"参加这场盛大的宴会。"与课本相应的《教师教学用书》将"盛筵难再"翻译为"盛大的宴会难以再遇。"从这两处看,"盛大的宴会"难道不是可以很自然而恰当地说成"盛宴"吗?

第三,从两词的不同语素来看,筵,《说文》解释为"竹席也。"其本义是垫底的竹席,引申出铺席子、席位、座位、酒席等含义。宴,《说文》解释为"安也。"由安闲、安逸引申出喜、乐、以酒肉款待宾客等义项。从这里又可以看出,筵,多侧重于物,而宴,则多侧重于人。

从以上的分析来看,例①所说的内容是众多宾主举行的一次隆重而欢快的活动,因此用"盛宴"一词来形容应该才是恰当的。

（王友松：《"盛筵"还是"盛宴"》,《阅读与写作》2008年第1期,第26~27页）

写作心语:

写请柬时要注意一些文雅措辞的运用,这样才能使请柬显得大方雅致、真诚热情。

【文体训练】

一、填空题

1. 邀请书性质与请柬相似,但内容要比请柬_____。
2. 邀请书除写明活动的内容、时间、地点外,还要交代_____。
3. 与请柬不同,邀请书许多情况下附有_____。
4. 请柬的内容表述要清楚,尤其_____、_____要明确。
5. 如果是邀请对方观看表演,请柬应附上_____。

二、思考题

1. 邀请书的标题通常有哪两种写法?
2. 邀请书与请柬有哪些异同?
3. 请柬的结构包含了哪几部分,需要注意些什么?

三、文体实训题

2012年12月21日是阳伞生物科技股份有限公司举行成立十周年庆典的日子。该公司是一家自力更生、注重创新的生物科技公司,不但在生物工程和制药领域取得了重大成就,而且培养了大批生物科技人才。十年来,该公司共向浣熊市纳税十亿元左右。

请根据这些信息,以阳伞生物科技股份有限公司总裁李昂的名义给浣熊市市长范伟发一封邀请书,邀请其参加公司成立十周年庆典,并希望其在庆典上做主题演讲。

要求:格式规范,感情真诚,字数不超过200字。

第五节　贺信(电)

【范文示例】

贺信

中国大学生体育代表团:

欣悉我代表团女子78公斤以上级柔道选手秦茜在第26届世界大学生夏季运动会比赛

中勇夺桂冠,为中国大学生体育代表团夺得首枚金牌,取得良好的开端。特此向冠军运动员及中国大学生体育代表团表示热烈的祝贺和亲切的慰问!

希望中国大学生体育代表团以精湛的体育运动技术和良好的体育道德作风,在大运会赛场上与世界各国、各地区大学生共同交流技艺,增进友谊,努力争取运动成绩与精神文明双丰收,圆满完成各项参赛任务,为祖国、为人民赢得更大的荣誉。

中华人民共和国教育部
二〇一一年八月十三日

(来源:中国政府网,http://www.gov.cn)

【知识储备】

一、贺信(电)的含义

贺信(电)是对取得成绩、做出贡献的个人或集体以及会议、节日、婚礼、生日等喜事表示祝贺、赞颂的函电。

贺信(电)感情充沛,文字明快,往往通过报刊、电视、广播等媒介来宣传,以产生更大的鼓舞作用。

二、贺信(电)的特点

1. 重在祝贺。贺信(电)主要是为了表达祝贺和赞颂,以增进了解、加深友谊、促进合作。
2. 信电发出。由于祝贺者无法到场,所以通过信件递送或电文拍发贺信(电)祝贺。
3. 具时效性。贺信(电)因事而发,时过境迁则丧失意义,因此须及时发送。
4. 行文多向。贺信(电)可以上行、平行和下行。
5. 感情充沛。贺信(电)要表达祝贺和赞颂,因此语言具有较强的感情色情,以表现出热情真诚。
6. 体制短小。为便于传递,贺信(电)通常体制短小精悍,贺电尤为短小。

三、贺信(电)的类型

按祝贺者,贺信(电)可分为单位贺信(电)和个人贺信(电)

按祝贺事项,贺信(电)可分为成就贺信(电)、庆典贺信(电)、会议贺信(电)、晋升贺信(电)、生日贺信(电)、节日贺信(电)等。

四、贺信(电)的结构与写法

(一)标题

贺信(电)标题字号一般要比正文略大,写法通常有三种:
1. 只写"贺信(电)"二字。
2. 采用"事由+文种"的格式,如"祝贺阳伞生物科技股份有限公司成立十周年的贺信"。
3. 采用"发信方+文种"、"受信方+文种"或"发信方+受信方+文种"的格式,如"浣熊市政府贺信"、"致阳伞生物科技股份有限公司的贺信"、"浣熊市政府致阳伞生物科技股份有限公司的贺信"。

（二）称谓

顶格写明祝贺对象的姓名、称呼（单位则写其名称）。如果是祝贺会议，则只写会议名称。

（三）正文

1. 前言。首先用简洁的语言写出祝贺的理由并表示祝贺，如"值此郝××小姐与××先生举行婚礼之际，我谨代表阳伞生物科技股份有限公司表示热烈的祝贺"。

2. 主体。依据祝贺事项的不同，主体的措辞要有所区别。如果是祝贺对方取得成绩、做出贡献，就要充分肯定和赞扬对方的成绩和贡献，表达向对方学习的意愿或鼓励对方再接再厉；如果是祝贺会议，就要重点说明会议的重要意义和深远影响；如果是祝贺对方升职，就要侧重于祝愿对方在新的职务上取得新的成绩，表示希望双方能进一步加强联系、增进友谊。

3. 结尾。结尾要表达祝愿、鼓励或希望，如"祝您取得更大的成就"，"祝大会圆满成功"，"祝您健康长寿"。

（四）落款

在贺信（电）的右下方签上祝贺人姓名或祝贺单位名称（加盖公章），同时写明日期。

【例文评析】

江泽民致申办 2010 年上海世博会代表团的贺电

中国申办 2010 年上海世博会代表团：

欣悉我国在国际展览局第 132 次代表大会上赢得 2010 年世界博览会举办权。我向你们表示热烈祝贺！并对代表团全体人员和所有参与申办工作的同志表示亲切慰问！

世博会是促进各国在经济、社会、文化和科技领域开展交流与合作，推动人类文明进步的盛会。举办 2010 年上海世博会，将为我国进一步改革开放和加快现代化建设增加新的动力，为世界了解中国、中国进一步走向世界开辟新的窗口，为加快全面建设小康社会提供新的机遇。

希望大家再接再厉，积极借鉴其他国家举办世博会的成功经验，精心筹备，把 2010 年上海世博会办成一届成功、精彩和难忘的博览会。

国家主席 江泽民

二〇〇二年十二月三日

（来源：央视国际网，http://www.cctv.com）

【评析】

这是一份国家主席发给中国申办 2010 年上海世博会代表团的贺电。该贺电首先介绍了祝贺的原由，并向中国申办 2010 年上海世博会代表团表示了热烈的祝贺和亲切的慰问；接着，贺电对世博会的作用及举办上海世博会的意义给予了高度评价；最后，贺电对代表团成员表示了鼓励，提出了希望。

【温馨提醒】

写贺信(电)要注意以下几点:
1. 内容要实事求是,评价、颂扬要恰如其分。
2. 行文要简短流畅,尤其贺电通常 100 余字即可。
3. 感情要充沛热烈,真诚恳切。
4. 贺信(电)完成后要及时发出。

【拓展阅读】

邀请与请柬的礼仪细节

一般商务活动或社交聚会,应该在活动或聚会的 1~2 个星期前发出请柬。

小型舞会(dance),应该在舞会的 2~3 个星期前发出请柬。

大型舞会(ball),应该在舞会的 3~4 个星期前发出请柬。

国际惯例的婚礼邀请通常需要提前 8 个星期发出请柬。

如果活动包括晚宴,应该在请柬上分别写明恭候时间和入席时间。

如果邀请的客人在外地,应该提前考虑住宿等问题。

作为被邀请者,收到请柬后越快回复越好,通常收到请柬后应该立即回复。

有些更正式的请柬,会附上一张用于回复的卡片和写好地址的信封。你只需在卡片上填上是否接受邀请,并尽快寄出即可。

如果你已经回复了主人你将参加聚会,但临时有急事无法赴约,应该尽快通知主人,因为有些聚会的花费是按人数计算的。此外,应向主人道歉并解释无法赴会的原因。

应邀出席时要准时到达,迟到是非常失礼的行为。

温馨小贴士:请柬中最好包括一张线路图,以便客人更清楚具体的地点。

(来源:http://lady.163.com)

写作心语:

在商务活动中,邀请客户参加商务活动应该发出正式的请柬,并且一定要注意礼仪细节。

【文体训练】

一、填空题

1. 贺信(电)是表示_____、_____的函电。
2. 贺信(电)在行文方向上可以_____、_____、_____。

二、文体实训题

深圳世纪海翔投资集团准备于 2009 年 1 月 20 日举办开业庆典,该集团主要产业是有色金属工业,以开发和研究新的有色金属为己任。中国有色金属工业协会准备在这次隆重的开业庆典上致辞并祝贺,请根据以上材料代中国有色金属工业协会写一份祝贺对方庆典的贺信。要求格式规范,语言简练,符合贺信的写作要求。

第七章

传播文书写作

目标导向
- 了解传播文书的含义和作用
- 学会传播文书各文种的结构和写法
- 学会运用文书实际操作

传播文书是指为扩大政府、机关单位、社会团体或某个人物、某一事件的社会影响,向公众进行有目的的宣传、公关时使用的实用性文书。传播文书范围很广,包括新闻、新闻评论、启事、声明、产品说明书、海报、演讲词、解说词等。传播文书对于信息的发布者来说,其目的就是让公众知晓所发布的信息并给公众留下深刻的印象;对于公众来说,获取了大量的有用信息。

第一节 消 息

【范文示例】

九江段 4 号闸附近决堤 30 米 两千余军民奋力抢险

本报江西九江 8 月 7 日 16 时 5 分电(记者贺延光) 今天 13 时左右,长江九江段 4 号闸与 5 号闸之间决堤 30 米左右。洪水滔滔,局面一时无法控制。现在,洪水正向九江市区蔓延。市区内满街都是人。靠近决口的市民被迫向楼房转移。

【知识储备】

一、消息的概念

消息是一种新闻体裁,新闻有广义和狭义之分。广义的新闻,包括消息、通讯、特写、新闻评论、新闻专访、新闻图片、调查报告等多种新闻体裁。

狭义的新闻,专指消息。消息是用概括叙述的方式,以简明扼要的文字,迅速、及时地报道新近发生的、有新闻价值的事实的一种文体。如新华社、通讯社所发的"电讯",电台、电视台的"本台消息",报纸上刊登的"本报讯"等都属于消息。

二、消息的特点

消息具有真、新、快、短的特点。

真,指消息的真实性。真实是消息的生命,消息要写真人、真事、说真话、反映真事情况,虚假的消息没有任何意义。

新,指消息报道的事实必须是新近发生或发现的新鲜事,为大众提供新信息、新知识,或提出新问题以引起社会的关注。

快,指消息的时效性。时效性与消息的价值是成正比的。消息报道讲究迅速、快捷,要抢占报道的先锋。

短,指篇幅短小,用简洁的语言准确的报道事实真相。篇幅短小,才能增加刊载的信息量。

三、消息的种类

根据报道的内容和写作特点,一般把消息分为:动态消息、综合消息、经验消息、述评消息和人物消息。

1. 动态消息

对国内外已经发生、正在发生和即将发生的重大的反映最新态势的事实的报道就是动态消息。这种消息简短明快,实效性强。

2. 综合消息

综合消息是把具有同一性质和特点的事实组织在一起进行报道的消息形式。它往往围绕一个中心,综合全国或某地区、某部门相同类型的事件进行综合报道。综合消息从不同侧面反映共同主题,报道面宽,可以给大众全局性的认识。

3. 经验消息

经验消息又称典型消息,是对某一地区或某一部门成功经验进行报道的消息形式,它并不概括经验规律,只是用具体的事实反映经验。

4. 述评消息

述评消息是就国内外重大的新闻事件或带有倾向性的问题,采用夹叙夹议、边述边评的方式进行报道的一种消息形式。它在叙述新闻事实的基础上,以评议剖析事实本质作为报道目的。

5. 人物消息

人物消息是突出报道人物的思想事迹的消息形式,要求及时迅速、集中突出地反映新闻人物最重要的贡献、最主要的事迹、最闪光的思想。在选材上,要选择人物活动的一两个场景,描写细腻、感人力强的生活画面,以此展示其生活的横切面。

四、消息的结构与写法

消息一般是由标题、电头、导语、主体、结语、背景组成,但消息写法非常灵活,电头、导语、背景、结尾不一定每则消息中都必须有。

(一)标题

标题是对消息内容的最精炼的概括,要求既能传递出消息的内容,能引导受众理解消息主题;还能够吸引读者,使其产生阅读和收听的兴趣。因此,撰写消息标题,应当力求做到内容要新颖,形式要醒目。

消息的标题,分眉题(又称引题、肩题)、正题(又称主题、母题)和副题(又称辅题、子题)。一般有单行标题、双行标题和多行标题三种类型。

1. 单行标题

只有一个标题,它是消息内容的高度概括,力求简洁明了。如《小浪底观瀑节20日开幕》。

2. 双行标题

双行标题由"肩题+正题"或"正题+副题"构成。正题是标题的主体,用来概括消息的主要内容,与之相配合的是肩题和副题。肩题常用来交代背景、点明消息的意义和作用。副题是对正题的解释、说明和补充。例如:

(1)(引题)舍小家　顾大家　为国家
 　　(正题)丹江口库区第一批大规模移民搬迁启动

(2)(正题)郑州昨日气温创全省新高
 　　(副题)未来三天我省高温天气将持续

3. 多行标题

由引题、正题和副标题组成。如:

(引题)干流封冻长达1 100千米

(正题)严防黄河闹"凌"灾

(副题)——党中央、国务院高度重视,国家防总和水利部已派工作组赴现场协助抢险

(二)电头

电头表明消息来源,通常用在标题之下,导语之前。电头一般写作"本报讯"、"社地月日电"字样。消息头一般有"讯"、"电"两大类,"电"指通过电报、电传或电话形式向报社传递的新闻报道;"讯"指通过邮寄或书面递交的形式向报社传递的新闻报道。

(三)导语

导语是消息的开头。它是由消息中最新鲜、最主要的事实或精辟的议论组成,以吸引读者。常见的导语有四种形式。

1. 直叙式导语

直叙式导语就是直接用最凝练的语言把消息中最重要的事实概括出来,给读者一个整体的印象。一般可采用"六要素"或"部分要素"写法。六要素就是写清时间、地点、事件、人物、原因、结果,部分要素即选取其中重要的要素概括消息的主要内容。多用于动态消息。例如:

省农业厅水产局与开封市农林局近日在开封市举行2010年黄河鱼类增殖放流启动仪式,共向黄河投放各种经济鱼类15 650千克,424.2万尾。

2. 描写式导语

描写式导语是对消息中的主要场景或人物做出生动简洁的描述,以渲染气氛,吸引读者。例如:

上海作协美丽的庭院内,燃起了99支蜡烛;铺向大门的红色地毯上,印满了来自全国各地的作家们的脚印。浓郁的喜庆氛围,托出今天的主题:庆祝巴金99华诞暨《收获》创刊45

周年。

3. 评述式导语

评述式导语是用夹叙夹议的方式对消息事实进行简要的画龙点睛式的评价,从而揭示出消息中蕴含的意义。例如:

【法新社莫斯科(2006年)7月21日电】格鲁吉亚和乌克兰今天退出前苏联国家举行的一个峰会。此事突出表明,在苏联解体15年后,紧张关系正在不断加剧。

4. 提问式导语

在消息导语中鲜明的提出问题,以引起读者的关注、重视,而后引出正文,展开叙述。

一架飞机能从宽仅14.62米的巴黎市中心的凯旋门门洞飞过吗?巴黎的英雄们正在做着他们的试验。

(四)主体

主体是消息的主要部分。它承接导语,阐述导语所揭示的主题,或回答导语中提出的问题,对消息事实作具体的叙述与展开。写主体要注意如下几点:一是主干突出。消息的主体是主干,典型材料要用在主干上。与主题无关的要舍弃,次要材料要简略。二是内容充实。回答导语中提出的问题,其内容必须具体、充实,这样才有说服力。三是结构严谨,层次分明。要恰当地划分段落,有条不紊地展开叙述,安排层次。

(五)结语

结语是指消息的最后一段或一句话。阐明消息所述事实的意义,使读者对消息的理解、感受加深,从中得到更多的启示。有的消息,事实写完,文章就止住了,结尾就在事实之中。

(六)背景

背景是指事件发生的历史环境和原因,它说明事件发生的具体条件、性质和意义,是为充实内容,烘托和突出主题服务的背景既可在主体部分出现,也可在导语或结尾部分出现,位置不固定。

【例文评析】

"子午工程"探空火箭发射成功
覆盖高度由60千米提高到190多千米

本报西安5月7日电(记者×××　通讯员×××)今晨7时02分,我国"子午工程"首枚探空火箭在海南发射成功。由航天科技集团公司四院41所研制的天鹰3G探空运载火箭搭载鲲鹏一号探空仪,成功测得了最高为196.6千米空间有效的科学数据。这一实验的成功将为我国自主检测空间环境、保障空间活动安全发挥重要作用。

据悉,7日7时,"天鹰3G"携带鲲鹏一号探空仪,在海南探空部火箭发射场发射。火箭升空后飞行运转、科学实验正常。本次搭载的鲲鹏一号探空仪包括双臂探针式电厂仪、大气数量成分探测仪、郎缪尔探针三个科学探测有效载荷以及箭载公用设备、箭上发射系统等设备。

航天四院于2009年7月获"子午工程"探空火箭与气象火箭研制任务。本次发射是继去年6月3日首枚气象火箭成功搭载我国首枚GPS探空仪发射升空后,首枚探空火箭发射成功。本次探空火箭在原先的基础上,覆盖高度由原来的20~60千米提高到了190多千米,检测范围从大气层延伸到电离层。航天科技四院41所天鹰系列火箭经过不断改进与完善,目前已经成为一个运载平台下,运载不同有效载荷完成多种探测任务,可用于临近空间大气物理探测、微重力科学实验、通讯中继等。

　　本次分型实验成功,标志着我国利用探空火箭开展临近空间探测实验取得了重大突破,是航天科技四院加强总体能力建设取得的又一标志性成果。

(来源:选自《光明日报》)

【评析】

　　这是一则动态消息,及时报道了最新发生的文化科技领域的重大事件。全文采用倒金字塔式的结构,先介绍主要内容和信息,概述式导语,揭示消息的主要内容和事件的价值和意义,而后再具体说明实验的情况、研制的经过,在结尾处,再次强调实验成功的重大意义。

【温馨提醒】

　　1. 消息的六要素是何时、何地、何人、何事、何因和发生经过,也称六个"W",即 When、Where、Who、What、Why、How。在具体的拟写过程中,并不是每一则消息都必须包括六要素,可以根据实际情况有选择地使用其中的项目。

　　2. 消息写作的人称是第三人称,无论作者是记者,还是本部门的通讯员,一律采用第三人称来报道。

　　3. 重视导语的拟写。导语虽然只是消息的一部分,但作用却重大,既要交代新闻的主要事实,还要引起读者的兴趣。在拟写导语时,要注意以下几点:六要素根据情况适当取舍;要简洁明了地写明事实,但不要公式化、数字化;不要堆砌太多的机构名称和人物职务头衔,不要使用太多晦涩难懂的专门术语;不要主次不分地写多个事件在导语中。

【拓展阅读】

一句话新闻

　　一句话新闻是新闻的一种形式,即运用一句话完成一篇新闻稿件的报道任务。虽然篇幅短小,但要求能够揭示新闻事件核心内容,要求有必要的时间、地点、人物、事件,使人一读就知谁干了什么事情(或什么事情怎么样),一般常用主谓句。

　　一句话新闻在形式上可以是单句,也可以是复句,一般情况下以单句为主。在内容上必须体现新闻属性,应该严格而完全地反映新闻事实。以尽可能少的语言表达尽可能丰富的新闻内容。

　　例如:

上海:地铁2号线将增能延时

　　连接上海浦东、虹桥两大机场和虹桥火车站的地铁2号线将从9月1日起增能延时。

日本:发现关节炎致病机理

　　细胞内的芳香烃受体蛋白对类风湿关节炎形成起了关键作用,这一发现将有助于开发新药物。

武汉将建第九座长江大桥

桥型为双塔钢箱梁斜拉桥,全长8.4公里,桥宽46米,预计2015年建成。

前7月全国工业利润增长28.3%

前7月,全国规模以上工业企业实现利润28 004亿元,增速比上半年回落0.4%。

4000光年外有颗钻石星

这颗由晶体碳组成的高密度行星,质量稍高于木星,但密度却是木星的20倍。

(来源:节选自《光明日报》2011年8月28日、30日)

写作心语:

消息的写作需要不断的实践,在大量写作探索的基础上,练就一支过硬的笔杆子;同时要善于捕捉新闻,培养一双敏锐的新闻眼,才能写出好新闻。

【文体训练】

一、填空题

1. 消息的导语可以有_____、_____、_____。
2. 消息可以分为_____、_____、_____、_____、_____。
3. 消息由标题、_____、_____、_____、结尾构成。

二、文体实训题

1. 根据这则消息拟制单行标题、双行标题、三行标题各一条。

新华网青海玉树4月25日电 玉树抗震救灾已进入重建阶段,据青海省卫生厅副厅长王晓勤介绍,对此次地震中的伤员仍将免费治疗直至出院。(新华网2010年4月25日)

2. 请用一句话概括下列新闻的主要内容。

央行的统计数字表明,到2月份,我国粮食价格已连续4个月小幅回升。分析师估计,今年国内主要粮食的价格水平可能会继续走高。据我国媒体对全国832个县和7万多个农户3月份种植意向的调查,今年我国稻谷、小麦和玉米等谷物品种播种面积继续减少,只有豆类品种播种面积增加,这将对今年的粮价水平有一定影响。

3. 请你根据下面的材料拟写一份消息。

学院第八届大学生文化艺术节于4月20日开始开幕,持续时间近两个月,到6月15日结束。期间将利用课余时间分别举办文学作品朗诵大赛、礼仪风采比赛、广告设计大赛和主持人大赛,参与报名人数众多,活动反响很好。

第二节 启 事

【范文示例】

开业启事

××厨具公司系专门经营饭店、宾馆厨房用品的公司。备有中西餐所用的现代化产品,产品种类齐全,全部经国家质量检测部门验证。本公司总经理××携全体员工竭诚欢迎新老顾客惠顾。

地址:××××××
电话:××××××××

××年×月×日

【知识储备】

一、启事的含义

启事是单位或个人因有事向公众说明事实或希望协办的一种文书,通常张贴在公共场所或者刊登在报纸、杂志上。

启事使用范围广泛,机关、团体、企事业单位和个人都可以使用,具有公开性、鼓动性和传播性等特点。

二、启事的分类

启事根据内容、性质的不同来划分,可以分为以下几类。

（一）寻领类启事

寻领类启事通常用于发布寻找、招领信息的启事。包括寻人启事、寻物启事、招领启事等。

（二）征召类启事

征召类启事常用于发布招募人员、征订资料等信息的启事。包括招聘启事、招生启事、招工启事、征友启事、征稿启事、征订启事、征婚启事等。

（三）告知类启事

告知类启事常用于发布广泛告知公众相关信息的启事。包括开业启事、庆典启事、更名启事、停业启事、迁移启事、鸣谢启事、更正启事、致歉启事等。

（四）声明类启事

声明类启事一般是为了完成法律程序。启事事项经声明公开、登报后,对其引起的事端不再承担法律责任。主要有遗失启事、更正启事和其他声明启事等。

三、启事的结构与写法

启事一般有三个部分组成:标题、正文和落款。

（一）标题

标题的写法可以有这样几种:

1. 标题只写"启事"。
2. 标题里标明启事事项,如"招领启事"、"开业启事"等。
3. 启事重要和紧迫,还可标明"重要启事"或"紧急启事"。有时将"启事"两字省去,只写"寻人"或"招聘"。

（二）正文

不同类型的启事正文内容有所不同,一般包括启事的目的、意义、具体办理方法、要求、条件等。正文是启事的主要部分,主要说明启事的事项。正文写法形式多样,可以分段写,内容多的应逐条分项写清楚。要写具体、明白、准确,简练通俗,千万不可模糊、含混、模棱两可,以免产生歧义。

（三）落款

落款即署名和日期。在正文之后右下角写启事单位名称或个人姓名。视具体情况,有的还要写上地址和启事时间,如果需要另起一行分别写到右下角。在标题和正文中已写明启事者,结尾中可省略,只写日期。报纸、杂志上刊登的启事也可以不写日期。

（四）几种常用启事的写法

1. 寻物、寻人、招领启事

寻车启事

2009年4月1日上午7时许,红海出租汽车公司×B·E2885号红色夏利出租车,由司机王××(男,45岁)驾驶外出营运,至今未归,该车发动机号为:9750147,车架号为:970896,车门上印有"红海出租汽车公司12345"字样,如有线索,请速与红海出租汽车公司联系,定重谢。

联系电话:(020)6254××××

联系人:王××

红海出租汽车公司
二〇〇九年四月五日

---

2. 招领启事

招领启事

本人在图书馆拾到手提包一个,内装人民币若干元,手机、信用卡等物,望失主前来认领。

电话:××××××××

李明
二〇〇八年十二月二十五日

---

3. 迁移启事

北京地坛医院搬迁启事

北京地坛医院(旧址东城区地坛公园13号)将搬迁,从9月24日起停止接受门诊、急诊及住院患者,同时启用新址。新址在朝阳区京顺东街8号,位于首都机场高速路和国道京顺路交汇处。搬家期间(9月18～23日)原址门诊、急诊不停诊。

为方便患者就医,从9月24日起开设免费发往新址班车,地点:地坛公园西门牌楼前,发车时间为7:15、8:30、10:30、11:15。

新院总机:010－34567890　　咨询电话:010－22334455、010－22334466

网址:www.bjdth.com

邮编:100015

北京地坛医院
二〇〇八年九月十八日

4. 征招启事

学生会招聘启事

　　新学期我校将成立新一届学生会，学生会干部将在全校范围内进行一次招聘。新的学生会组织将更加完善，分工更加明确，要求学生个人能力更强，能够代表广大同学的意愿，带领同学们实现新的更高的目标。希望全体同学积极参加竞选，相信自己的能力和实力，相信自己的选择。

　　学生会招聘程序：

　　1. 自愿报名阶段(2010年3月3~6日)

　　面向2009级学生招聘学生会干部，要求申请人具有高度的责任心，工作积极，思想端正，成绩良好，有进取心。

　　2. 资格审查阶段(2010年3月8~9日)

　　学校团委会对所有报名同学进行资格审查，在广泛征求班主任老师、任课老师和报名者本人意见后，向通过资格审查的同学发出面试通知。

　　3. 面试阶段(2010年3月10~13日)

　　请参加面试的同学准备一段自我介绍，申请文艺部与宣传部干部的同学，准备文艺特长的展示或书法、绘画作品。

学校团委会
二〇一〇年二月六日

【例文评析】

××××音像诚聘

1. 业务助理：数名，大专文化，懂电脑操作，能熟练运用office办公软件(限女性)。

2. 业务代表：数名，熟悉音像市场，有音像业工作经验者优先。

有意者请带个人简历亲临面试。

联系人：张××

电话：××××××××

【评析】

　　这则招聘启事，认真看完后发现有很多地方表述不明确，比如"数名"是几名呢？到哪里去面试？什么时间接待面试？这些都没有讲清，应聘者自然会"敬而远之"。

【温馨提醒】

　　启事与相近文种容易混淆，在此，对启事、声明、通知作简单区别。

　　(一)启事和启示的区别

　　启事是陈述事项。启示是给人以启发，使人有所领会和感悟。在实际生活中，要注意两者的使用范围，不要混淆。

　　(二)启事和声明的区别

　　1. 适用范围不同。启事意图在于告知大众应该知道的事项，适用范围较广。声明也是告知大众相关的事项,但其重点是申明传闻或辨认不实的事情,并说明真相,同时表明自己的态度和观点。如寻物、招领用"启事",遗失证件用声明来告知大众证件作废;征婚常用启事,离婚和断绝关系常用声明;开业、庆典、迁移办公地点用启事,本厂的商品、商标遭侵权则用声明。

2. 态度、措辞不同。启事的态度温和,语言谦和;声明的态度严肃慎重,措辞较强硬,在正文结束时,常用"特作如下声明"、"特此声明"等词语。启事则正常结束,没有专门的结束语。

(三)启事和通知的区别

1. 适用范围不同。通知,是运用广泛的知照性公文,常用来要求下级机关办理某项事务等。启事,是指将自己的要求,向公众说明事实或希望协办的一种短文,属于一般事务性的应用文的范畴,通常张贴在公共场所或者刊登在报纸、杂志上。

2. 发文机关不同。通知是下行文,是上级机关和部门发出的,需要下级机关或部门遵照执行的文种。启事的使用范围更广,机关、团体、企事业单位和个人都可以使用。

3. 执行力度不同。通知是要求遵照执行的文体,一般带有强制执行的要求。启事只是告知大众相关的事项,并没有强制性。

【拓展阅读】

历史上常有一些名人用启事来办事或明志或表态或自律,现撷取一则现代名人写启事的故事,以飨读者。

萧楚女的"楚女启事"

一九二二年,中共派萧楚女去四川开辟工作。他应邀担任《新报》主笔,几乎每天都以"楚女"之名发表文章。由于他文笔俊逸,逻辑性强,很快名声大振。有的青年猜他定是位"楚楚动人的女子",于是一封封求爱信雪片般飞到编辑部。为了避免类似事情发生,萧楚女只好在报上登上一则启事:"本报有楚女者,绝非楚楚动人之女子,而是身材高大,皮肤黝黑并略有麻子之大汉也。"

(中国新闻网,2003年12月22日,经删改)

写作心语:

启事作为一种文化传播的形式,常作为机构或团体用来陈述自己的打算、征集物品等的一种文体形式而登在报刊上或其他地方。其内容一定要认真斟酌,郑重承诺。

【文体训练】

一、填空题

1. 启事的适用范围是_____。
2. 启事的特点是_____、_____、_____、_____。
3. 启事的类别一般有_____、_____、_____。

二、文体实训题

1. 学院团委准备在全院范围内举行主题为"青春,绽放美丽"的征文比赛,请你拟写一份征文启事。

2. 修改下面一则招领启事。

启事

昨天晚上,本人在足球场的南大门口拾到一个灰色的双肩包,里面有《演讲与口才》一本,黑色钱包一个,内有现金300元整,校园卡一张,钥匙一串(共7枚钥匙)。请失主速来认领。

拾者
10月6日

第三节　演讲词

【范文示例】

精神的力量——军人大学生演讲词
×××

亲爱的朋友们:

　　自我穿上军装,就融入了这片蓝色的海洋。博学名志的校训在我脑海中烙下了永远难忘的印迹,我感悟着直线加方块的韵律,赞叹着粉笔与黑板的撞击,感动着骁勇与悲壮的交响,憧憬着战火与血汗的洗礼。

　　记得大学第一课,教授在屏幕上打出这样一行字:"最后一课",大家一时摸不着头脑,只听他语重心长地说:"同学们,你们记得都德的悲愤与无奈么?外敌入侵,在自己的祖国连母语都学不成。今天,尽管和平与发展是时代的主题,然而世界并不太平,战争离我们并不遥远。我们要居安思危,时刻准备为祖国而战。"大家陷入了沉思,不知是谁拍了一下手,顿时雷鸣般的掌声便经久不息。一种忧患意识和使命感在我心中油然而生。

　　××××年7月,大学教学改革如火如荼地进行着,升入大四的我来到了空军某部实习。在部队的荣誉室里我看到了一个熟悉的名字,我心头一震,他不就是我同学的父亲么!他在执行一项我军尖端装备试验飞行时不幸壮烈牺牲。我想起这位同学曾告诉我,父亲长年在部队工作,她出生时、高考时、18岁生日时,父亲都不在身边;她的奶奶在弥留之际用微弱的声音不断地念叨着她父亲的名字,家人也曾给父亲打电话,可他参加的科研正在关键时刻,走不开,忠孝不能两全的信念使他毅然选择了留在工作岗位上。后来,她父亲回家探亲,跪在奶奶的坟前,磕了三个响头,望着苍天,一遍遍地说:"母亲啊,儿子回来了,可是我再也看不到您了,儿子不孝,没能见您最后一面。"英雄如今也魂化蓝天,那里是他的归宿。

　　后来实习教员带我们去南京雨花功德园,我看到了那位同学父亲的墓志铭。烈士的事迹使我深深感到,学习知识要有精神的动力。实习回校后,我确立了报考思想政治教育专业研究生的目标,并如愿以偿。

　　我追求到了一把精神利剑,那是爱党爱国,抉择无悔的利剑;那是责任使命,奉献军营的利剑;那是科技强军,时不我待的利剑!正是这把利剑,使我在军校中成长,我将用这把利剑开启更多人的心灵,把我的一生献给绿色的军营,伟大的祖国!

(选自第一范文网)

【知识储备】

一、演讲词的含义

演讲词也称演说辞,它是在较为隆重的仪式上和某些公众场所发表讲话的文稿。演讲词是进行演讲的依据,可以用来交流思想、感情,表达主张、见解;也可以用来介绍自己的学习、工作情况和经验等;演讲词具有宣传、鼓动、教育和欣赏等作用。

二、演讲词的种类

1. 按照演讲的场所,分为会场演讲词、课堂演讲词、广播演讲词、电视演讲词等。
2. 按照演讲的内容,分为答谢演讲词、学术演讲词、竞聘演讲词等。
3. 按照表达形式,分为叙述性演讲词、议论性演讲词、抒情性演讲词。

三、演讲词的特点

(一)针对性

演讲词的针对性表现在三方面:针对内容,针对听众,针对场合。首先是演讲内容是听众所关心的问题,要能起到应有的社会效果。其次是要了解听众群体不同的兴趣点和不同的言谈习惯。再次,演讲还要注意针对不同的场合,为听众设计不同的演讲内容。

(二)口语性

口语性的特点是演讲词区别于其他书面表达文章和会议文书的重要方面。演讲词讲究"朗朗上口"和"声声入耳"。多使用生动和活泼的口头语,避免过于规范和严谨的书面语。

(三)鼓动性

演讲是一门艺术,好的演讲要具有一定的鼓动性和煽动力,使听众的思想能与演讲产生共鸣,进而精神振奋、情绪激昂。

四、演讲词的结构与写法

演讲词一般包括标题、署名、称谓和正文四个部分。

(一)标题

演讲词的标题写法形式多样,总体来说要简洁、新颖、切题,具有吸引力。

1. 直接揭示主旨的标题,如《科学的颂歌》、《金杯银杯不如老百姓的口碑》。
2. 揭示内容的标题,如《期待与现实》、《在马克思墓前的讲话》。
3. 使用修辞手法的标题,如《带着梦想起航》、《我是一颗小小的铺路石》。
4. 提出问题式标题,如《当代大学生应该具备什么样的素质?》。
5. 情感强烈式标题,如《我骄傲,我是中国人》、《让爱飞翔》。

(二)署名

在标题下居中书写演讲者的姓名。

(三)称谓

根据演讲的场合和听众确定称谓,常用"朋友们"、"同志们"等,前面可以加上"尊敬的"等敬语。有时为了渲染气氛,拉近与听众的距离,可以用"年轻的朋友们"、"亲爱的朋友们"

等称谓。在庄重的场合下,还要写上与会者、会议主持人等称谓,如"各位领导"、"主席"等。在有外国友人的情况下,可以使用国际惯例,"女士们、先生们"。

(四)正文

正文一般由开头、主体、结尾三部分构成。

1. 开头

好的开场白,往往能给听众一个好的第一印象,一下子抓住听众的兴趣。演讲词的开头要吸引听众的注意,迅速激起听众的浓厚兴趣。常用的开头方式有引用名言警句、诗词佳句等引出下文;开门见山地,亮出主旨,引起听众的关注;提出问题,发人深思;叙感人故事、营造氛围,激起听众情感的共鸣等。

(1)名言警句、佳词丽句开头

古语说:"人非草木,孰能无情。"然而,情分多种,情有独钟。"劝君更尽一杯酒,西出阳关无故人",是令人感喟的友情;"谁言寸草心,报得三春晖",是使人称美的亲情;"在天愿作比翼鸟,在地愿为连理枝",是缠绵悱恻的恋情;"日暮乡关何处是,烟波江上使人愁",是引人思归的乡情。今天,我也向大家讲述一个人的情。

(选自《血心痴情》)

(2)开门见山,亮出主旨

这种开头不绕弯子,直奔主题,开宗明义地提出自己的观点。著名羽毛球运动员韩健在他载誉归来的汇报演讲中就采用了这样的开场白:

我从17岁开始从事羽毛球运动,至今已经14年了。在这14年里,我有过成功的经验,也有过失败的教训;有过当世界冠军的喜悦,也有过败北的痛苦。今天,我不想炫耀自己如何"过五关斩六将",而只打算认真地谈一谈"走麦城"。

(选自无忧演讲培训中心,http://www.51yanjiang.org)

(3)提出问题,发人深思

通过提问,引导听众思考一个问题,并由此造成一个悬念,引起听众欲知答案的期待。

如果有人问你,什么是精彩?你会怎样回答?战争年代的踊跃参军,八十年代的文学热,还是九十年代的出国热?对,它们都是精彩。每个时代有每个时代的精彩,每个时代也造就了不同的精彩,但无论怎样,精彩总是与青春紧紧相连。

(选自《精彩,与青春有约》)

(4)叙述感人故事,激起听众情感的共鸣,如:

我曾经看过这样一则报道:某边远山区一个中学生,一天在家复习功课,一旁的已过入学年龄的小弟弟拿他的铅笔在纸上涂着画着,突然若有所思地仰起小脸,眨巴几下小眼睛,认真地问:"哥哥,什么时候才到32号呀?"这位中学生看看天真的小弟弟,笑着逗着:"32号,你要干啥?""爸爸说,到32号才能送我上学。"中学生望着可爱的小弟弟,内心针扎般难受:天哪,父母为了供自己上学,整天操劳,身体都累垮了,哪还有能力再供弟弟上学?啊,32号……

(选自刘军的《让32号从明天开始》)

(5)使用排比、比喻、拟人等修辞,营造氛围

在演讲开头的时候可以使用排比句的方式营造一种现场的氛围和声势,吸引听众。

在爬满甲骨文的钟鼎之上,读祖国童年的灵性;在布满烽火的长城之上,读祖国青春的豪放;在缀满诗歌与科学的大地之上,读祖国壮年的成熟……"

（选自《祖国在我心中》）

开头的方法还有很多。总之，无论采用什么形式的开头，都要做到先声夺人，富于吸引力，切忌陈腔滥调、与主题无关。

2. 主体

主体部分是演讲词的主干、核心，也是演讲主旨层层展开、不断深化，最后推向高潮的所在。在写法上，有以下三种类型。

（1）并列式

围绕演讲词的中心论点，从不同角度、不同侧面分成几个并列的分论点进行阐释。

（2）递进式

在提出中心论点后，由表面、浅层入手，步步深入、层层推进，最终揭示深刻的主题，这种方法能使事物得到由表及里的深入阐述和证明。

（3）并列递进结合式

这种结构，或是在并列中包含递进，或是在递进中包含并列。一些纵横捭阖、气势雄伟的演讲词常采用这种方式。

3. 结尾

演讲词的结尾，要干脆利落，简洁有力，可以提出希望，发出号召；或归纳、升华主题等。好的结尾应收拢全篇，卒章显志，切忌画蛇添足，节外生枝。如：

同学们，我们大学生是社会青年中的精英，是未来社会的栋梁，以科学知识造船，用诚实守信扬帆，乘风破浪，前方的天地就会广阔无边，未来的人生就会烟花烂漫。

（选自《诚信——大学生的必备》）。

如今，我已不再感慨"何处是归程，长亭更短亭"，也不再去羡慕那些下海的人们，我觉得自己的价值取向是正确的，自己的精神世界是富有的，我的路是通向辉煌的、有意义的人生的，而且我一定会走下去。朋友们，走你自己的路吧。

（选自《朋友们，走你自己的路》）

【例文评析】

大学学生会组织部部长竞选演讲稿

尊敬的老师、学兄、学姐，亲爱的同学们：

大家好！

我是10会电(2)的团支部书记，同时也是学生会督察部、劳动部、广播站的成员。我很荣幸能有机会站在这个讲台上参加这次的竞选。因为我是炎黄子孙，所以弊姓黄，名玉珍。我要竞选的职位是组织部部长。我来自土楼之乡永定，是一个乐观开朗的女生，自信且有责任心。初中三年我一直担任副班长，有丰富的工作经验，在初中三年都被评为"优秀学生干部"，获"优秀作文"奖。来财校这一年里被评为"优秀团干"，获得奖学金三等奖。我认真对待每一件事、脚踏实地的生活，平时喜欢看书、听歌、写作，是一个团结同学、很好相处的人。我相信我有能力担任组织部部长这个职位，我的自信来源我自身的能力和别人的信任与肯定。

我最喜欢的一句话是：少壮不努力，老大徒伤悲。我们只有把握现在才能展望未来，要知道成功是给有准备的人的。

我所知道的学生会是一个服务同学、协助学校开展活动的组织。而组织部则是学生会的重要组成部分，是学生组织、开展工作的重要帮手。

如果我能竞选成功，我会努力做好我的工作，我从以往的工作经验中学会了怎样更好地组织工作，动员一切可以团结的力量；学会了怎样为人处事，怎样忍耐，怎样解决矛盾，协调同学间的关系；学会了怎样处理学习与工作间的矛盾。如果我竞选成功，我对组织部有以下工作计划：

1. 为新生团员换补发团员证，及时收取团费；

2、3、4、5(略)

如果我竞选成功，我会更加完善自己，提高自己各方面的素质，以积极热情的心态去对待每一件事情，我会更加努力学习，虚心求教，有错就改，广纳贤言，在工作中大胆创新，不盲目从事，有计划、有原则地做事。

我知道现在再多的豪言壮语也不过是纸上谈兵，拿破仑说过："不想当将军的士兵不是好士兵。"相信我，我会用实际行动来证明我是个好士兵。如果我没有竞选成功，说明我还有不足之处，我不会气馁，我的这份热情、这份努力会一直伴随着我，我会更加充实自己。我认为我竞选的不仅仅是一个职位，更是在争取一个让自己更加努力奋斗的机会，一个让自己更好成长的平台。希望大家能给我一个机会。

谢谢大家。

【评析】

这篇演讲词的题目直接点明了主旨，清晰醒目。在开头先自我介绍，接着阐述自己的性格、爱好、工作经历和自己具备竞选职位的能力特点，为竞选组织部部长提供可靠的依据，增强了观点的可信度。主体结构还进一步采用分项的方法来阐述自己的工作设想。结尾处重申观点，客观自我评价。行文有条有理，简洁明晰，语气谦虚谨慎、态度大方得体。诚恳而又求实的语言提升了演讲的力度，是一篇成功的演讲词。

【温馨提醒】

撰写演讲词注意事项：

1. 演讲对象明确

撰写演讲词要了解听众，注意听众的组成，了解他们的性格、年龄、受教育程度、出生地，分析他们的观点、态度、希望和要求。

2. 主旨明确，中心突出

一篇演讲词只能有一个中心，全篇内容都必须紧紧围绕着这个中心去铺陈，这样才能使听众得到深刻的印象。

3. 感性和理性相结合

好的演讲词，应该既有热情的鼓动，又有冷静的分析，做到动之以情、晓之以理。

4. 语言准确精炼、通俗形象

演讲词的特点，决定了其语言的口语化，多用短句，少用文言、生僻词语，这样，才能保证讲起来琅琅上口，听起来清楚明白。

【拓展阅读】

演讲的技巧

准确、简洁、优雅和富有个性的演讲,既有助于演讲者顺畅无误地表达自己的思想和情感,又能给听众以美好和谐的审美愉悦。

下面是古伊·卡瓦斯基(Guy Kawasaki)提出的一个幻灯片制作和演讲原则,他说,不管你的想法是否能够颠覆世界,你都必须要在有限的时间里,用精炼的语言将其精华传达给听众。

1. 眼神交流
2. 放慢速度
3. 用15个词做总结
4. 有趣的演讲
5. 20—20原则
6. 提早到会场
7. 熟能生巧
8. 演讲就像讲故事
9. 提高音量
10. 不要事先计划手势
11. 当你错误时一定要道歉
12. 吸气而不是呼气

(注:20—20原则指的是,演讲中你要有20张幻灯片,并且每张幻灯片只演讲20秒。其目的就是做到简练,避免听众听得不耐烦。)

(来源:中国范文网,http://www.vool.cn,有删改)

写作心语:

在运用演讲词进行演讲时,演讲者要寻找自己与听众的共同点、相似点,适当使用一些技巧,以唤起听众的共鸣,使演讲获得成功。

【文体训练】

一、思考题

1. 阅读下面短文,思考一下:演讲词应该怎样获得听众的共鸣和支持?

林肯在一次演讲结束前回答听众的问题。有人问他有多少财产,大家期待的答案当然是多少万美元、多少亩土地,然而林肯真情地回答道:"我有一位妻子和一个儿子,都是无价之宝。此外,租了三个办公室,室内有一张桌子、三把椅子,墙角还有一个大书架,架上的书值得每个人一读。我实在没有什么依靠的,唯一可依靠的财产就是——你们。"

2. 阅读下面短文,思考一下:这篇演讲词的开头是否可取?

一位青年参加演讲比赛,他抽到的题目是《除了无悔,我还能对你说些什么》。经过准备,他是这样开头的:(向观众出示"青春"二字)"大家请看,这是我演讲的核心——青春。(将"青春"的上部折叠起来)我们可以看到,青春二字的基础是'月'与'日'。这说明了什么?说明我们老祖先在造字时就想到了:青春是充满光明的,青春是灿烂辉煌的,青春是无怨无悔的!所以我今天演讲的题目就是要对青春说:"除了无悔,我还能对你说些什么?""

二、文体修改题

1. 指出下列演讲词中存在的问题,并进行修改。

(1)一位民警在"爱岗尽责"的演讲活动中写了一篇事迹演讲词,拟定题目为《立足本岗、求真务实、为民服务、再创佳绩》。

(2)一名学生在《奋斗——通向成功之路》的演讲词中,定的主旨是"只要奋斗,就一定能成功"。

2. 下面是一篇演讲词《有志者,事竟成》的开头和结尾,请做出评论,如果不合适,请做出修改。

开头:

俗话说得好:"万事开头难。"每个人都有许许多多的"第一次",正是有了许多的第一次,才构成了丰富多彩的生活。但是,人们第一次尝试做某件事时,往往缺少经验,所以,第一次又是充满了苦涩与泪水的,正是因为这样,才有了"失败乃成功之母"这句名言,一个人只有在失败中历练,吸取经验,才会孕育成功。

结尾:

让我们再一次唱起那熟悉的旋律吧:"我和你一样,一样的坚强,一样的全力以赴追逐我的梦想……"

让我们一起"第一次就把事情做好!"

第四节 声　明

【范文示例】

严正声明

近日,我局接到举报,有不法分子冒用国家文物局名义,在全国组织建党90周年红色经典纪念馆巡礼活动,收取相关费用,造成不良社会影响。为此,声明如下:

一、我局从未参与组织该项活动;

二、该活动组织者必须立即停止侵害行为,消除不良影响;

三、我局将配合有关部门对涉嫌违法犯罪行为进行查处;

四、受到侵害的单位或个人,请及时向公安机关报案,以维护自身合法权益。

国家文物局办公室
二〇一一年五月十日
(选自中国网络电视台)

【知识储备】

一、声明的含义

声明是告启类文书的一种，是就有关事项或问题向社会公开说明让更多人知晓相关情况的应用文书。机关单位、社会团体、企事业单位、其他组织或公民个人均可发表声明。声明可以在报刊登载，也可以通过广播、电台、网络播发，还可以进行张贴。

声明具有表明立场、观点、态度，保护自身合法权益不受他人侵害，以及对任何侵权行为发出警告的作用。

二、声明的分类

（一）被动性声明

通常是当自己的某种合法权益受到侵害，为维护自己的合法权益、引起公众关注，并要求侵权方停止侵害行为的声明。如"抗议声明"、"严正声明"。

（二）主动性声明

通常是主动在自己遗失了支票、证件等重要凭据或证明文件时，为防止他人冒领、冒用而发表的声明。如"遗失声明"、"作废声明"。

三、声明的格式、内容和写法

声明由标题、正文和尾部三部分组成。

（一）标题

1. 一般只写文种"声明"。
2. 由事由和文种构成，如"遗失声明"。
3. 由发文机关名称、授权事由、文种三项构成，如"××有限责任公司授权法律顾问××律师声明"。

（二）正文

被动声明中需简要地写明发表声明的原因，告知声明的事件、内容，或者表明对有关事件的立场、态度；遗失声明中要写明遗失人姓名或单位名称、遗失时间、遗失原因、遗失的物件名称，物品如果有证号，还需写明号码。

（三）尾部

包括署名、时间和附项三项内容。有的声明正文中写有希望公众检举揭发侵权者的意思，还应在署名的右下方附注自己单位的地址、电话、电传号码以及邮编，以便联系。

【例文评析】

例 1

遗失声明

豪家门业（李晓明）的税务登记证正副本（证号：××××××××××）遗失，声明作废。

二〇一一年五月三日

【评析】

　　因重要凭证、文件丢失,为防止他人冒领和冒用,在当地报纸上刊登遗失声明。标题和内容一致。正文语言简洁,事件清晰,并突出证件编号,最后声明作废。文中已经有当事人或单位的名称,结尾不再署名。

　　例2
公司声明

　　近日,有消费者反映网上有×××化妆产品在销售。×××公司(中国)非常重视,立刻聘请独立第三方机构进行调查取证,并另行委托独立第三方权威机构对取证中收集到的样品进行严格检测。检测结果表明,来源于网上销售的所谓××化妆产品中,45%是假货,非我公司生产。

　　2011年3月30日,中国消费者协会在京发布消费警示,郑重提醒广大消费者:一定要从正规渠道选购化妆品。因此,为了维护您的合法权益,请通过×××美容顾问和授权经销商购买正价产品,并保留好售货凭证和完好包装。

二○一○年三月

【评析】

　　这是一份被动声明,针对性强,针对消费者的疑问一一作出解释。正文中先写出声明原因,公司针对消费者的反映做出的措施,并写明检验结果,最后写出购买渠道和辨认方法。内容齐全,语气恰当。

【温馨提醒】

写声明时应注意:

1. 态度要鲜明。对于被动声明,一定要义正词严地维护声明人的权益,直接对侵权行为发出警告,表明态度。

2. 语气要坚决。由于声明人的权益是正当的,是受保护的,因此在写作声明时,语言要准确有力,语气要坚决果断。

3. 事项要清楚无误。这点对于主动声明尤为重要。

【拓展阅读】

"申明"和"声明"各有用处

　　吴小姐:1月12日A7版《4个U盘里的情书迷倒20个女人》第二部分第二段"结婚自愿申明"中的"申"是错别字,应该是"声"。

　　根据《现代汉语词典》的解释,"申明"是"郑重宣布、说明"的意思,"声明"是"公开表示态度或说明真相",多用于国家、政府、政党、团体或其领导人对重大问题进行公开而正式的发表。用做名词时,指"声明的文告"。考察两者的不同之处,"声明"重在公开宣布,以让公众知道;"申明"重在说明,以说服对方。所以这里的"申明"是对的。

(来源:《钱江晚报》,http://qjwb.zjol.com.cn)

旅游合同声明的有效性

9月,王路带着一家人兴致勃勃地参加了一个由20余人组成的旅行团,到上海参观游览"世博",然而行程中发生的一些意外让旅客们很不愉快。按照行程计划,到达上海的第二天游览"世博",但导游未跟大家协商,擅自将游"世博"的行程改为第三天。就在第二天晚上,一场突如其来的暴雨使世博游览计划被迫取消。游客返回后,要求旅行社按照规定双倍赔偿"世博"门票,而旅行社只愿意原价退还"世博"门票,拒绝赔偿。

旅行社退赔理由是旅游合同中已经做出声明:本公司在保证不减少行程的前提下,保留调整行程的权利。这就是说,旅行社和导游都有调整行程的权利,团队出发前已经告知游客,游客已经知情。况且取消游览"世博"是不可抗力造成的,旅行社没有过错,所以不应承担赔偿责任。

那么,取消游览"世博"究竟是不可抗力还是旅行社违约?这则事先声明是否具有法律效力?这样的声明对游客是否具有约束力呢?

首先,旅行社的声明显失公平,不具有法律效力。其次,旅行社的行为属于违约,应当承担赔偿责任。最后,旅行社提出此次取消游览世博是因为暴雨,属于不可抗力是不正确的。综上,发生这样的事故,王路及一行人可以与旅行社协商解决,如果协商不成,可以到当地旅游局或消费者协会投诉,也可以到合同签订地法院起诉。

(来源:法律教育网,http://www.chinalawedu.com)

写作心语:

写声明时,首先要学会正确选择词语,别把"声明"当"申明";其次,当机关、团体、任何组织或个人的某种合法权益受到侵害时,更要学会辨别并维护自己的合法权益。

【文体训练】

一、填空题

1. 声明的种类大致可分为_____和_____两大类。
2. 声明的作用是_____、_____、_____。

二、文种选择题

根据内容和事由,为下列事情选择适当的文种:

1. 商店出租
2. 市青年联谊会
3. 公司更名
4. 影视作品展作品征集
5. 学校50年校庆
6. 人员招聘
7. 单位全体会议
8. 手机丢失
9. 转账支票丢失
10. 理发店开业

三、文体实训题

1. 为防止居民身份证、户口本丢失后正当权益受到侵害,公安机关建议居民到晚报、法制报等权威媒体刊登遗失声明。请你为章晓拟写一份刊登在《××日报》上的户口本遗失声明。

2. ××学院教务处为方便学生的专升本学习,特聘请有实力的教师利用周末时间为学生辅导,收取一定的辅导费用。在辅导班还没有正式开课前,教务处发现学院的很多广告栏里张贴着各种各样的专升本辅导班广告,收取高额费用,并保证考取率为100%,还自称是学院组织的辅导班。教务处为提醒广大学生不要被广告中的空头许诺而迷惑,拟写一份声明,请你代为完成。

第五节 解说词

【范文示例】

电视纪录片《感动中国——共和国100人物志》解说词
华罗庚——最后一堂数学课

当华罗庚讲完最后一句结束语的时候,大家的掌声经久不息。一位日本女数学家捧着一束鲜花向台上走去,然而谁都没有想到的是,当鲜花递到华罗庚面前的时候,华罗庚却突然倒下了。由于急性心肌梗塞,东京大学的这间报告厅竟然成了他最后的课堂。

虽然是一场意外,但华罗庚的亲人们始终觉得,华罗庚似乎是有预感的。常年的腿疾和心脏问题让他的身体早已不堪重负,在接到日本方面邀请的时候,他身边几乎所有的人都劝他婉拒这次邀请,但他却一再坚持前往。

在出访日本前夕,华罗庚又一次来到自己心爱的清华园,在看望了刚出生不久的外孙女之后,他在清华园的课堂门口特意停下了脚步。

1931年,清华大学数学系主任熊庆来无意中看到了一篇文章。文章很清晰地指出了一个著名数学理论的错误。熊庆来对这篇文章印象深刻,但他并不知道,究竟是谁写出了这篇重要学术文章。百般寻找,熊庆来终于联系上了文章的作者——当时远在江苏的华罗庚。21岁的华罗庚来到清华园。对于这个左腿残疾、初中毕业就辍学的年轻人来说,熊庆来的出现无疑是为他打开了一扇通向数学王国的大门。在熊庆来教授的极力举荐下,华罗庚被破格聘为助教,这个只有初中文凭的人,从此走上了清华的讲台。而这一讲就是50年。华罗庚也从一个小助教成长为蜚声世界的数学大师。

1937年,抗日战争爆发,华罗庚……在烽火连天的岁月,在大跃进的年代,华罗庚……20年间,华罗庚带领着学生走遍了祖国内地的26个省份,行程超过20万千米,数以百万计的人得以聆听他的数学课程,无以计数的人用他的方法改进了自己的实践工作。

华罗庚在全中国开设课堂的消息让世界数学界非常震惊,邀请华罗庚去国外讲学的信函纷至沓来。无论多忙多累,华罗庚都欣然前往,因为他知道,虽然自己的每一次课都只有短短几个小时,但通过这些听众的再次传播,受益于应用数学的人数将是一个非常庞大的数字。

1985年6月,常年的劳累已经让华罗庚本就羸弱的身体不堪重负,但在接到日本的邀请后,他欣然赴约,终于倒在了他挚爱一生的讲台上。

华罗庚一生的辉煌始自清华园的讲台上,他让数学走下神秘的殿堂,走向田野和工厂,他让无数人懂得了数学的价值、知识的力量。

(来源:大洋网,http://www.dayoo.com,转引自新华网,经过删改)

【知识储备】

一、解说词的含义

解说词是针对特定场景进行相关的解释说明的一种应用性的文体,采用口头或书面解释的形式。

解说词是配合实物或照片、画面进行说明,有补充视觉和听觉的作用。它通过对事物的准确描述和气氛渲染来感染观众或听众,使其了解事物的来龙去脉和意义,收到宣传的效果。产品展览、文物陈列、书画展览、标本说明、园林介绍、影剧解说、人物介绍等都要运用解说词。

二、解说词的特点

1. 说明性

解说词是配合实物或图画的文字说明,客观存在便于讲解,便于观众一目了然。

2. 顺序性

解说词是按照实物陈列的顺序或画面推移的顺序编写的。陈列的各实物或各画面有相对的独立性,反映在解说词里,应该节段分明。在书面形式上,或用标题标明,或用空行表示。

3. 感染性

解说词是对形象画面的补充,不是空洞的说教,而是通过说明和描写的结合来宣传和教育群众,是一支感人的歌,一首动人的诗。

4. 依附性

解说词与被解说的事物紧密联系在一起,没有被解说的事物,解说词便不存在。

三、解说词的类型

1. 根据被解说的对象,可分为产品展销解说词、文物古迹解说词、摄影图片解说词、影视剧解说词等。

2. 根据被解释的对象,可分为文学性解说词和平实性解说词两种。

四、解说词的结构和写法

解说词因被解说的事物不同而千差万别,大体上有三种形式。

(一)穿插式

即穿插在电影、电视剧的剧情进展中,三言两语,简要介绍有关人物和事件,使观众更透彻地理解剧情。

(二)特写式

即就某个实物或画面作介绍,它要求重点突出地介绍有关知识,给观众以视觉上的补充。

(三)文章式

用文章的形式来介绍被解说的对象。连环画解说词、纪实性的电影、电视剧的解说词均属此类。它既是一篇完整的文章,同时又要紧扣被解说的对象。

【例文评析】

万象山解说词

沿着万象山的石阶缘山而上,树影婆娑之间隐约可见山下的街市。北宋词人秦观的木屐寂寞地敲打着上山的石板路。在公元 1095 年间,这个著名词人距离北宋京城已经越来越远。

站在万象山可见对面的括苍胜景南明山。万象和南明两山对峙中间一练江水滔滔不绝往东流驶。水边的街市就是如今的丽水城。山水形胜,正是北宋的秦观写诗填词的好地方。

万象山一面依城,一面临江,临江有一个南园。作为当时政府园林的南园始建于唐朝,只是如今南园遗踪难觅。放浪山水,流连南园,在一个月影摇动的夜晚,宋朝的秦观心潮澎湃。

水边沙外,城郭春寒退。花影乱、莺声碎。飘零疏酒盏,离别宽衣带。人不见,碧云暮合空相对。忆昔西池会,鹓鹭同飞盖。携手处,今谁在?日边清梦断,镜里朱颜改。春去也,飞红万点愁如海。

内心总被悲愁哀怨缠绕不能自解的秦观,使得这阕《千秋岁》染上凄婉的色调。词人悲苦的心境,投射到他所见所闻的景色声音之中,他又用清丽的语言把这些景色声音编织到词的意象当中。

不仅是秦观,在宋朝这个诗词鼎盛的时代,敏感细腻的词人构成了宋词在古代诗歌中独特的风景。秦观离开处州的 16 年后,又一个诗人钱竽来到万象山。钱竽站在山上,举目可见南明,悠悠江水如旧,只是斯人已逝。在钱竽的面前,万象山的松柏遮荫蔽日,而秦观只留下了一个孤独背影。

钱竽的七律《少微阁》诗,使丽水莲城之名得以广泛传播。建好了少微阁,钱竽在万象山可以对酒当歌,吟诗作赋了。温一壶月光来下酒,秦观在万象山上也曾经如此过。月光摇晃,忧郁的词人醉倒在花间树影下,梦里梦外都是诗词的意境。据说,秦观的《好事近》就是在这样的似醉非醉的梦中所做。春路雨添花,花动一城春色。行到小溪深处,有黄鹂千百。飞云当面化龙蛇,天骄转空碧。醉卧古藤阴下,杳不知南北。也许只有在梦里,北宋秦观的春天才显得那样美好。

住在万象山上的秦观向往着醉卧古藤阴下的悠然自得的生活。1100 年,离开处州三年的秦观在雷州接到朝廷的诏书回京。路过滕州,酒后的秦观最后念着他在处州的词作《好事近》,怆然而逝。

公元 1115 年后,秦观和钱竽都已经离开了处州。巡着月光,多年以后,南宋大诗人陆游将会泊舟万象山下的南园。诗歌丽水的足迹在万象山和南明山上的石阶上延续开来。在宋朝以后,诗歌之路正在丽水的山水间缓缓向前延伸着。

(来源:《身边的风景》解说词,经过删改)

【评析】

这是一段电视解说词,配合电视画面而进行的解说。因为电视解说面对的是观众,而观众的视觉注意力主要是集中在画面上,所以解说词写作一定要围绕画面进行。解说了万象山的优美地形,悠久历史,还有历史名人所带来的深厚文化底蕴。因为人的出现,使山更有了灵气,更娱乐回味的隽永。解说词的语言优美,让人回味无穷。

【温馨提醒】

写作解说词时应该注意:
1. 了解解说对象,抓住其特征。
2. 把握解说词的特点,做到声音画面的结合。

【拓展阅读】

也谈黄健翔的激情解说

我不是足球迷,没有现场听到黄健翔的解说,也不知道黄健翔什么样子。今天怀着好奇心看了资深网友常思量的转贴《这就是那疯狂的解说词》,从这个解说词里,我们可以看出黄健翔是一位意大利队的足球迷。

他在这段解说词里,一共使用了三遍"伟大的",一遍"光荣的",一遍"万岁"给意大利队;对澳大利亚队,使用了一个贬义词:自食其果,还有一个中性词:该回家了。这也是事实。

作为一名足球解说员,首先应该热爱足球,而热爱足球,就有可能成为某一队的球迷,这是正常的,也是很容易理解的。足球是最富有激情的一样运动,作为足球解说员,如果不带感情色彩的解说,一定会使观众大倒胃口的。我以为足球解说员在解说过程中不由自主地表现出自己的球迷本色,这正是足球的魅力所在。在那痴迷的时刻,忘乎所以又能怎样?

在27日20时50分左右,央视世界杯项目负责人、后方主持人张斌在直播中代表黄健翔向球迷道歉,并宣读了黄的致歉信。张斌说:"黄的解说,首先是失声,然后是失态,对球迷来说是失礼,作为解说员是失常。作为黄健翔的同事同行,我代表他向大家道歉。"

北京时间6月27晚,黄健翔在中央电视台向广大球迷进行了道歉。

附:这就是那疯狂的解说词

以下为黄健翔终场前解说词实录:

——托蒂,布冯,过他,进入了,亚坤塔,点球! 点球! 点球! 格罗索立功了,格罗索立功了! 不给澳大利亚队任何的机会。

伟大的意大利的左后卫! 他继承了意大利的光荣的传统。法切蒂、卡布里尼、马尔蒂尼在这一刻灵魂附体,格罗索一个人他代表了意大利足球悠久的历史和传统,在这一刻他不是一个人在战斗,他不是一个人!

托蒂,面对这个点球。他面对的全世界意大利球迷的目光和期待。

施瓦泽曾经在世界杯预选赛的附加赛中扑出过两个点球,托蒂应该深知这一点,他还能够微笑着面对他面前的这个人吗? 10秒钟以后他会是怎样的表情?

球进了! 比赛结束了! 意大利队获得了胜利,淘汰了澳大利亚队。他们没有再一次倒在希丁克的球队面前,伟大的意大利的左后卫! 马尔蒂尼今天生日快乐! 意大利万岁!

伟大的意大利,意大利人的期望,这个点球是一个绝对理论上的决杀。绝对的死角,意大利队进入了八强!

这个胜利属于意大利,属于卡纳瓦罗,属于布冯,属于马尔蒂尼,属于所有热爱意大利足球的人!

澳大利亚队也许会后悔的,希丁克在下半场他们多一人的情况下打得太保守、太沉稳了,他失去了自己在小组赛的那种勇气,面对意大利悠久的历史,他失去了他在小组赛中那种猛扑猛打的作风,他终于自食其果。澳大利亚队该回家了,也许他们不用回遥远的澳大利亚,他们不用回家,因为他们大多数人都在欧洲生活,再见!这时,在这段电视录音中,有一个清晰可闻的声音说"让他们滚蛋"。

(来源:选自人民网·网友之声,经过删改)

写作心语:

要想写好解说词,就要认真观察、研究被解说的事物,准确地把握它们之间的关系。不论是哪一种形式的解说词,都要求扣住所要解说的对象的特点,用通俗简洁的语言,把实物或图像的内容介绍给观众。

【文体训练】

一、简答题

请结合下面的解说词来分析解说词的特点。

2008年奥运会开幕式上对"历史足迹"的解说:

男:在震撼的声响中我们惊喜地看到,由焰火组成的巨大脚印正沿着北京的中轴路,穿过天安门广场,直奔国家体育场而来。

女:二十九个焰火脚印,象征着二十九届奥运会的历史足迹,也意味着中国追寻奥运之梦的百年跋涉正在一步步走近梦想成真的时刻。

男:七年前,当中国人把申办报告交给国际奥委会的时候,就把绿色奥运、科技奥运和人文奥运的承诺交给了世界。

女:七年后,中轴路上新生的鸟巢和郁郁葱葱的奥林匹克森林公园,成为庄严的天安门广场最快乐的伙伴。

男:中轴路上这三个特色鲜明的北京路标,不仅体现了北京奥运的三大理念,更连接起了一座城市的昨天和今天。

二、思考题

有学者主张,解说词的创作要有文学家的功底,诗人的激情,史学家的冷静与理论家的逻辑,即解说词要融知识、观念、灵感、审美于一体。请结合下面的解说词,谈谈你的看法。

敦煌的美在世界上是独一无二的。当苍茫浩瀚的沙漠突然中裂,高低错落的几百个洞窟在陡直的岩壁上蜂窝般排开,每个洞窟中都绘满了精美绝伦、价值连城的千年古画,这种奇迹确实是惊心动魄的。一百年间,来自五洲的各色人等在这里频繁出没,中国学界更对这里蒙受的屈辱刻骨铭心。而人类的知识体系中,却有了一门博大宏富的国际显学——敦煌学。1987年,联合国教科文组织郑重地把敦煌莫高窟列入世界遗产名录。这座"沙漠上的美术馆"不再只是中国的国宝,它已经成为全人类共同拥有的珍贵财富。(《守护敦煌》电视解说词)

三、文体实训题

你的朋友在周末的时候首次来到你学习的这座城市和学校,请你为他做学校的解说。

第六节 海 报

【范文示例】

范例 1

[海报图片：鄂州大学艺术学院—永君数码摄城 手拉手圣诞狂欢夜
赞助单位：永君数码摄影城
主　办：鄂州大学艺术学院文艺部
协　办：鄂州大学艺术学院宣传部
　　　　鄂州大学艺术学院女生部]

范例 2

名师面对面 学生选老师

办学许可证 1101087191138 闻斯行

春季班免费公开课暨博雅学校优秀教师展示

时间：高中 2008 年 3 月 15 日，初中 2008 年 3 月 16 日

春季班开班时间：3 月 18 日

欢迎重点中学老师、同学参加

海淀教学中心电话：62626299

详情登录 www.ksd100.com

范例 3

明星杂剧团演出

精彩杂剧　大型魔术

表演新颖　滑稽幽默　来去无踪　变幻莫测

演出时间：×月×日～×月×日，晚×时

演出地点：××市××体育场

票　　价：儿童票 2 元，成人票 6 元

联系电话：×××××××

【知识储备】

一、海报的含义

海报是向公众发布或介绍有关电影、戏曲、杂技、体育、学术报告会等消息时所使用的一

种张贴性应用文。

海报通常张贴在有关演出的场所,或较为醒目的地方,告知有关活动的事项。

二、海报的特点、作用

1. 宣传性

海报希望社会各界的参与,它是广告的一种。海报可以在媒体上刊登、播放,但大部分是张贴于人们易于见到的地方,其宣传性色彩极其浓厚。

2. 商业性

海报是为某项活动作的前期宣传,其目的是让人们参与其中,演出类海报占海报中的大部分,而演出类广告又往往着眼于商业性目的。

3. 感染性

海报多是图文并茂的艺术作品,现在多使用电脑设计的海报,其感染力、鼓动性极强。

三、海报的类型

1. 从形式上看,有文字海报和艺术海报。
2. 从内容上看,有电影海报、文化海报、学术报告类海报、商业海报、公益海报等。

四、海报的结构与写法

海报一般由标题、正文和落款三部分组成。

（一）标题

海报的标题写法较多,大体可以有以下三种形式:

1. 单独由文种名构成,在第一行中间写上"海报"字样。
2. 直接由活动的内容承担题目,如"舞讯"、"影讯"、"球讯"等。
3. 可以是一些描述性的文字,如"名师面对面　学生选老师"。

（二）正文

海报的正文要求写清楚活动的目的和意义,活动的主要项目、时间、地点等,参加的具体方法及一些必要的注意事项等。在具体写作时,根据不同的内容,海报可以形式灵活。

（三）落款

署上主办单位名称及海报的发文日期。

【例文评析】

闹中秋　送好礼

活动时间:即日起至 9 月 25 日

进店顾客均可获赠明视小礼品一份,先到先得

全场太阳镜:6.6 折

送精美小礼品,数量有限,送完为止

特价套餐:68 元送 1.499 加硬树脂白片

　　　　　98 元送 1.56 加膜树脂片

　　　　　118 元送 1.56 抗辐射树脂片(指定镜架)

特价镜片:1.56 加膜树脂片 68 元/片
　　　　　1.56 抗辐射树脂片 88 元/片(光度范围:0.00～8.00)
服务热线:×××××××
www.fzmingshi.com
××县××路××大厦 5—305 号
专业明视　时尚明视　爱心明视(图略)

【评析】

　　这是一份商业海报,海报背景为红色,显示中秋节特有的红火气氛。海报文案重点鲜明,宣传效应突出,具有极强的鼓动性。话语简洁,说明活动时间和活动内容,另小礼品的派送又极具诱惑力。活动内容既简洁又明确,小括号内的限制恰到好处地表明活动的范围,避免不必要的争执。尾部的落款,注明了店址、电话等联系方式,做到有始有终。最后还有一句温馨的宣传语,既宣传了自己的店名,还带出了文化和关心,是一份图文并茂的海报。

【温馨提醒】

1. 海报一定要具体清晰地写明活动的地点、时间及主要内容。
2. 海报文字要求简洁明了,篇幅短小精悍。可以用些鼓动性的词语,但不可夸大事实。
3. 海报的版式可以做些艺术性的处理,以吸引观众。

【拓展阅读】

超市海报出错　顾客被忽悠

　　事由:在超市购买了 20 只咸鸭蛋,超市海报和货架标牌上标着 0.69 元/只,可结账时却被收了 0.99 元/只。

　　结果:超市已经在货架上贴出致歉信。

　　"超市宣传单上咸鸭蛋价格是 0.69 元/只,结账时却收 0.99 元/只。"5 日下午,市民刘先生向本报反映。

　　记者联系上刘先生,刘先生说,4 日晚上他去逛××超市,当时看到超市发的海报上标注着一种咸鸭蛋的价格比较优惠,0.69 元/只,冲着优惠价格,刘先生就直奔销售咸鸭蛋的区域,看见这里有两种颜色包装的咸鸭蛋,一种绿色、一种蓝色,两者是放在一起的,上面标注的价格都是 0.69 元/只,刘先生挑选了 20 只海报上的咸鸭蛋。

　　当刘先生带着 20 只咸鸭蛋去收银处结账时,收银员却告诉他,这种咸鸭蛋价格应该是 0.99 元/只。刘先生辩称,海报上以及卖场标牌上明明写着 0.69 元/只,为什么收费时却变成 0.99 元/只了? 这不是忽悠人吗? 刘先生很生气,要求对方解释清楚,一名值班经理告诉刘先生,是标牌上弄错了。刘先生认为超市的做法是在误导消费者。

　　5 日,记者来到了该超市禽蛋销售区,在该销售区域,一眼就看见货架上贴了一张白色的"致歉信":"亲爱的顾客,因海报印刷错误,图片'浙麻鸭熟咸蛋(小只)55g'应为'浙麻鸭熟本鸭蛋 40g',给您购物带来不便,敬请谅解。"记者咨询了工作人员,对方告诉记者,海报上印刷的咸蛋包装颜色与实际卖的包装颜色弄错了,才贴出"致歉信"以防顾客再误解。

(来源:扬州黄页网,http://www.yzsq88.com)

写作心语：

海报的设计和宣传内容都要体现出一定的真实性、合法性，一旦有所偏差，就有可能出现反宣传效应，清则损害企业形象，重则打官司，得不偿失。

【文体训练】

一、填空题

1. 海报的特点是：_____、_____、_____。
2. 海报的种类一般可分为：_____、_____、_____、_____。

二、文体实训题

学院大学生文化艺术节中的主持人大赛即将举行，请你制作一份海报，时间、地点、比赛事项可以合理虚拟。

第七节　产品说明书

【范文示例】

清热解毒口服液说明书

【药品名称】品　名：清热解毒口服液

汉语拼音：Qingre Jiedu koufuye

【成　　份】石膏、知母、金银花、连翘、黄芩、栀子、龙胆、板蓝根、甜地丁、玄参、地黄、麦冬。辅料为蔗糖。

【性　　状】本品为棕红色的液体；味甜、微苦。

【作用类别】本品为感冒类非处方药药品。

【功能主治】清热解毒。用于热毒所致发热面赤，烦躁口渴，咽喉肿痛；流感、上呼吸道感染见上述证候者。

【用法用量】口服，一次1~2支，一日3次。

【禁　　忌】孕妇忌服。

【注意事项】

1. 忌烟、酒及辛辣、生冷、油腻食物。
2. 不宜在服药期间同时服滋补性中药。
3. 风寒感冒者不适用，其表现为恶寒重，发热轻，无汗，头痛，鼻塞，流清涕，喉痒咳嗽。

……

【规　　格】每支装10毫升

【贮　　藏】密封。

【包　　装】玻璃瓶，每支装10毫升，每盒10支。

【有 效 期】二年

【批准文号】国药准字 Z23021526

【生产企业】企业名称：××××制药股份有限公司
地　　址：××市××路××号
邮政编码：×××××××
电话号码：××××××××
网　　址：www.×××.com.cn
如有问题可与生产企业直接联系。

【知识储备】

一、产品说明书的含义

产品说明书又称商品说明书，是介绍商品或产品的产品名称、构造、性能、规格、用途、使用方法、保管方法、生产厂名、维修方法及期限、注意事项等内容的应用性的文体。它具有认识产品，指导消费；宣传产品，促进消费的作用。

产品说明书，篇幅短小可以直接印刷在产品的包装上，也可以独立印刷在产品的包装盒内；如果产品较大，使用方法较复杂，说明书可以印刷成册，随产品赠送。

二、产品说明书的特点

（一）真实性

产品说明书要求真实地再现产品的名称、构造、性能等内容，绝不允许虚构和夸大产品的成分和功能等内容。

（二）科学性

每一种产品都是按照严格的程序和科学方法生产出来的，在介绍产品的性能、使用方法和维护保养等内容时，必须以科学为准绳，依据科学原理，进行详细客观的介绍。

（三）实用性

这是产品说明书最基本的特点，需要告知消费者如何使用产品等消费者迫切关心的问题。

（四）简明性

产品说明书应尽量避免太专业的术语，使用简明通俗的语言，让一般的消费者能够看懂，能够依照说明书进行操作和使用。

三、产品说明书的类型

产品说明书应用广泛，类型多种多样，按不同的分类标准可分类如下：

1. 按对象、行业的不同分，可分为工业产品说明书、农产品说明书、金融产品说明书、保险产品说明书等。
2. 按形式的不同分，可分为条款（条文）式产品说明书、图表式产品说明书、条款（条文）和图表结合说明书、音像型产品说明书等。
3. 按内容分，可分为阐述性说明书、简述性说明书等。
4. 按功能分，可分为商品性能说明书、使用说明书、安装说明书、技术说明书。

四、产品说明书的结构与写法

产品说明书一般由封面、目录、正文、封底几部分构成,简单的说明书则通常由标题、正文和落款三个部分构成。

(一)封面

封面上要写上说明书标题、产品商标、规格型号、产品名称等。

说明书的标题通常由产品名称或说明对象加上说明书构成,一般放在说明书第一行,如"清热解毒口服液说明书";有的说明内容介绍使用方法,则叫使用说明书,如"××电吹风使用说明书"。

(二)目录

标明说明书各章节名称及页码。如果是篇幅较长、装成一本的说明书,为了便于读者翻检,通常设置目录;如果是只有几张纸的产品说明书,则不需要目录。

(三)正文

这是产品说明书的主体部分,要求详细介绍产品的有关信息,如产地、原料、构成、特征、性能、使用方法、保养维护、注意事项等内容。正文通常使用概述式、条文式、图文并茂式的方法。

(四)封底

一般写明厂商、经销单位的名称、地址、电话、邮政编码、E-mail 等内容,为消费者进行必要的联系提供方便。

【例文评析】

多功能翻转电脑桌说明书

一、简介

××视听设备科技有限公司是一家集设计、研发、生产、销售办公自动化产品的现代化企业。公司主要生产液晶屏升降器、投影机电动吊架、等离子升降器、液晶电脑桌等自动化产品;产品远销东南亚、欧美等二十多个国家和地区。

我公司生产的液晶电脑桌引进国外先进理念和设计思想,推出新型嵌入式液晶电脑桌,该桌由自主研发设计,经国内技师级工人专业制作生产的。该液晶电脑桌在使用时机箱可自动打开,不用的时候可把盖子关闭并锁紧。不但节省使用空间,而且能确保电脑的安全。为你创造良好的工作和学习环境。我公司的液晶电脑桌由优质低碳钢板加工而成,经过静电喷涂、高温烘漆等工序的后续处理,使液晶电服桌坚固耐用,美观大方。

二、工作台性能

1. 安装液晶屏尺寸:17′,19′;

2. 尺寸:台面:L1000×W700×H25mm;

3. 展开尺寸:L1000×W700×H750-870mm 桌子高度:H750～870m;两脚间距:924MM;主机座侧板的间距:210MM;

……

三、电脑桌安装说明

1. 把桌面反过来放在地面上(最好为地毯,避免桌面划花);

2. 用 Φ5×20 自攻螺钉把摩登腿的上横梁与桌面组合起来;(Φ5×20 自攻螺钉12个);

……

四、使用方法

1. 打开时把自锁钮向外拉即可；

2. 关闭时只要把机箱盖压下即可。

五、注意事项

本机箱配有气杆，当开启自锁钮时，液晶屏安装板会自动翻转，用户切不可将手放入液晶屏安装板后间的缝隙内，以免损坏；不要把身体的任何部位放在台面上，避免打伤。

（来源：选自百度网，经过删改）

【评析】

这是段文字说明书，说明事项齐全。有对公司和产品型号的简介，让顾客对公司有一个全面的了解和印象，对产品有一个直观的概念；依次对产品的型号、尺寸、安装方法、使用方法及注意事项都一一介绍，全面且详尽。

【温馨提醒】

产品说明书的注意事项：

1. 突出特点。针对用户的需要，找出此产品与其他产品的不同之处、独到之处和"不同凡响"的实用价值，选好角度、突出重点，将其说准、说深、说透。

2. 内容全面精准。对产品进行实际调查，掌握专门知识，写出准确有序的符合客观实际的产品说明书。介绍产品要全面，增加消费者对该产品的信任度。

3. 语言简明易懂。尽量避免专业术语。

【拓展阅读】

化妆品宣传语意含混夸大效果 将被封杀

从无锡检验检疫局卫检处获悉，根据国家有关部门发布的《消费品使用说明化妆品通用标签》(GB5296.3－2008)规定，自今天起，所有在中国境内生产或进口报检，并在境内销售的国产和进口化妆品都需要在产品包装上真实地标注产品配方中加入的全部成分的名称。

根据规定，从6月17日(不含17日)后，进口的化妆品须在可视面上真实地标注化妆品全部成分的名称，成分加入量大于1‰的要按降序方式列出，标签所用文字除依法注册的商标外应使用规范的汉字(允许同时使用其他文字)。小长假三天，是各大进口化妆品品牌的促销季，记者走访部分商场发现，仍有销售人员在向顾客推销产品时使用一些语意含混、夸大实际使用效果的中文名称，如某品牌的"宛若新生"精华素，部分美白类护肤产品强调所含成分内有"桑根精华"、"活泉水"，某面膜类产品中含有"火山灰精华"等。在不少化妆品尤其是彩妆品和精华素类产品的外包装上，并未见到具体的中文成分表。在部分美容院推销的面膜组合类套装产品中，对晚霜、面霜的成分标识几乎为零，一些产品仅用"中药成分"、"香薰精油"成分来表述。

化妆品实施全成分标识，以保障消费者的知情权，是发达国家普遍实行的国际惯例。业内人士分析，执行新规后，像染发剂等致敏性较高的日化产品，将被强制要求标注副作用提示，包括一些成分是否含有有害物质也应清晰标注。对于一些表述疗效的概念性名词应在其后加上括号并注明具体成分。

(来源:《江南晚报》,2010年6月17日)

写作心语:

　　产品说明书是帮助用户了解产品特性,确保用户正确、安全地使用产品的"向导",因此,一定要为用户提供适用、准确、放心的产品使用说明。

【文体训练】

一、填空题

1.产品说明书具有_____、_____、_____和_____四个特点。

2.产品说明书的结构一般由_____、_____、_____和_____构成。

二、病文修改题

　　下面的说明书存在问题,首先找出在哪些方面有问题,然后按照说明书的写作要求,一一改正。

电热杯说明书

　　我厂电热杯生产历史悠久,式样新颖,美观大方,质量优良,安全可靠,经济实惠。

　　该杯可加热各种食物,立等可取。特别适用于加热牛奶、咖啡、开水、泡饭、黄酒及小孩奶糕等食物。

　　一、电热杯使用220V的交流电源,耗电功率为300W。

　　二、使用时首先将电源线插座一端插入杯子插座处,再插上电源插头,用完后先拔掉插头,以免触电。

　　三、电热杯容量为1 000ml,使用时不要灌得太满,以免煮沸时溢出杯外。

　　四、饮料煮沸倒出后,杯中应加入少量冷水(因杯底温度较高),不然会影响杯子的寿命。

　　五、请勿随意打开底部的加热部件,以免损坏。

　　六、自售出之日起,一年内,如因材料或制造工艺不当,本厂负责退换,或免费修理。但不包括因使用不当而造成的损坏。

　　七、本产品经中国家用电器工业标准化质量测试中心鉴定合格。

编号:92—1—HC—78

欢迎您提出宝贵意见。

本厂宗旨:质量第一,用户至上,销往全球,永久服务。

本厂地址:中国××市××路××号

电话:×××××××

三、文体实训题

　　某药厂生产的十滴水,有健胃、祛风的作用,可以治疗由于中暑引起的头晕、恶心、肚子疼、肠胃不适等病症。为了方便使用和携带,采用瓶装,每瓶5毫克,平时需要放在不见光的容器里,并需要放在阴凉的地方,才能保存药效。主要成分为樟脑、大黄、小茴香等。大人一次只能喝半瓶到一瓶,小孩子应该适当少喝,孕妇不能喝这种药。这种药的批准文号是桂卫准字(2002)02700。请为该产品写一份产品说明。

第八章 经济文书写作

目标导向
- 了解经济文书的含义和作用
- 学会各文种的用法和写法
- 学会运用文书实际操作

经济文书是在财经工作中所使用的各种应用文书的统称。广义的经济文书是人们在财经工作中所使用的反映经济活动内容的文书,除财经专业文书外,也包括一些广泛使用的文书如通知、计划等;狭义的经济文书是指专门用于经济工作和经济活动的专业文书,主要包括意向书、合同、市场调查与预测报告、招标书、投标书等多个文种。本章主要介绍狭义的经济文书。

第一节 经济合同

【范文示例】

深圳市小型(家庭)装饰工程施工合同

发包方(甲方):_____

承包方(乙方):_____

按照《中华人民共和国合同法》、住建部《建筑装饰装修管理规定》和深圳市政府《深圳市家庭居室装饰管理规定》,结合本工程具体情况,双方达成如下协议。

第1条 工程概况
1.1. 工程名称:_____
1.2. 工程地点:_____
1.3. 承包范围:_____
1.4. 承包方式:_____

第2条 甲方工作

2.1. 开工前_____天,向乙方提供经确认的施工图纸或做法说明_____份,并向乙方进行现场交底。全部或部分腾空房屋,消除影响施工的障碍物。对只能部分腾空的房屋中所滞留的家具、陈设等采取保护措施。向乙方提供施工所需的水、电、气及电信等设备,并说明使用注意事项。办理施工所涉及的各种申请、批件等手续。

2.2. 指派_____为甲方驻工地代表,负责合同履行。对工程质量、进度进行监督检查,办理验收、变更、登记手续和其他事宜。

2.3.(略)

2.4.(略)

2.5.(略)

第3条　乙方工作(略)

第4条　关于工期的约定(略)

第5条　关于工程质量及验收的约定(略)

第6条　关于工程价款及结算的约定(略)

第7条　关于材料供应的约定(略)

第8条　有关安全生产和防火的约定(略)

第9条　奖励和违约责任(略)

第10条　争议或纠纷处理(略)

第11条　其他约定(略)

第12条　附则

12.1. 本工程自工程验收合格之日起,保修期限为一年。

12.2. 本合同正本两份,双方各执一份。副本_____份,甲方执_____份,乙方执_____份。建设主管部门、建设工程造价管理站各一份,均具同等效力。

12.3. 附件(略)

甲方(盖章):_____	乙方(盖章):_____
法定代表人:_____	法定代表人:_____
代理人:_____	代理人:_____
单位地址:_____	单位地址:_____
电话:_____	电话:_____
传真:_____	传真:_____
邮编:_____	邮编:_____
开户银行:_____	开户银行:_____
户名:_____	户名:_____
账号:_____	账号:_____

(选自110范文网,经删改)

【知识储备】

一、经济合同的含义

经济合同又称经济契约,是指平等民事主体的法人、其他经济组织、个体工商户、农村承包经营户相互之间为实现一定的经济目的,明确相互权利义务关系而订立的合同。

《中华人民共和国合同法》规定:合同是平等主体的自然人、法人、其他组织之间设立、变更、终止民事权利义务关系的协议。使用合同,可以起到法律保障作用,而且对各个经济组织及各领域间的经济往来、协作起促进作用,从而有利于提高企业经营管理水平。

二、经济合同的特点

（一）内容的合法性

签订合同程序和内容要符合国家的方针、政策、法律和法规。

（二）平等互利性

签订经济合同的双方或多方的法律地位是平等的,在合同条款中,权利、义务也是对等的,即平等互利、协商一致、等价有偿。

（三）制约性

经济合同具有制约性,合同双方约定了应承担的义务和应享有的权利,其条款对双方都有制约作用,一旦违约要承担违约责任。

（四）格式的固定性

经济合同的写法和格式有着规范性,即格式是固定的。

（五）措辞的严密性

为避免在合同的履行中产生不必要的纠纷,合同的语言要求严谨、无歧义,不能模棱两可或含糊不清。

三、经济合同的类型

根据不同的标准,经济合同可分为不同的类型:

1. 按照时间分,有长期、中期、短期经济合同。
2. 按照形式分,有条款式合同、表格式合同、条款与表格结合式合同。
3. 按照内容性质分,有买卖合同、建设工程合同、承揽合同、运输合同、供用电水气热力合同、融资合同、仓储合同、保管合同、租赁合同、借款合同、行纪合同、居间合同、技术合同、赠与合同、委托合同。

四、经济合同的结构与写法

经济合同一般包括首部、正文、尾部三部分,当事人可参照各类合同的示范文本订立合同。

（一）首部

1. 标题、编号

标题拟写是以合同的性质加上文种,如"购销合同",其位置在合同首页上方正中。有些合同还在标题下偏右方标上编号,以便备查和存档。

2. 当事人

标题下空一格顶格写清楚当事人(立合同者)单位全称或个人真实姓名,并且各方当事人要以相同形式分行并列书写。根据合同的种类,立合同人可以用"买方、卖方","借方、贷方","供方、需方","存货方、保管方",也可以用"甲方、乙方"等作简称,但切不可使用"你方"、"我方"。

(二)正文

1. 签订的依据和目的

即双方签订合同的引言,表明订立合同是履行了法定的程序的,签约缘由明确。较完备的表述方式为:"为了××××,根据×××的规定,××方与××方经充分协商,特订立本合同,以资共同恪守。"

2. 当事人约定的主要条款

这是合同的主体部分。签订双方协商的事项,彼此的权利和义务都要在这里作出明确具体的规定,以使当事人职责分明、目的明确,有计划、有步骤地履行合同。

(1) 标的

标的是指合同中双方权利和义务所共同指向的对象,即双方当事人所要实现的目的,是合同的基本条款。没有标的是无效合同。标的可以是物、货币、劳务、智力成果等。签订合同的双方对标的要协商一致,写得具体、明确。同时,标的名称要使用公认的约定俗成的名称。

(2) 数量和质量

数量和质量是衡量标的的指标,是标的的具体体现。合同中必须有此条款,否则不能生效。

数量指标是标的多少、轻重、大小的表示,如产品的数量、借款的金额等,计算时要使用国家法定的计量单位,并且计量要准确。

质量指标是标的的物理、化学、机械性能素质和外观状态标准,如指标的规格、性质、式样等。

(3) 价款或报酬

这是指合同标的的价格,是合同双方当事人根据国家法律、法规、政策和有关规定,对标的议定的价格,是合同一方以货币形式取得对方商品或接受对方劳务所应支付的货币数量。标的是货物的称为价款,标的是提供劳务的,称为报酬。产品价款或劳务报酬要按照等价交换的原则执行,严格遵守国家的价格政策。

(4) 履行期限、地点和方式

履行期限就是合同的有效期限,是合同法律效力的时限和责任界限,过时则属违约。履行日期地点是指当事人履行合同义务、完成标的任务的地点。

履行方式是指当事人采取什么样的方式和手段来履行合同的义务,如交货方式、结算方式、履行还是分批履行等。

(5) 违约责任

合同的当事人不能履约或不能完全履约时,要承担的经济责任和法律后果。具体包括违约金、赔偿金和其他承担责任的法律形式等。违约责任是履行合同的重要保证,也是出现矛盾分歧时解决合同纠纷的可靠依据。《合同法》中对违约行为有全面而具体的规定,要遵照执行。

(6) 解决争议的方法

执行合同过程中如果发生争议,可由合同当事人各方协商解决,或者由仲裁机构调解,或由人民法院调解或判决。

3. 合同的有效期限和文本保存

此条款要写明合同的有效期限、合同的份数、保存方式及附件等。

有效期限是指合同执行生效、终止的时间,是合同当事人要求必须具备的条款。文本保存是注明合同文本的保管方式,即合同一式几份,当事人保管的份数。

(三)尾部

合同的落款,包括当事人各自的名称、地址、法人代表姓名、委托代理人姓名、电话号码、传真、开户银行、账号、邮政编码等。单位名称要用全称,并加盖公章;代表要签字盖章。

【例文评析】

购销设备合同

需方(以下简称"甲方"):

供方(以下简称"乙方"):

甲乙双方经协商一致,就甲方向乙方购买_____事宜,达成以下协议,双方共同遵守:

一、产品名称、数量、价格

序号	产品名称及牌号	产地或国别	规格型号	计量单位	数量	单价	金额(元)
1							
2							
3							
合计金额		大写:(含税价)					

卖方保证所提供的所有设备是全新的,并且采用卖方最新设计和合格的材料制造,各方面符合合同所规定的质量、规格、型号等要求。

二、质量要求、技术标准

执行国家、地方颁发的质量标准和行业标准。乙方在本合同签订前5日内向甲方提供加盖公章的关于该产品的国家质量标准文件,在供货时附出厂合格证书,作为本合同的有效附件。

三、交货

1. 交货日期:甲方支付预付款后_____个工作日。

2. 交货方式:乙方负责运输并承担运费、装卸货费用。

3. 交货地点:_____。

四、卖方对质量负责的条件及期限:

1. 设备自安装、调试合格之日起保质期_____年。

2. 乙方提供_____年免费维修,如在设备使用过程中发生质量问题,乙方在接到甲方通知后48小时到达甲方现场,在设备使用过程中发生的有关技术性问题,卖方在接到买方通知后24小时内给予答复。

3. 因设备质量问题发生争议,由甲方所在地的技术单位进行质量鉴定。

五、设备的包装、发运及运输:(略)

六、设备的安装、调试及验收:(略)

七、付款方式:(略)

八、违约责任:(略)

九、禁止商业贿赂和保守商业秘密、知识产权:

1. 乙方承诺在业务往来过程中,不向甲方人员赠送现金、物品或以其他形式给予甲方人员利益。

2. 双方负有谨慎保护对方商业秘密及知识产权的义务。未经对方书面允许,任何一方不得披露、自用及许可他人使用。

十、争议解决方式:

本协议在履行过程中,如发生争议,双方友好协商解决,如协商不成,双方同意由签约地法院起诉解决。

十一、其他:

本协议自双方签字盖章之日起生效。本协议一式四份,甲乙双方各执两份,具有同等法律效力。本协议签订于某市某区_____。乙方系内资企业,营业执照号码:_____。

甲方:	乙方:
地址:	地址:
法定代表人或授权代表:	法定代表人或授权代表:
电话:	电话:
传真:	传真:
账号:	账号:
年 月 日	年 月 日

(选自 http://www.diyifanwen.com)

【评析】

这份购销设备合同采用了条款与表格相结合的写法,严格按照合同法的规定,对合同的标的、数量质量要求、价款、合同履行期限、地点、方式、违约责任等逐一做了约定。其中,根据本合同的实际情况,主要对设备的质量标准、包装运输、安装调试做了更为详细的约定,条款清晰、权责明确,行文具体,操作性强。

【温馨提醒】

拟写合同时,需注意以下几点:

1. 从内容上来说,拟写合同时应坚持平等互利、协商一致、等价有偿的原则;必须符合国家方针政策、法律法规;合同条款的规定要具体、完备。

2. 从语言上来说,合同的语言务求精确、严谨、流畅,不能产生歧义。

3. 从格式上来说,应按照国家统一的合同范本的格式行文。

【拓展阅读】

美国律师:写好合同十招(节选)

1. 标题上注明"合同"二字。不要为碰运气而忽略这个。如果你的客户需要合同,就要注明是合同。一个仍在联邦法院里任职的法官就曾经裁定:有双方签字,但标有"建议书"的文件并非合同。这给我们的教训就是,你怎么想,就应该怎么说。如果你想让你的文件成为具有法律效力的合同,就要在标题中注明"合同"字样。

2. 写短句子,因为短句子比长句子让人更容易理解。

3. 用主动语态而不用被动语态。相对而言,主动语态的句子更简短,措辞更精炼,表达更明白。还是让我们来看一个例子吧,主动语态的句子:卖方将把此物卖给买方;被动语态的句子:此物将被卖方卖给买方。

4. 不要用"双周"之类的词,因为这有可能产生歧义——是两周还是每隔一周?类似的词还有"双月",所以最好这样写:"两周"或"每隔一周"。

5. 不要说"出租人"和"承租人"。这对一个租赁合同来说是不好的别称,因为他们容易被颠倒或者出现打印错误。可以用"房东"和"房客"来代替他们。同样,在合同中也不要说留置权人和留置人,抵押权人和抵押人,保证人和被保证人,许可人和被许可人,当事人A和当事人B……到底怎么说,这就要看你驾驭语言的能力了,不过,要把握一个原则,即在整个合同中,对合同一方只能用一个别称。

6. 使用术语"本文"时要当心。为了避免含糊不清,使用"本文"时最好特别申明一下"本文"是指整个合同,还是指其所在的某一段落。

7. 写数目时要文字和阿拉伯数字并用,如:拾(10)。这将减少一些不经意的错误。

8. 如果你想用"包括"这个词,就要考虑在其后加上"但不限于……"的分句。除非你能够列出所有被包括的项,否则最好用"但不限于……"的分句,来说明你只是想举个例子。

9. 不要依赖于语法规则。那些你在学校里得到的语法规则并不是放之四海而皆准的东西,因为有权力来解释此合同的法官或陪审团成员学的语法规则可能和你学的不一样,但不管学的是什么规则,撰写合同都要遵循一个基本原则:简洁、明确。检测你写的东西是否达到这个要求有个好办法,那就是去掉所有的句号和逗号,然后去读它。在没有标点符号的情况下,选择正确的词语放在正确的位置上,这将使你写出来的东西更简明,更流畅。

10. 用词一致。在一份销售合同中,如果你想用"货物"来指整个合同的标的物,就不要时而称它们为"货物",时而又称它们为"产品"。保持用词一致性比避免重复更加重要。不要担心这会让读者打瞌睡;你应该提防的是对方律师会因为含糊不清的合同而将你告上法庭。

(选自 http://blog.sina.com.cn)

写作心语:

合同一旦签订,即具有法律效力。合同的撰写要严谨,履行合同一定要严格遵循合同条款的规定。

【文体训练】

一、填空题

1. 合同的主要特点是_____、_____、_____和_____。
2. 按形式分,合同一般分为_____、_____和_____。
3. 合同的结构,一般由_____、_____、_____三部分组成。

二、文体实训题

南安市美林街道溪州村委会拟建村委办公大楼,现已做好施工前各项工作准备,经研究同意以包工不包料形式(但包括措施项目材料)发包给本市金建建筑公司,双方协商的主要内容如下:

1. 工程概况

(1) 工程名称:溪州村委会办公综合楼。
(2) 工程地点:扶茂工业园茂盛西路以南,福源南路以西地块内。
(3) 工程结构、面积:框架,建筑面积 28 874m²。

2. 工程承包范围根据发包方提供的施工图文件、土建、水电安装及说明的要求。在甲方只提供三通一平施工现场及不含措施项目的原材料的条件下,乙方自备应符合施工要求的设备、器具,措施项目及其他费用完成本工程。

3. 开工日期为 2011 年 5 月 1 日,竣工日期为 2011 年 9 月 1 日。

4. 施工管理质量标准:乙方在本工程项目中,将严格按照国家的法律法规、住建部质安施工规范,强制性执行标准及其他有关规定进行施工。

5. 价款:人民币贰拾叁万玖仟陆佰贰拾壹元(¥:239 621 元)。

6. 拨款方法:建筑公司每月 28 日向村委会提交完成工程量报告,经签名确认交付溪州村新村部建设领导小组审批后按完成工程的 85% 拨付进度款,竣工验收后拨到总造价 95%,留 5% 至保修期满后付清。

7. 工程变更:施工中村委会需要对原工程设计进行变更,提前通知建筑公司,并提供设计变更图纸或说明。

8. 竣工验收与结算:建筑公司提前 7 天通知村委会组织工程验收。在 14 天内组织验收。竣工日期以重新验收日期为准。

9. 安全生产:建筑公司必须严格按施工规范的有关规范及规定进行施工,采取安全施工的防护措施,严禁违规操作,杜绝事故发生,确保施工安全,并对安全生产负全部责任。

10. 双方的其他职责:

村委会(1)工程开工前,应提供四份施工图文件;(2)派徐金福同志驻施工现场作为履行合同的代表;(3)按材料计划、工序前保证提供所需建筑材料;(4)施工所需的水、电接至距离建筑物中心 50m 内,并保证道路畅通;(5)确定水准点与坐标控制点,以书面形式交给建筑公司,进行现场交验。

建筑公司(1)严格按照《工程承建简章》要求施工;(2)按月提供进度计划及相应进度统计表;(3)负责施工现场所需的照明及保卫工作;(4)负责施工过程中居住、生活设施及费用等;(5)已完成工程未交付前负责做好保护工作;(6)保证现场清洁卫生管理,交工前清理现场垃圾,达到标准。

11. 其他约定:工期每提前一天奖励 500 元,每超期一日罚 500 元。

12. 违约索赔。

(选自 http://wenwen.soso.com,经删改)

请你根据以上内容为双方拟写一份合同。注意严格按照格式来写。

第二节　商品广告文案

【范文示例】

我探出了琼的底细

作者:威廉·伯恩巴克(William Bernbach)

客户：奥尔巴克(Ohrbach's)百货公司。

标题：我探出了琼的底细

正文：以她的言谈举止，你会以为她是名人大字典中的人物吗？现在我可寻出她的底细来了。她的丈夫有一个银行吗？我的宝贝，他连个银行户头都没有。嗯，这也就是为什么他们的住所家徒四壁、典当一空的原因了。还有，他们的那辆汽车呢？宝贝，那只是"马力"而不是赚钱的力量。他们是用半个美元在奥尔巴克百货公司抽奖得来的！你能想像得到吗？再看看她的那些服装。当然，她对服装是非常讲究的了。她那貂皮的长围巾、她那巴黎的时装、她那所有的服饰……但是说句真心话，是靠他们的收入吗？哦，我的宝贝，现在我终于查出来了。我刚刚在路上碰见了琼，她正从奥尔巴克百货公司走出来。

广告语：做千百万生意　赚几分钱利润

随文：奥尔巴克百货公司　纽渥克梅尔市场　第34街帝国大厦对面

(选自 http://adcw.blogbus.com/)

【知识储备】

一、商品广告文案的含义

广告原意为"广而告之"，是以盈利为目的的一种付费宣传形式，是传播信息的手段。以目的为标准，广告可分为以盈利为目的的商业广告和不以盈利为目的的非经济广告或公益广告。

商品广告文案是用来表现广告信息内容的语言文字。有广义和狭义之分，广义的广告文案就是指广告作品的全部，包括广告的文字、编排布局、音乐、图片、画面等表现要素；狭义的广告文案指广告作品中的语言和文字两个部分。

二、商品广告文案的作用

广告是一种有目的、有计划的信息手段，因此，商品广告文案要有新颖独特的创意，用艺术化形式吸引消费者注意，主要作用体现在以下两方面：

(一)传播信息，促进销售

商品广告文案要传播商品的信息，展示商品的优点，以提起或引导消费者的购买欲望，促进销售量的增加。

(二)塑造产品或企业形象

优秀的商品广告文案不仅能传播商品信息、促进销售，而且能起到塑造产品或企业形象的作用，看到此广告就能让人联想到生产这个商品的企业，更有一些著名的广告语妇孺皆知。因此，商品广告还起到了帮助产品或企业塑造形象的作用。

三、商品广告文案的类型

根据不同的分类标准，商品广告文案主要可以分为两种类型：

(1)根据传播载体的不同，分为印刷类(报纸、杂志)广告文案、广播广告文案、影视广告文案、网络广告文案。

(2)根据反映信息类别的不同，分为企业广告文案、产品广告文案、服务类广告文案、公共事务广告文案。

四、广告创意及形成过程

（一）广告的创意

广告创意简单来说就是通过大胆新奇的手法来制造与众不同的视听效果，最大限度地吸引消费者，从而达到品牌声浪传播与产品营销的目的。

广告创意是指广告中有创造力地表达出品牌的销售信息，以迎合或引导消费者的心理，并促成其产生购买行为的思想。广告创意由两大部分组成：一是广告诉求，二是广告表现。

（二）广告创意的特征

1. 以广告主题为核心

广告主题是广告定位的重要构成部分，即"广告什么"。它是广告策划活动的中心，每一阶段的广告工作都紧密围绕广告主题而展开，不能随意偏离或转移广告主题。

2. 以广告目标对象为基准

广告目标对象是指广告诉求对象，是广告活动所有的目标公众，这是广告定位中"向谁广告"的问题。"射箭瞄靶子"、"弹琴看听众"，广告创意要针对广告对象，要以广告对象进行广告主题表现和策略准备，否则就难以收到良好的广告效果。

3. 以新颖独特为生命

广告创意不要模仿其他广告创意，不要人云亦云、步人后尘，给人雷同与平庸之感。唯有在创意上新颖独特才会在众多的广告创意中一枝独秀、鹤立鸡群，从而产生感召力和影响力。

4. 以情趣生动为手段

广告创意要想将消费者带入一个印象深刻、浮想联翩、妙趣横生、难以忘怀的境界中去，就要采用情趣生动等表现手段，立足现实、体现现实，以引发消费者共鸣。但是广告创意的艺术处理必须严格限制在不损害真实性的范围之内。

5. 以形象化为表现方式

广告创意要基于事实，集中提炼出主题思想与广告语，并且从表象、意念和联想中获取创造的素材，形象化的妙语、诗歌、音乐和富有感染力的图画、摄影、融会贯通，构成一幅完善的广告作品。

7. 原创性、相关性和震撼性的综合体

所谓原创性，是指创意的不可替代性，它是旧有元素的新组合。相关性是指广告产品与广告创意的内在联系，是既在意料之外又在情理之中的会意。如1996年6月戛纳国际广告节上获得广告大奖的由日本电扬（Dentsu Youg 和 Rubicam）创作的"VOLVO 安全别针"，每一个人看到之后都会过目不忘。正如美国评委盖瑞·戈德史密斯（Gary Goldsmith）所言："它是一幅仅有一句文案（一辆你可以信赖的车）的广告——纯粹的视觉化创意。看到的一些最好的东西，传递信息很快，并且很到位，它无须费神去思考或阅读。"因此，广告创意必须巧妙地把原创性、相关性和震撼性融为一体，这样它才能成为具有深刻感染力的广告作品。

（三）广告创意的形成过程

1. 收集资料阶段

一个真正优秀的有广告创造力的人才，几乎都有两种特性：一是对生活中的所有事都感到兴趣；二是广泛涉猎各个学科的知识。

2. 分析资料阶段

对有关资料进行分析，寻找资料间互相的关系，找出广告的主要诉求点。

3. 酝酿组合阶段

发挥创造力，通过对资料的分析、综合、整理和理解，努力发展一个有效的销售信息。这是创意过程中最艰苦的阶段。

4. 产生创意阶段

通过对头脑中那些零碎的、不完善的、一闪而过的想法作出进一步酝酿和推敲，最后形成相对完整的创意。

5. 评价决定阶段

最后一个步骤。即对已形成的创意进行评价、补充、修改，使之更加完善和有针对性。

五、商品广告文案的结构与写法

商品广告文案的结构一般包括标题、正文、标语、随文四部分，写法大致如下：

（一）标题

标题是广告文案的核心，反映着广告的精神和主题。出色的标题不仅能帮助消费者了解广告客体的主旨、内容，还能激发消费者的购买欲望。有直接标题、间接标题、复合标题三种。

1. 直接标题

直接标题是指直接以商品、服务项目、广告单位的名称为标题，以简明的文字指出广告的内容，使人一目了然。如"带博士伦舒服极了"。

2. 间接标题

间接标题并不直接点明广告的主旨，而是采用夸张趣味的语言来暗示广告的内容，以吸引消费者的注意力。如中国电信有一则平面广告的标题是"想叫老鼠变飞机吗？"。

3. 复合标题

复合标题是把间接标题和直接标题的特点融合起来，既直接说明旅游产品或景区名称，又采用文学性的语言使之引人入胜。

复合标题可采用正题和副题结合的方法，也可采用多行标题，写出引题、正题、副题。如："昨天你还笨口讷言，今天你却出口成章，秘诀何在？——请订阅《演讲与口才》"。

（二）正文

正文是指广告文案中的中心和主体部分，是广告标题的具体化陈述，旨在向受众传达主要广告信息，起着介绍商品、树立形象的作用。

正文也可以分为开头、主体、结尾三部分。

1. 开头即引子，在标题和正文之间起着承上启下的作用。

2. 主体是整个广告文案的重要部分，紧承开头的内容，表现广告的主题，主要包括介绍商品的品种、性能、特点、价格及使用方法等内容，必须突出一种产品或一种服务的不可取代的特点，通过关键的有说服力的事实进行说明。

正文的写法不一，结构形式有新闻体、布告体、简介体、论说体、描写体、小说体、戏剧体、诗歌体、问答体、证书体等，要根据实际情况选择使用。

3. 结尾部分一般是督促消费者或客户迅速付诸行动的语言。

(三)广告标语

广告标语即广告口号,是广告中令人记忆深刻、具有特殊位置、特别重要的一句话或一个短语,也是长期、反复使用一种简明扼要的口号性语句,以加强鼓动与诱导作用。

广告标语在广告中通常能够画龙点睛、锦上添花。而且广告语一般都只有几个字,很少超过十个字,如"钻石恒久远,一颗永流传"、"雀巢咖啡,滴滴香浓"、"农夫山泉有点甜"。广告标语的寿命较长,有的差不多会和企业的名称、商品的商标一直相伴。

广告标语写法多样,常用的有赞扬式、号召式、情感式、提示式、夸张式、含蓄式、比喻式、比较式、双关式、幽默式、标题式等。

(四)随文

广告随文是跟随在广告正文之后的有关文字,是对正文的必要补充和说明。随文指导消费者的消费行为,在广告中不可或缺。

一般包括注意事项、广告企业名称、地址、电话和邮政编码、银行账号、单位的负责人或联系人姓名等。随文的写作要具体明确、直截了当。

【例文评析】

例 1

优秀广告词赏析

没有加进什么　不过提出水分

——某奶粉广告词

【评析】

许多广告往往喜欢用纯正、正宗来表明自己产品的质量。这则奶粉广告要突出的也是一个"纯"字,但它别出心裁地避开了这个熟而又熟的"纯"字,而是从反面入手,从具体的制作过程入手,用形象的语言来表示。前一句"没有加进什么"表现了产品之纯,后一句用"不过"急转,进一步表明光是纯还不够,还必须没有水分,突出了"粉"的特性。语言简洁,12个字中有转折、有波澜。文字浅显,但具体形象。初看语不惊人,细想则回味无穷。

例 2

车到山前必有路,有路必有丰田车

——丰田汽车广告词

【评析】

这则广告深刻把握了中国文化,采用了在中国妇孺皆知的一句俗语,寓意深刻,文字简明。广告采用顶针的修辞手法,虽14字中有9个字相同,但读来顺口,听来悦耳,便于记忆和传播。

例 3

禁止抽烟,连皇冠牌也不例外

——皇冠牌香烟广告词

【评析】

香烟有毒,抽烟对人体有害,因而抽烟不宜提倡,应该禁止,但香烟也是一种产品,必须推销。如何解决这个矛盾呢?皇冠牌香烟的广告词可谓巧妙之极。广告词只有12个字,内容却很丰富,它既宣传了禁止抽烟这一主题思想,又达到了推销和赞颂皇冠香烟的效果。一方面是宣传的积极,包括皇冠牌在内所有香烟都在禁止之列,而且态度坚决;另一方面是推销的积极,皇冠香烟虽然也在禁止之列,但毕竟与众不同,如果要抽的话,还是皇冠,给人以很大的诱惑力。这两方面和谐地统一于一个简短的语句中。广告利用人们心理的反差,采用反效果式的手法,具有很强的艺术效果,给人留下了深刻的印象。

例4

宝马汽车

【评析】

宝马迷你汽车在地铁的出入口都做了一个模型,从侧面看就像是很多人走进了汽车里或很多人走出汽车。用这样的方法来做汽车容积率的广告非常有意思,不需要特意将人放入画面,乘坐地铁的人们自然成为广告的一部分。

【温馨提醒】

在写作商品广告文案时要注意:

(一)真实可信,准确规范

商品广告文案,以事实为生命,切忌虚假宣传,因为既关系到消费者的利益,又关系到广告宣传者自身的信誉。语言表达规范完整,准确无误、通俗易懂则是广告文案中最基本的要求。

(二)立意新颖,形式多样

只有鲜明、独特、醒目、新异的商品广告文案才能脱颖而出,不落俗套。而在形式上也要多种多样,富于创造性,可以采用文字、声像等各种形式,形象而生动地表达内容。

(三)流畅动听、上口易记

广告文案是广告的整体构思,广告语言应该优美、流畅和动听,易识别、易记忆和易传播,从而突出广告定位,很好地表现广告主题和广告创意。同时,也要避免过分追求语言和音韵美,而忽视广告主题,生搬硬套,牵强附会,因文害意。

【拓展阅读】

清扬洗发水:广告成功在哪里?

总的来说,"清扬"广告算是比较成功的:

1. 高调、傲慢。广告语目标明确,主旨突出,"假设有一个人一次又一次地欺骗你,那就甩掉它!"大有"唯我独尊"的味道。一句话将其他去屑洗发产品的去屑效果不理想现象一网打尽,迎合了消费者的认知和态度。对此很多消费者的反应是,终于被理解了,用了那么多去屑产品效果真的不好,不知道清扬自己去屑效果怎么样,试试看。购买产生了。

2. 广告制作唯美。对广告来说,内容第一,形式第二。内容诉求到位了,就看表现形式了。清扬广告的画面给人感觉就是唯美,而且很有张力。有很多消费者对广告表现赞不绝口,由此产生了对产品的联想。能够让消费者联想到产品,并且让其产生购买冲动的美才是真的美。

3. 代言人的选择。"小S"个性张扬,一身黑衣惊艳万分,很符合"清扬"高调、傲慢的形象。尤其在广告中媚态十足地配上"如果有人一次又一次对你撒谎,你要做的就是立刻甩了他……"的广告语的时候,迷倒了不少人。不少消费者表示:就是喜欢"小S",一定会去买"清扬"。

(来源:点亮网,http://www.brandcn.com,经过删改)

写作心语:

优秀的广告词不仅创意新颖,而且符合商品的特点和形象定位。广告利用人们心理的反差,采用反效果式的手法,运用通俗简明的语言,吸引人的眼球,因此,拟写广告词时要始终注意采用最吸引消费者的语句,增强艺术效果。

【文体训练】

一、填空题

1. 商品广告文案的特点是＿＿＿＿、＿＿＿＿和＿＿＿＿。
2. 广告标语又叫＿＿＿＿。
3. 商品广告文案的标题有＿＿＿＿、＿＿＿＿、＿＿＿＿。

二、赏析题

欣赏下面的经典广告语,并为每句广告语写出赏析文字。

1. 新飞冰箱:新飞广告做得好,不如新飞冰箱好。
2. 人头马一开,好事自然来。
3. 农夫山泉有点甜。
4. 雀巢咖啡:味道好极了。

5. 麦斯威尔咖啡:好东西要与好朋友分享。

三、文体实训题

1."倩女"牌皮鞋是专为20~40岁范围内的女性设计的,有八个品种十大系列的产品,高、中、低档产品一应俱全。请你为该品牌设计一则报纸广告。

2. 请为你所在的学院和系部设计一则广告标语。

第三节 意向书

【范文示例】

项目合作意向书

××公司:(以下简称甲方)
××公司:(以下简称乙方)

甲乙双方为满足国内外市场需要,发展外向型经济,根据《中华人民共和国中外合资经营企业法》等相关法规,本着平等互惠互利的原则,经双方友好协商,就合资经营"环保纸制品研发与生产"项目,达成如下意向,并共同遵守执行:

一、合作事项

1. 合作公司名称:

2. 合作地点:

3. 项目投资数额为_____,其中甲方投入占70%,乙方占30%,成立合资公司。公司成立后设立股东大会,股东大会是合资企业的最高权力机构,决定合资企业的一切重大问题,股东大会及组织机构以《中华人民共和国中外合资经营企业法》及《中华人民共和国中外合资经营企业法实施细则》为法律依据。

二、前期甲乙双方各自责任

甲方责任:(略)

乙方责任:(略)

三、在甲乙双方完成前期工作基础上,双方商定____年__月之前签订正式合同。

四、保密条款

1. 甲、乙双方应遵守本保密条款,履行保密的责任和义务;

2. 一方向另一方提供的以文字、图像、音像、磁盘等为载体的文件、数据、资料以及双方在谈判中所涉及此项目的一切言行均包括在保密范围之内;

3、4、5、6(略)

五、违约责任

1. 乙方应保证对该项目所提供的相关文件材料真实、完整、合法、有效,否则甲方有权退出该项目的合作,并保留向乙方要求相关赔偿的权利,同时本意向书自行终止;

2. 在项目运作过程中,甲方违反本意向书第二条款的规定,而导致项目无法继续运作时,乙方有权退出该项目的合作,并保留向甲方要求相关赔偿的权利,同时本意向书自行终止;

3. 在项目运作过程中，乙方违反本意向书第二条款的规定，而导致项目无法继续运作时，甲方有权退出该项目的合作，并保留向乙方要求相关赔偿的权利，同时本意向书自行终止；

4. 任何一方如违反本意向书第四条（保密条款）的规定，而给对方造成相关影响及损失的，则违反方承担相关赔偿责任。

六、其他

1. 除双方另有约定的特殊情况外，双方应以书面形式进行与本意向书有关的沟通，电传、快递一经发出，即被视为已送达对方；

2. 甲乙双方各自承担项目运作过程中相关人力、物力及财力的耗费，对双方有争议的而无法确定数额的资产，由双方共同委托有资质机构进行评估，费用由乙方支付，若合资公司成立，则由成立的合资公司支付；

3. 本意向书是双方合作的基础，合作的具体方式、内容与执行等以双方正式签订的合同、章程及协议为准；

4. 因不可抗力（如战争、骚乱、瘟疫及政府行为）致使本意向书无法履行，本意向书自行终止，双方互不承担责任；

5. 双方在项目运作过程中如发生争议，应友好协商解决，协商不成，双方均可向本意向书签订地人民法院提起诉讼；

6. 本意向书一式两份，甲乙双方各执一份，由双方代表签字盖章后生效，未尽事宜，双方另行协商。

甲方（盖章）：	乙方（盖章）：
代表（签字）：	代表（签字）：
地址：	地址：
电话：	传真：
签订地点：	签订地点：
签订时间：	签订时间：

（选自 http://www.chddh.cn/fanwen）

【知识储备】

一、意向书的含义

意向书是当事人双方或多方之间，在对合作项目或某项事务正式签订条约、达成协议之前，表示初步设想的经济意图和目的，带有原则性、意愿性和趋向性意见的文书。

意向书为进一步正式签订协议奠定了基础，是"协议书"或"合同"的先导，有利于双方进行下一步的实质性接触和谈判。多用于经济技术的合作领域。

二、意向书的特点

（一）协商性

意向书是当事人之间产生意向性洽谈后的产物，双方必须经过协商取得一致性意见才能签订。此外，它只是一种临时性的协商性的文书，对任何一方都没有约束力，不具备协议书、合同那样的法律效力。

(二)灵活性

意向书比较灵活,在协商过程中,当事双方均可按各自的意图和目的提出意见,在正式签订协议、合同前亦可随时变更或补充,最终达成协议。其行文措词也比较灵活。

(三)简略性

意向书所表达的意思简略,只是当事人各方协商结果的大致轮廓,在正式签订协议、合同时还要补充、完善。

三、意向书的类型

1. 根据合作关系的不同,分为财产保险意向书、加工承揽意向书、科技写作意向书、建筑工程承包意向书、货物运输意向书等。

2. 根据合作各方所享有的权益和承担的义务,可分为两大类:一是具有"双方契约"和"有偿合同"性质的意向书,二是具有"单方契约"和"无偿合同"性质的意向书。

四、意向书的结构与写法

意向书的结构一般包括标题、正文和结尾三部分。

(一)标题

1. 简明式标题

由项目名称和文种两项组成,如《扩建京海城堡意向书》。

2. 完全式标题

一般由合作双方名称、合作项目和文种组成,如《天地公司、建达公司合作建厂意向书》。

(二)正文

正文通常由序言和主体两部分组成。

1. 序言

序言要写明合作洽谈双方的法定全称,磋商洽谈的时间及地点,概括磋商洽谈的原则、事项及共识意见。多以"本着××原则,就××项目达成初步意向"作为导语的结束。

2. 主体

主体部分是对磋商洽谈达成意向的具体分述,如合作项目、计划规模、投资方式等,一般要分条列项来写。

在主体的最后通常要写明"未尽事宜,在正式签订合同或协议书时予以补充"的字样,以便留有余地。

(三)尾部

签订意向书各方单位的名称、代表人姓名并加盖公章、私人章及日期。

【例文评析】

投资合作意向书

受资方(以下简称甲方) 公司名称: 公司代表: 公司注册办公地址:	投资方(以下简称乙方) 公司名称: 公司代表: 中国公司注册办公地址:

甲、乙双方经友好磋商，遵守中国的金融法规，就甲方《××深加工生产线建设项目》投资合作事宜，达成以下共识：

一、甲方根据项目的建设、生产、经营需要，要求乙方提供资金_____万元人民币，使用期限____年，到期一次性收回本金。甲方按投资总额每年支付_____的固定回报给乙方，乙方每年结算收取一次。

二、甲方应以项目的知识产权、无形资产、固定资产及在建项目作抵押担保，所需抵押物须经权威机构评估，评估后方可抵押。

三、双方同意以中外合作协议形式进行投资，资金进入后建立专项资金账户，并实行由开户银行监管资金的专项使用，乙方有权随时审计、稽查，对挪作他用有权冻结甲方的资金使用，在乙方资金到位之日，甲方应向乙方提供银行同意监管证明书。

四、甲方应确定选择在中国四大银行，并具有法人资格的银行开户。

五、甲、乙双方确认：以中外合作形式进行投资，乙方不参与管理、不承担经营风险，只行使资金使用的监管、收取权。甲方的所有抵押物，在未还清乙方合作资金前所有权归乙方所有，甲方只有使用权。

六、甲方连续两年未支付回报率给乙方，乙方有权冻结、拍卖甲方的所有抵押物，并将保留追究甲方的违约权利。

七、甲、乙双方约定，签约当日甲方按融资额的1‰即人民币_____万元向乙方支付项目考察综合差旅费用，收款方式是现金或当日电汇凭据传真。乙方在三个工作日内组织安排本项目的实地考察事宜，并书面通知甲方。

八、甲方应积极配合乙方的全面考察工作，并提供便利的交通、工作条件以及食宿安排，并真实有效的提供完整的项目详细资料，以及当地的投资环境，甲方对所提供的文件、资料的真实性负法律责任。

九、乙方考察完毕后在五个工作日内，告之甲方的考察结果。甲方项目考察通过后，甲方需在甲乙双方委托具有国际资质的评估机构做实质性论证、评估等投资操作程序。评估费用由甲方支付。评估未能通过，双方合作到此结束。评估通过后乙方资金无条件到位；若因乙方原因资金不到位，乙方应负责甲方的直接费用损失。

十、投资批复后甲、乙双方应提供完善的有效的法律文本及手续。

十一、本意向书一式三份，甲方壹份，乙方两份，意向书为正式签订合约的附属文本，与正式合约具有同等的法律效力。甲、乙双方在签订之日签字盖章生效。

甲方：   乙方：
法人代表：   经理：
授权代表：   授权代表：

　　　　　　　　　　　　____年__月__日

（选自百度网）

【评析】
　　这是一份存在问题的意向书，最大的问题是该意向书名为投资，实际是借贷合同，国家对个人之间的借贷是保护的，但对以企业为主体作为出借人的借贷行为则不然，因其扰乱金融秩序。此外，意向书的条款也存在一些问题如第十一条。意向书不具备法律效力，只起备忘录作用，督促当事人履行自己的承诺。

【温馨提醒】

在写作意向书时,要注意以下几点:

(一)语言表述要力求准确、清楚

意向书的用语要准确清楚没有歧义,特别是不要随便使用肯定性的词句,尤其是关系到双方权益的问题,务必慎用肯定性词句,以便留有余地。

(二)内容务必忠实于洽谈内容、必须合法

意向书的内容一定要严格按照双方商谈约定好的内容来写,条款不能与我国现行的法律法规相抵触。

(三)条款无需进一步深化

意向书仅仅是表明双方对某个项目的意愿和趋向,加之各自对对方资信情况的了解也有待继续深化,因此,编写意向书时,无需把条款写得具体细致。

【拓展阅读】

意向书与合同岂可混淆

甲建筑公司与乙水泥生产企业签订了购销水泥的意向书,其中规定:"甲公司计划向乙厂购买100吨水泥,由甲公司到乙厂验货并带款提货,有关价格提货时面议。"意向书签订后,乙方迅速组织生产出100吨水泥,随后催甲公司提货,甲公司称短期内没有购买水泥的计划,也未准备购货资金不能提货。乙厂认为甲公司已经构成违约,给自己造成了损失,于是向法院提起诉讼,要求甲公司提货付款并承担违约责任。那么甲乙两公司签订的究竟是购销意向书还是购销合同呢?意向书与合同有哪些不同?

实践中,合同可以不同的名称出现,如合同、合同书、协议、协议书、备忘录、契约等。合同就是具有特定内容的协议,是法律文件。至于合同的名字并不重要,关键是看其实质性内容。

而意向书是双方当事人通过初步洽商,就各自的意愿达成一致认识而签订的书面文件,是双方进行实质性谈判的依据,是签订正式合同的前奏。

两者之间有诸多的区别:

(1)内容不同。合同的内容是对合同当事人权利和义务的规定,直接关系到双方的经济利益和经济责任;而意向书的内容仅是合同各方就进行某项交易进行了洽商,并一致决定继续洽商、谈判、缔约的意向,它是双方表达各自意图和希望达到某种目的的文件,它的内容比合同、协议书更原则些。

(2)签订时间不同。意向书在双方达成意向后签署,是签署正式合同的前奏。所以一般意向书在前,正式合同签署时间在后。

(3)法律后果不同。签署正式合同后,合同会对签约主体具有法律约束力,违反合同的要承担违约责任;而违反签署的意向书,除非具有缔约过失的需要承担缔约过失责任,通常只是承担道德责任。

(4)两者之间可能混同。如果一份协议尽管名字是《意向书》,但是如果其内容具体约定了签约主体之间法律权利义务关系,那么对合同各方是具备法律约束力的,实际上已经是合同了。所以不能片面地认为意向书绝对不具备法律效力,关键还是要看其内容是否具备了合同的内容。

因此,在本文的案例中,甲建筑公司与乙水泥厂签订的意向书不是购销合同。这也提示我们,在写作意向书时一定要注意与合同的区别。

(选自 http://www.110.com)

写作心语:

意向书不像合同,虽然没有法律效力,但是作为双方协商的结果,它对于签订各方仍然具有相当的约束力,随意破坏必然会有损各方的商业信誉。

【文体训练】

一、思考题

1. 什么是意向书?
2. 意向书的标题有几种写法?

二、文体实训题

1. 根据下面给出的资料,写一份合作意向书。

海虹企业(控股)股份有限公司与美国网络高科股份有限公司经友好协商,同意以"海虹企业(控股)股份有限公司"作为产业化基地,进行"网络营销模式创新"的产业化实施,具体合作内容如下:双方同意将该项目技术作价人民币20亿元;由海虹公司及参与研发人员提供技术服务,美方负责产品化及市场营销的实施;美方支付技术费人民币10亿元给甲方,将取得该项目49%的股权;美方具体出资金额及控股比例,双方另行沟通并签订合作合同书;若美方支付的技术费高于人民币10亿元,即对该项目的控股比例高于49%,中方不得对项目剩余作价比例进行再转让等处理;若美方支付的技术费低于人民币4亿元,即对该项目的控股比例低于20%,中方有权独自继续对项目剩余作价比例进行再转让等处理;在合作意向书生效后,该项目所有知识产权属中美双方共同所有,甲方不得再对该项目的扩充版、升级版、变形版单独转让,且对该项目的核心及相关技术负有保密的义务,违约将追究法律责任;甲乙双方将根据具体情况签署阶段性实施计划书。

2. 请查找三份不同的意向书,仔细阅读并分析其写法。

第四节 招标书

【范文示例】

工程建设招标书

为了提高建筑安装工程的建设速度,提高经济效益,经_____(建设主管部门)批准,_____(建设单位)对_____建筑安装工程的全部工程(或单位工程、专业工程)进行招标(公开招标由建设单位在地区或全国性报纸上刊登招标广告,邀请招标由建设单位向有能力承担该项工程的若干施工单位发出招标书,指定招标由建设项目主管部门或提请基本建设主管部门向本地区所属的几个施工企业发出指令性招标书)。

一、招标工程的准备条件

本工程的以下招标条件已经具备：

1. 本工程已列入国家(或部、委,或省、市、自治区)年度计划；
2. 已有经国家批准的设计单位出的施工图和概算；
3. 建设用地已经征用,障碍物全部拆迁,现场施工的水、电、路和通信条件已经落实；
4. 资金、材料、设备分配计划和协作配套条件均已分别落实,能够保证供应,使拟建工程能在预定的建设工期内,连续施工；
5. 已有当地建设主管部门颁发的建筑许可证；
6. 本工程的标底已报建设主管部门和建设银行复核。

二、工程内容、范围、工程量、工期、地质勘察单位和工程设计单位：_____。

三、工程可供使用的场地、水、电、道路等情况：_____。

四、工程质量等级,技术要求,对工程材料和投标单位的特殊要求,工程验收标准：_____。

五、工程供料方式和主要材料价格,工程价款结算办法：_____。

六、组织投标单位进行工程现场勘察,说明和招标文件交底的时间、地点。

七、报名,投标日期,招标文件发送方式：

报名日期：二〇____年____月____日。

投标期限：二〇____年____月____日起至二〇____年____月____日止。

招标文件发送方式：_____。

八、开标、评标时间及方式,中标依据和通知：

开标时间：____年____月____日(发出招标文件至开标日期,一般不得超过两个月)。

评标结束时间：____年____月____日(从开标之日起至评标结束,一般不得超过一个月)。

开标、评标方式：建设单位邀请建设主管部门、建设银行和公证处(或工商行政管理部门)参加公开开标,审查证书,采取集体评议方式进行评标、定标工作)。

中标依据及通知：本工程评定中标单位的依据是工程质量优良,工期适当,标价合理,社会信誉好,最低标价的投报单位不一定中标。所有投标企业的标价都高于标底时,如属标底计算错误,应按实予以调整；如标底无误,通过评标剔除不合理的部分,确定合理标价和中标企业。评定结束后五日内,招标单位通过邮寄(或专人送达)方式将中标通知书送发给中标单位,并与中标单位在一个月(最多不超过两个月)内与中标单位签订_____建筑安装工程承包合同。

九、其他：_____。

本招标方承诺,本招标书一经发出,不得改变原定招标文件内容,否则,将赔偿由此给投标单位造成的损失。投标单位按照招标文件的要求,自费参加投标准备工作和投标,投标书(即标函)应按规定的格式填写,字迹必须清楚,必须加盖单位和代表人的印鉴。投标书必须密封,不得逾期寄达。投标书一经发出,不得以任何理由要求收回或更改。

在招标过程中发生争议,如双方自行协商不成,由负责招标管理工作的部门调解仲裁,对仲裁不服,可诉诸法院。

建设单位(即招标单位):_____
地址:_____
联系人:_____
电话:_____

(来源:融资通网站,http://www.rztong.com.cn)

【知识储备】

一、招标书的含义

招标书又称招标说明书、招标文件,是招标人利用投标者之间的竞争从而达到优选投标人的一种告知性文书,是招标人为了征招承包者或合作者而对招标的有关事项和要求所做的解释和说明。

广义的招标书是指在招标过程中使用的各种书面材料,包括在媒体上发布的招标公告和标价出售的招标文件等;狭义的招标书主要指其中的招标文件部分。

二、招标书的特点

招标书是投标者编制投标书参加投标的依据,也是招投标活动顺利进行的保证,具有以下特点:

(一)目的性

实现以最少的投入获取最佳的经济效益的目的,这是招标书的根本特性。

(二)规范性

招标书明确规定了招标内容及要求、招标程序、投标须知等,具有一定的规范性,所有投标单位必须按要求填写。

(三)指导性

招标书中的诸多内容指示了投标者投标的方向,投标者可以根据招标书提供的各种信息资料,制定可行的投标方案,填制投标文件。

三、招标书的类型

1. 从时间上划分,有长期招标书和短期招标书两种。
2. 从内容上划分,有招标公告、科技项目招标书、工程建设招标书、企业租赁招标书、劳务招标书等。
3. 从形式上划分,有以下三种:(1)公开招标。即在媒体上发布招标广告。(2)书面通知招标。采取书面形式直接通知有承包能力的单位参加投标。(3)议标。是指对于一些技术要求复杂或工期紧迫的项目,在征得有关主管部门同意后,选择少数有承担能力的单位协商确定工期、造价的一种形式。
4. 按招标范围划分,可分为国际招标书、国内招标书、部门系统内部招标书和单位内部招标书等。

四、招标书的结构与写法

招标书的写法比较概括,具体条件另用招标文件说明,发送或出售给投标人。它的基本结构由标题、正文和尾部组成。

（一）标题

通常由招标单位名称、招标项目名称和文种三部分构成，如"北京农业职业学院成教部现代办公实训室设备采购项目招标公告"；也可以省略招标项目或只写文种，如"招标项目名称＋文种"、"招标单位名称＋文种"。

（二）正文

招标书的正文分为前言、主体和结尾三部分。

1. 前言

前言部分要求用简练的语言写明招标单位的基本情况和招标目的、依据等内容。

2. 主体

主体部分是招标书的中心部分，详细写明文件编号、招标项目名称、招标范围、招标投标办法（包括招标项目的具体要求，投标资格与方法以及技术、质量、时间等要求）、招标时限、招标地点等有关事项，构成招标文件。

不同类型的招标文件的构成也不同。如大宗商品交易类招标文件主要由投标须知、需求表、规格、合同条款及附件等内容构成。而建筑工程类招标文件主要由投标须知、招标工程项目介绍、工程技术质量要求、包工包料情况、合同条款、合同格式及附件等内容构成。

3. 结尾

写明招标单位的名称、地址、联系人、联系电话、传真等。

（三）尾部

落款、成文日期，如有附件，注明附件名称及附件原文。

【例文评析】

浙江舟山武港码头口岸楼土建工程招标书

1. 项目概况与招标范围：

项目名称：浙江舟山武港码头口岸楼土建工程

工程地址：浙江舟山普陀区六横凉潭岛

招标范围：施工图范围内的土建、水电、消防、智能化以及室外附属配套及绿化工程等。

2. 投标人资格要求：

2.1 本次招标要求：(1)投标人具有房屋建筑工程施工总承包叁级及以上资质，项目经理须具备：建筑工程注册建造师（含临时建造师）贰级及以上。(2)业绩要求：2009年1月1日至今，投标人曾承接过类似海岛上公共建筑工程施工业绩。(3)其他具体要求详见招标文件。

2.2 本次招标不接受联合体投标。

2.3 本次招标实行资格后审，资格审查条件详见招标文件。

3. 招标文件的获取：

3.1 请于2011年9月20～26日，9:00～11:00时、13:30～16:00时至宁波中冠工程管理咨询有限公司购买招标文件。

购买招标文件需提供的资料：

请于购买招标文件的同时，将下列资料提交至招标代理单位。所有附件均须提供原件和复印件,复印件依次装订成册,原件备查。(1)法定代表人的身份证及法定代表人身份证明书或委托代理人的身份证及法定代表人的授权委托书原件;(2)经年检合格的企业营业执照副本、资质证书副本、安全生产许可证副本;(3)项目经理注册执业证书、安全生产考核合格证书(B证);(4)专职安全员岗位证书、安全生产考核合格证书(C证);(5)2009年至今类似海岛上公共建筑工程施工业绩(需提供中标通知书和施工合同,时间以合同签订时间为准);(6)2010年度财务会计报告。

3.2 招标文件每套售价300元,售后不退。

4. 投标文件的递交:投标文件应于2011年10月10日9时前递交,地点为宁波中冠工程管理咨询有限公司。

5. 联系方式:

招标人名称:浙江舟山武港码头有限公司

招标代理人名称:宁波中冠工程管理咨询有限公司

电话:××××××××

传真:××××××××

联系人:陈懿倩

(选自深圳新闻网,经过删改)

【评析】

这份招标书采用了完全式的标题,然后依次写明了项目的概况和招标范围,投标者的资格要求,招标文件的获取及递交,结构清晰。但还存在一些问题。首先,开头部分应写上"招标条件"即前言。其次,在第二部分中还应写清楚"工程造价"、"工期"、"质量要求"。再次,在第三部分中条款的内容有所重复。最后,第四部分中有关投标文件的递交日期有歧义,递交的地点也不够清楚,在第四部分之后还可以加上"发布公告的媒介",让招标书更加完整具体。

【温馨提醒】

写招标书时,要注意以下几点:

1. 内容明确具体、真实可信

招标书内容要做到明确、具体,能数字化的尽量数字化,数据要准确。而且一定要遵守国家法律及规章制度,内容不能弄虚作假。

2. 语言表述应简明、准确

无论是定性还是定量说明,都应准确无误,没有歧义,尽可能使用精确语言而少用模糊语言。

【拓展阅读】

招标书为何被退回

2010年7月,某市一家中学委托本市汇成招标有限责任公司对该校教学楼装饰改造工程采购项目进行国内公开招标。7月5日,汇成招标公司提交了该项目招标书,很快提交的招标书被委托人退了回来,汇成公司做了修改之后发布了招标公告。可是截止到7月26

日,汇成公司未收到任何一家供应商的投标书。精心制作的招标书先是被退回修改,接着居然没有一家公司来投标,投标书为何被退回?为何没有公司来投标?

事后,汇成公司组织人员分析招标书被退回的原因,发现有以下几个原因:

1. 没有全面反映招标人的需求。招标书编写人员未全面、详细地了解采购人对该工程有哪些要求,使招标书少写了关于环保方面的技术要求。

2. 工程期限设置不合理。该招标书规定的开标时间是8月3日,但工程结束期限却定在9月1日,工期极短,而且也未按楼层划分为多个标段。因此这样的工程期限虽然符合了委托人的要求,但未考虑到投标人,同时又未明确可以分包,投标人接受不了。

3. 条款苛刻。同时,该招标书还明确规定,如投标人竣工日期每超期一天罚款3万元,此条件如此严苛,完全不符合实际,自然无人愿意来投标。

(来源:选自谷歌网,经删改)

写作心语:

招标文件制作不科学,往往造成纠纷、投诉增多,影响政府采购效率等。因此招标书的编制方法一定要恰当;"实质要求"要恰当合理,条款须切合实际;招标文件制作严谨规范,这样就可以避免出现招标书被退回、无人投标的尴尬局面。

【文体训练】

一、填空题

1. 按时间来分的话,招标书可以分为_____和_____两种类型。
2. 招标书的特点是_____、_____、_____和_____。
3. 招标书的结构由_____、_____、_____三部分组成。

二、文种实训题

1. 北京农业职业学院文法系委托中国仪器进出口(集团)公司采购一批办公设备,包括电脑、电脑桌椅、扫描仪、打印机、复印机、传真机、数码摄像机、数码照相机等32个品目,预算金额为49.2166万元人民币;有关设备生产厂商或代理商如有意愿,请于2010年5月8日上午10:00至北京市西城区西直门外大街6号中仪大厦616室洽谈。联系人:李江 电话:010—××××××××,传真:010—××××××××,邮编:100080。

请根据以上资料,为中国仪器进出口(集团)公司撰写一份招标书,标题自拟,具体内容可以虚拟。

2. 某单位的新建大厦要进行室内装修,经上级有关单位批准,该工程项目拟采用公开招标择优选定施工队伍。请你为该单位拟写一份招标书。(提示:招标书请按以下条款来写。工程概况,工程招标范围,承包方式,主要材料供应及质量要求,建设工期,工程质量,合同签订要求,投标须知,开标、评标、定标,投标书或投标资格无效的情况,其他事项)

三、病文修改题

请将"例文评析"中例文的错误之处改过来,并将缺少的条款补写出来。

第五节 投标书

【范文示例】

投标书

致_____：

根据贵方为_____监控系统设备选型入围项目的投标邀请书（招标编号：××），签字人（全名、职务）经正式授权并代表投标人_____公司_____、地点_____（投标人名称、地址）提交投标文件正本一份和副本六份及其电子文件二份。

据此函，签字代表宣布同意如下：

1. 所附投标报价一览表中规定的投标报价为人民币：____元/台（大写金额）（见投标报价一览表）。

2. 投标人将按招标文件的规定履行合同责任和义务。

3. 投标人已详细审查全部招标文件，包括修改文件（如有的话）以及全部参考资料和有关附件。我们完全理解并同意放弃对这方面有不明及误解的权利。

4. 其投标自开标日起有效期为120个公历日。

5. 如果在规定的开标时间后，投标人在投标有效期内撤回投标，其投标保证金将被贵方没收。

6. 投标人同意提供按照贵方可能要求的与其投标有关的一切数据或资料，完全理解贵方不一定要接受最低价的投标或收到的任何投标。

7. 若我方获中标，我方保证按有关规定向贵方支付中标服务费。

投标人授权代表姓名（签字或盖章）：　　　　　职务：销售经理

投标人名称：××公司（公章）

日期：2011年9月25日

（来源：选自百度网，经过删改）

【知识储备】

一、投标书的含义

投标书也称"标书"、"标函"，是指投标者经招标单位资格审查准予参加投标后，按招标文件提出的条件和要求编写的文件材料。

招标书是投标书的引导，议标、评标、定标等环节的活动都围绕投标书而进行；中标和签订合同，也要以投标书为凭据。

二、投标书的特点

（一）真实性

投标人在制作投标书时，一定要以真实为原则，真实客观地反映自己的真实情况。

（二）针对性

各类投标书诸如建筑工程类标书、大宗商品交易类标书等，都要根据招标书的要求有针对性的编制，增加中标的几率。

三、投标书的作用

1. 投标书是评标的依据。投标书是投标者按照招标文件的要求编制的书面材料，包括针对此次招标所设计的方案，还有有关投标者的资质、水平等情况的说明，这些都是评标的重要依据。

2. 投标书是招投标双方签订合同的依据，也是编制实施方案的基础。投标书中的许多条款内容是招投标双方共同认可和确认的，因此是签订合同的凭据。而投标者中标后要编制实施方案也要以投标书为基础。

四、投标书的类型

按不同的分类标准，投标书有各种不同的分法：

（一）按投标人员组成情况划分

有个人投标书、合伙投标书、集体投标书、全员投标书和企业（或企业联合体）投标书等。

（二）按投标项目划分

有工程建设项目投标书、大宗商品交易投标书、选聘企业经营者投标书、企业承包投标书、企业租赁投标书、劳务投标书、科研课题投标书、技术引进或转让投标书等。

五、投标书的结构与写法

招标项目不同，投标书的内容和写法也不相同，但结构格式基本相同，分成标题、正文、尾部三部分。

（一）标题

投标书的标题有三种表现形式：一般由"投标方名称＋投标项目名称＋文种"、"投标项目名称＋文种"或"投标单位名称＋文种"构成或是只有文种。如《兴隆公司承接街下区物资局办公楼装修工程投标书》、《采购办公设备投标书》、《网络公司投标书》、《投标书》。

（二）正文

投标书的正文结构有四部分，送达单位、引言、主体、结尾。

1. 送达单位

在标题下隔行顶格书写上招标方的全称，与书信体中的写法相同。

2. 引言

引言又称前言，一般用简练的语言说明投标方名称、投标的方针、投标的依据、目的和指导思想等，开宗明义，提纲挈领。

3. 主体部分

主体部分要根据招标书提出的目标、要求介绍投标企业的现状，明确投标期限及投标形式，拟订标的，填写标单。

4. 结尾

结尾应写明投标单位的名称、地址、电话号码、授权代表姓名、电报挂号、邮政编码和传真号码等。

(三)尾部

尾部写明附件名称、落款、成文日期和附件原文。

【例文评析】

湖北出版文化城物业管理投标书

投标文件一：

投标书

湖北出版文化城：

1. 根据已收到的招标编号为物招审字(　　)第(　　)号的____物业的招标文件,遵照《湖北省物业管理招标投标管理办法》的规定,经考察现场和研究上述招标文件、招标文件补充通知、招标答疑纪要的所有内容后,我方愿以我方所递交的标函摘要表中的总投标价,承担上述物业的全部管理工作。

2. 一旦我方中标,我方保证按我方所递交的标函摘要表中承诺的期限和招标文件中对承包期限的要求如期按质提供服务。

3. 一旦我方中标,我方保证所提供的物业管理质量达到我方所递交的标函摘要表中承诺的质量等级。

4. 一旦我方中标,我方保证按投标文件中的物业管理班子及管理组织设计组织管理工作。如确需变更,必须征得业主的同意。

5. 我方同意所递交的投标文件在投标有效期内有效,在此期间内我方的投标有可能中标,我方将受此约束。

6. 我方同意招标文件中各条款,并按规定交纳保证金贰万元。若我方违约,则扣除所交纳的全部保证金。

7. 除非另外达成协议并生效,招标文件、招标文件补充通知、招标答疑纪要、中标通知书和本投标文件将构成约束我们双方的合同。

投标单位:(印鉴)
法定代表人或委托代理人:(盖章、签字)

附件:

投标文件二:企业法人地位及法定代表人证明

投标文件三:湖北三环物业管理公司简介

投标文件四:物业管理专案小组配备

投标文件五:对合同意向的承诺

投标文件六:企业资质(见附表)等

投标文件七:物业管理要点

投标文件八:所有附表(略)

【评析】

这份投标书共分八个部分,起首是一份"招标综合说明书",接下来依次做了公司的组织机构、整体实力、报价以及整个合作方案的说明,结构清晰,投标方案具体完整、优势突出,针对性强。

【温馨提醒】

在写作投标书时,应该注意以下几点:

(一)写作要实事求是

投标者在制作标书时要实事求是,不要盲目夸大,弄虚作假。

(二)内容要具体明确

投标书不仅是评标的依据,更是订立合同的凭据,内容要具体明确,不能含糊不清。

【拓展阅读】

投标书制作"四注意"

投标文件(本文简称投标书)是评标的主要依据,是事关投标者能否中标的关键。综合一些投标者在制作投标书方面的失败教训,投标者在制作投标书的过程中,必须对以下四个方面引起足够重视。

一、"投标须知"莫弄错

"投标须知"是招标人提醒投标者在投标书中务必全面、正确回答的具体注意事项的书面说明,可以说是投标书的"五脏"。因此,投标人在制作标书时,必须对"招标须知"进行反复学习、理解,直至弄懂弄通,否则弄得不好,就会将"招标须知"理解错,导致投标书成为废标。

实例 1:某"招标须知"要求投标人在投标书中提供近 3 年开发基于 Websphete、Oracle 大型数据率的成功交易业务记录,而某投标者将"近 3 年",理解为"近年"。将"成功交易业务记录"理解为"内部机构成功开发记录",以致使形成的投标书违背了"招标须知",成为废纸一张。

二、"实质要求"莫遗漏

《招标投标法》第三章第二十七条规定:"投标文件应当对招标文件提出的实质性要求和条件做出响应。"这意味着投标者只要对招标文件中的某一条实质性要求未做出响应,都将导致废标。

实例 2:某招标文件规定,投标者须具备 5 个方面的条件。若投标者 E 遗漏了对"招标货物有经营许可证要求的,投标人必须具有该货物的经营许可证"这一要求做出的响应;投标者 F 在投标书中遗漏了对"投标人必须取得对所投设备生产企业的授权文件"这一要求做出的响应,则投标者 E 和投标者 F,都将因"遗漏"而被淘汰。

三、"重要部分"莫忽视

"标函"、"项目实施方案"、"技术措施"、"售后服务承诺"等都是投标书的重要部分,也是体现投标者是否具有竞争实力的具体表现。倘若投标者对这些"重要部分"不重视,不进行认真、详尽、完美的表述,就会使投标者在商务标、技术标、信誉标等方面失分,以致最后落榜。

实例 3:投标者不重视写好"标函",则就会在"标函"中不能全面反映本公司的"身价",不能充分表述本公司的业绩,甚至将获得的重要奖项(省优、市优、鲁班奖等),承建的大型重要项目等在"标函"中没有详细说明,从而不能完全表达本公司对此招标项目的重视程度和诚意。

实例4：一些投标者对"技术措施"不重视，忽视对拟派出的项目负责人与主要技术人员简历、业绩和拟用于本项目精良设备名称的详细介绍，以致在这些方面得分不高而出局。

四、"细小项目"莫大意

在制作投标书的时候，有一些项目很细小，也很容易做，但稍一粗心大意，就会影响全局，导致全盘皆输。这些细小项目主要是：(1)投标书未按照招标文件的有关要求封记的；(2)未全部加盖法人或委托授权人印鉴的，如未在投标书的每一页上签字盖章，或未在所有重要汇总标价旁签字盖章，或未将委托授权书放在投标书中；(3)投标者单位名称或法人姓名与登记执照不符的；(4)未在投标书上填写法定注册地址的；(5)投标保证金未在规定的时间内缴纳的；(6)投标书的附件资料不全，如设计图纸漏页，有关表格填写漏项等；(7)投标书字迹不端正，无法辨认的；(8)投标书装订不整齐，或投标书上没有目录、页码，或文件资料装订前后颠倒等。

(来源：http://www.jsgcfl.com)

写作心语：

细节决定成败，没有精雕细刻的局部就不会有完美无缺的整体。在投标书制作中最容易被忽视又最容易出问题的一些细致地方，我们在实际操作中应当引以为鉴，尽量避免。

【文体训练】

一、填空题

1. 投标书又称_____、_____，是指_____。
2. 投标书具有_____、_____两个特点。
3. 招标书的标题，一般有_____、_____、_____三种形式。

二、文体实训题

1. 请根据以下资料，为西安永安消防工程有限公司制作一份投标书。（提示：内容可虚拟）

西安永安消防工程有限公司将要参加神华神东房地产开发公司大柳塔北区三区室外管网消防工程二期招标，该公司决定编制投标书，针对该工程主要提出了如下方案：一旦本公司中标，本公司保证在规定时间内完成工作量，大柳塔北区室外管网消防工程30号、34号楼段计划于2007年7月1日开工，计划于2007年12月18日竣工；35号、36号楼段计划于2008年3月15日开工，计划于2008年6月18日竣工；室外消防报警主机及配线于2007年7月20日完成，保证30号、32号楼消防系统正常运行。

2. 请按照下面这份招标书的要求，写出一份投标书。

中国科学院果蝇细胞遗传图像分析系统采购项目招标公告

日　期：2011年9月30日

招标编号：OITC-G11022298

项目名称：中国科学院果蝇细胞遗传图像分析系统采购项目

1. 东方国际招标有限责任公司受中国科学院院所（招标人）的委托，就果蝇细胞遗传图像分析系统采购项目（以下简称项目）所需的货物和服务，以公开招标的方式进行采购。

2. 现邀请合格的投标人就下列货物及有关服务提交密封投标。有兴趣的投标人可从招标代理所在地址得到进一步信息和查看招标文件。

3. 本次招标货物为1个包,投标人须以包为单位对包中全部内容进行投标,不得拆分,评标、授标以包为单位。

包号	货物名称	数量(台/套)
1	果蝇细胞遗传图像分析系统	1

4. 投标人资格条件:
(1)具有独立承担民事责任能力,遵守国家法律法规,具有良好信誉,具有履行合同能力和良好的履行合同的记录,具有良好资金、财务状况的法人实体。
(2)本项目不接受联合体投标。
(3)按本招标邀请的规定获取招标文件。

5. 有兴趣的投标人可在2011年9月30日至10月27日间每天上午9:00至下午17:00去东方国际招标有限责任公司(地址:北京市海淀区阜成路67号,银都大厦15层)1507室查阅或购买招标文件,本招标文件售价为500元/包,如需邮寄另加50元邮资费用,邮寄过程中产生的任何问题由购买标书人自己负责,招标代理机构不负责任。售后不退。

6. 所有投标文件应于2011年10月28日9:30之前递交至东方国际招标有限责任公司1513会议室,并须附有不低于投标金额1‰的投标保证金,以招标机构为承受人。

7. 兹定于2011年10月28日9:30在东方国际招标有限责任公司1513会议室公开开标。届时请投标人派代表出席开标仪式。

8. 招标机构名称:东方国际招标有限责任公司
地址:北京市海淀区阜成路67号,银都大厦15层
邮编:100142
电话:××××××××
传真:××××××××
电子信箱:××××
联系人:吴旭 徐薇薇
开户名(全称):东方国际招标有限责任公司
开户银行:招行西三环支行
账号:略
注:以电汇方式购买招标文件、递交投标保证金、支付中标服务费须在电汇凭据附言栏中写明招标编号及用途。

第九章 常用知识

目标导向
- 了解文章的文面常识
- 学会使用规范的文面
- 学会文章的修改方法

第一节 文面常识

文面是文章的外在表现形式,也是作者写作素质的体现。无论是文学作品还是实用文体,都讲求文面的整洁美观。尤其在应用文中,规范整洁的文面不仅能准确传递出作者的思想和用意,还反映出作者写作的态度和文风,受众者也方便阅读。相反,字迹潦草、错字连篇、标点符号混乱、格式错误的文面,即使内容再好,受众者也可能不愿意阅读,或者对文稿的真实性和严肃性产生怀疑,从而影响文稿的传达效果。

文面的内容主要包括文字的书写、标点符号的使用、行款格式的布置和修改符号的使用。

从受众者的接受需要、文稿信息的传递效果出发,一般对文面的要求是:整洁、美观、规范。

一、文字的书写要求

文字是文稿内容的载体,是文面的主要组成部分。要想使文面整洁,首先要重视文字的正确书写。

（一）正确规范

正确是要求文字书写时不写错字、别字;规范是指书写文字时要按照规范的汉字结构来书写,包括汉字的结构部位正确,笔画完整齐全,不写不规范的简化字,不写不规范的词语或生造词语。在行政公文等严肃文体中,用词必须规范,不能使用流行的网络语言(应用除外),否则影响文稿的庄重性和严肃性。

（二）清晰易辨

清楚易辩是要求书写时把字写清楚、容易辨认，不能似是而非、模糊不清。否则影响阅读，会造成辨认上的失误，从而引起事件处理上的耽误或失误。

（三）美观大方

美观大方是指写好汉字的结构布局，把笔画的线条写得圆润流畅，字迹大小错落有致、字间距疏密得当，从而使整个文字看起来字形美观，布局大方。在电脑上书写时，要注意设定好行间距和字间距，还要注意上、下、左、右的间距，每行的字数要一致。

（四）干净整洁

文面的干净整洁主要是体现在文字的书写上。有的人字没写好或者写错了，用笔胡乱画叉，或随便删改涂抹，使整个文面很难看，给人印象很不好。所以在书写过程中，要保持文面的干净和整洁，即使要做修改，也要使用规范的修改符号。

在文字书写中，还需要注意数字和计量单位，以及音译词和外来词的用法和书写。数字用法，凡是可以使用阿拉伯数字而且又得体的地方，均应使用阿拉伯数字。按照这个规定，记数和记量，公历的年、月、日、时都用阿拉伯数字表示。星期几、夏历及清代以前历史纪年用汉字。中华民国纪年和日本年号用阿拉伯数字。定型的词、词组、惯用语、缩略语或修辞性语句中的数字用汉字，如"一律"、"四氧化三铁"、"七上八下"、"相差十万八千里"等。邻近两个数字并列连用表示概数时，用汉字，如"三五天"、"七八十种"等。引文标注中版次、卷次、页码，除古籍应与所据版本一致外，一般均使用阿拉伯数字。总之要合乎国家技术监督局1995年12月发布的《中华人民共和国国家标准出版物上数字用法的规定》的要求。计量单位，属于国际单位制的，要合乎国际标准规范；属于我国法定计量单位的，要合乎《中华人民共和国法定计量单位方法》的规定。音译词和外来词一般使用较常用的说法。

二、标点符号的书写要求

标点符号是文稿写作过程中不可缺少的一个内容。常用的标点符号有顿号（、）、逗号（，）、分号（；）、句号（。）、问号（？）、感叹号（！）、冒号（：）、引号（""）、括号（（））、书名号（《》）、破折号（——）、省略号（……）、连接号（—）、间隔号（·）、着重号（.）等。

标点不仅能表明不同的停顿，显示出词语的不同性质和内涵，使阅读更为方便；还可以表示出不同的思想要求和情感需求，节奏和韵律等。

（一）标点符号的书写位置

在文面要求中，标点符号的书写和文字的书写一样，要占有一定的位置和空间。如果采用方格纸书写，一般一个标点要占用一个方格（省略号、破折号等占用两个字的位置，着重号、专名号不另占汉字位置）；如果采用条纹纸或白纸，则占用一个汉字的空间。标点符号的书写位置如下。

顿号、逗号、分号、句号、冒号占用一个汉字的位置，写在其占用位置的左下方；问号、叹号占用一个汉字的位置，书写在其占用位置的左半偏下；引号占用两个汉字的位置，上引号书写在占用的第一个位置的右上方，下引号书写在占用的第二个位置的左上方；括号、书名号占用两个汉字的位置，前一部分书写在占用的第一个位置的右半部分，后一部分书写在占用的第二个位置的左半部分，均居中书写；破折号、省略号占用两个汉字的位置，均写在行的中线上，破折号不能断开，省略号只能书写六个实心圆点；连接号、间隔号占用一个汉字位置，写在行的中线上；着重号、专名号书写在相应汉字的下方，不占汉字位置，也不单独成行。

用符号书写如下：

、	，	；	。	：	？	！	—	·	.
"	"	（	）	《	》		——		……

（二）标点符号在特殊情况下的书写要求

为了使文面整齐美观，标点符号的书写还有一些要求，如有的符号不能书写在一行字的开头，有的不能写在行尾。书写时，应该根据实际情况作出相应的变通。

不能写在行首的标点有：顿号、逗号、分号、句号、冒号、问号、叹号，以及引号、括号、书名号的后一半。在实际书写中，前一行全部写满汉字，没有空格可以书写相应的这些标点时，应该把它们写在前一行最后一个字的右下角。

不能写在行尾的标点有：引号、括号、书名号的前一半。如果书写到行尾时，只余下一个空格只能写下引号、括号、书名号的前一半时，这个空格可以放弃不用，而是把它们放在下一行的行首，依旧占用相应的位置。

间隔号既不能单独放在行首，也不能单独放在行尾，可以通过扩大或缩小字距及不占格的方法来解决。

使用引号时，引号内的每一个字、每一个标点符号，都必须按照原文原封不动的书写；一旦有改动，就不能使用引号；如果引文不独立，无论是否完整，引号的后一半前都不能用标点，其后面用不用标点，用什么标点，则需根据整个句子的句意和结构来判定。例如：

（1）爱因斯坦说："想像力比智力更重要，因为知识是有限的，而想像力概括世界上的一切，推动着进步，并且是知识进化的源泉。"

（2）"满招损、谦受益"这句格言，流传到现在至少有两千年了。

（3）王维的画和诗，正像历来评论的那样"画中有诗、诗中有画"，韵味无穷。

（三）连用标点的书写要求

在写作中，往往要连续使用标点，在书写上，就要有一些变通，如书名号中套用书名号的，里面的书名号需写成单书名号，外面的用双书名号；括号中套用括号的，里面的用圆括号，外面的用方括号；引号中套用引号的，里面的用单引号，外面的用双引号；连用三次引号的，最里面的用双引号，中间的用单引号，最外面的依旧用双引号。例如：

（1）《中国工人〈发刊词〉》发表于1940年2月7日。

（2）办公桌上放着他经常查看的一本工具书［《现代汉语词典》（2005年版）］。

（3）小红问老师："'实事求是'中的'是'是什么意思？"

使用引号时，如引用的是连续的几段文字，可以在每段段首使用引号的前一半，最后一段段尾使用引号的后一半，不必在每段段尾都使用引号的后一半。

几种标点连续使用时，所占用位置不能和单独使用时占用位置一样，而是要适当的缩小位置，一般把占用一个字的缩为占用半个字位置即可，原占两个字位置的不做改变。如果同时使用冒号和引号，冒号要和上引号写在一个字的位置上。

三、行款格式的书写要求

行款格式是人们在长期的书面交际过程中逐渐形成的习惯或规定。不同文体在行款上有不同的要求，这里只介绍文章的一般行款要求，至于具体文种的行款，本书中各种文体讲解时已经做过详细讲解。

行款格式的整体布局应当和纸张的大小、字数的多少相和谐。如果在白纸上书写,则要在纸张的上下左右分别留出适当的空白(印刷术语分别叫做天头、地脚、订口、切口);在方格纸、条纹纸上书写,纸张自然留有空白。一般上边和左边留白要多一些,下边和右边可以适当窄一些。具体的留白宽窄可以视文稿字数的多少来确定(行政公文的纸张和行款有严格的规定,在此不再赘述)。

在考虑文章的整体布局时,着重要安排好下面几个内容。

(一)标题

文章的标题一般写在纸张(出去留白)的第二行的正中间,两侧的空格尽量相等;标题字数少时,字间距可以适当空出2~3个字的空间;字数太多需要转行时,可以根据标题中字数多少排成两行,金字塔式、倒金字塔式都可以,但以金字塔式为普遍。尽量注意不要把词或词组、规章制度等专有名词拆在两行,还需注意上下行的字数排列要美观匀称。

如果标题是正副标题,副标题则要写在正标题的下一行,前面加破折号,破折号起始位置和正题第三字对齐;副标题字数多需要转行时,首字仍对准上行首字,不能与破折号对齐或超出破折号。有时,副标题也可以字正题下居中书写,不适用破折号。正题字体稍大,副题字体稍小。

标题中一般不使用标点符号,根据需要可以使用空格或提行来表示停顿。有时也可以在标题内使用适量标点,但末尾一般不使用标点。

(二)署名

署名一般在标题的下一行的正中间,名字的每个字之间可以空一个字的空间,单名的可以空两个字。署名也可以写在文章结尾处,一般在正文下一行,居右书写姓名,姓名离右边距可空两个字的空间。根据文章的需要,姓名前面有时要写清楚作者的单位名称、职务、职称等内容。

(三)正文

1. 段落

每个自然段开头需要空两格,无格时要空两个字的空间。自然段之间不空行。

2. 引文

如果引用的是原话,要加引号;如果是转述的话不加引号。引文可以连着正文书写,不分行,不空格;比较重要的引文可以单独成段。单独成段的引文书写有两种格式:一种是使用引号,同正文的段落一样,段落第一行空两个字,其他行不空行;第二种是不使用引号,但应在引文前的正文末尾加冒号,段落第一行空四个字,第二行开始空两个字,行尾可以空两个字,也可以不空,一般把字体同正文字体区别开,以示引用文字。

引文中的诗歌书写也有两种形式。可以同正文一样,按散文形式书写,每一行用"/"隔开;也可以按诗歌形式书写。

3. 正文结构序号

正文的内容如果较多,分层次、分角度进行阐述或说明,需要按层次或内容理出小标题。小标题的书写同大标题一样,写在一行的中间,也可以写在本部分的开头,是否单独占行,可根据情况决定。一般为了清晰醒目,可以把小标题编上序号。

在文科文章中,约定俗成的纲目序码是:

一、二、三、

(一)（二）（三）

1. 2. 3.

(1)（2）（3）

①②③

"一"用长点号，"1"后用实心圆点号，"(一)"和"(1)"后不用标点符号。

内容层次少的可以只用"一"和"1"来分层次。内容层次多的，还可以使用外文字母，长篇的可以分章节。

在科技文体中，国际上通常使用的是下列序号：

1

2

3——3.1

  3.2

  3.3——3.3.1

    3.3.2

    3.3.3——3.3.3.1

      3.3.3.2

这种标注序号的方式，条理性强，内容之间的联系更清晰。

(四)附注

附注是指附于正文的注解，包括夹注、脚注、尾注、参考文献。

1. 夹注，也称段中注，是紧连在被注的文字之后的注释，一般用括号把注释的内容括住。夹注适宜内容较少的注释，如引文出处等。

2. 脚注，也称页下注，是指把本页正文这个需要注释的内容分别写在本页的下端，注释方法为在文中需要注释的文字的右上角写上序码，然后在本页下边打一横线，线下按序码写出注释内容。一般的教材、专著采用这种注释方式。

3. 尾注，即把文中所有需要注释的地方按照顺序编码，然后在文末一一注明，方法同脚注。

脚注和尾注法都必须在需要注释的文字的右上角用序号①②③④进行标注，在文下或文后的注释序号必须与正文中标注的序号一致，否则注释就会出现混乱。例如：

4. 参考文献，指文中引用了别人的观点、意见或原话时，需要在文后注明出处。注释方法为在引用文字的右上角写上序码[1][2][3][4]，在本页下端或正文后按顺序分别作出注释，其顺序为：作者、书名或报刊名、章节、页码、出版单位、出版日期等。如：[3] 邓炎昌，刘润清．语言与文化 [M]．北京：外语教学与研究出版社，2003：86—87．

(五)页码

文稿超过一页的，一般要标出页码，以示文稿的完整性。页码的位置在文面的右下角或下方居中，用阿拉伯数字1、2、3、4标注，不需加括号或圆圈，也不加点号。

第二节 文章修改常识

修改是文章写作中一个必不可少的环节，是对文章的深加工。广义的修改贯穿于文章写作的全过程，如构思拟题、编写提纲、执笔起草等，都在边拟写边修改。狭义的修改，是指在文章初稿写成之后到定稿前所做的进一步的推敲、调整、润色等工作,目的是使文章更趋于完美。本节所谈的修改主要指后者。

一、修改的意义

1. 修改是保障文章质量的需要
2. 修改是对受众者的尊重和负责
3. 修改是提高自身写作水平的需要

二、修改的原则

1. 着眼全局,从主旨到材料,从整体到局部

文稿的初稿完成后,先不必注重语言不恰当和拼写错误、排版不整齐等表面的细小问题,而是要集中审视大问题。应用写作中因为主旨先行的要求,一定要首先确保主旨的正确和鲜明,考虑材料是否恰当和公允地表现了写作的意图,尔后再分析结构是否合理,是否能更好地为突出主旨服务,再后考虑语言是否准确、简洁,文面排版等问题。

2. 不同文种,各有侧重

文章是一个大范畴,即使应用文包括的文种也很多。虽然应用文书在写法上都要求文本的规范性和语言的严谨准确,但具体到每一个文种的写作时,又有不同的要求,因此在修改时还要注意每个文种的独特性,例如公文修改时要注意是否使用了规范的公文格式,书写的内容是否符合现行的政策和法律,语言是否庄重、严谨;演讲稿修改时要注意文稿是否具有感染力、号召力,所用事例是否真实可信,语言是否生动、形象、有气势等。

三、修改的内容

文章的修改主要包括修正主旨、修改材料、调整结构、推敲语言、整洁文面几个方面。

1. 修正主旨

主旨是文章的统帅和灵魂。修改的时候要检查主旨是否正确、是否集中、是否鲜明、是否符合单位部门的意图,还要注意局部观点和主旨的一致性。

首先检查主旨是否正确。正确是对文章主旨的最基本要求。正确的主旨应该是符合国家现行方针政策的,能反映写作对象的实际意图的。

其次,要检查主旨是否集中。一般来说,一篇文章只能有一个主旨,如果出现多个主旨,则会使读者产生误解,从而达不到预期的效果。行政公文中的请示和问询函等,则明确要求一事一文,如果在一篇文章中出现多个事件或请求,即主旨不集中,则可能耽误紧急事件的处理,给工作带来麻烦。

再次,要检查主旨是否鲜明。主旨鲜明,才能使读者更清晰的知晓文章的意图,如果用语含糊,材料堆积,意图隐混不明,则文章的价值也不大,指导实际工作的作用就不明显。

第四,要检查主旨是否符合单位部门的意图。应用文体的写作者有时只是写作的执笔者,只是一个有关政策法规或规章制度的代言者,并不能自己做决断,因此要在写作初稿后,再次审视文章的主旨,考虑主旨是否和所代言的单位部门的意图相一致。

最后,检查局部观点和主旨是否一致。局部观点,是指行文中支撑主旨的具体的概念、判断、推理等。修改时除了要检查局部观点的正确、集中和鲜明外,还要考虑其与主旨的一致性,不能自相矛盾或有偏差。

另外，在消息、演讲稿、海报等文体的写作中，还要检查主旨是否新颖、深刻。

2. 改动材料

材料是文章的一个要素，是形成文章、表现主旨的血肉。主旨的变更，必然会引起材料的相应改变；即使文章主旨没有修正，修改时也需要对材料进行增删改动，以便更好地为主旨服务。

材料的修改主要包括核对材料、增删材料、选择材料等几方面。

3. 调整结构

结构是文章的骨骼，是表达主旨的形式。结构的修改包括修改整体结构和局部结构两方面内容。

首先要修改整体结构。如果文章的主旨有改动，材料也相应地做了修整，结构往往也需要做全局性的调整。如果文章的主旨和材料没有太大的改动，那就需要考虑整体布局是否合理，层次安排是否恰当，把轻重倒置、详略不当的地方做一修改。

其次要修改局部结构。如果文章的主旨和材料没有太大的改动，整体布局合理，那么只需要检查文章的开头结尾、段落层次、过渡照应等是否得当。

4. 推敲语言

语言是文章的载体，文章的主旨、材料和结构都要通过语言来合成、承载和显现。

应用文体的语言整体要求严谨、规范、准确、平实、简洁，修改语言的时候，需要一一对其进行修整。首先要改正错字、别字，然后要把不规范的改为规范的，把词义不明晰的改为明确不产生歧义的，把啰嗦的改为简洁的，把生僻字词改为通俗的字词。另外宣传文书中的演讲稿、海报等文书，要求语言的生动、形象，还需要针对文体的具体要求进行改动。

5. 整洁文面

文面是文章的脸面，反映了写作者对文章的重视程度。

文面修改要注意字词的清晰和准确，数字使用的规范和统一，整体文字的大小整齐，行间距和标题的整齐划一，还要注意图表、数据、图画等插图的位置是否合适，留白是否恰当。

四、修改的方法

修改文章是项艰难的工作，刘勰曾说："改章难于造篇，易字艰于代句。"（《文心雕龙·附会篇》）修改不仅需要付出一定的心血，还须掌握一定的方法。

1. 热改法与冷改法

热改，是指在初稿完成后马上修改。这样做的好处是，可以保持起草时的清晰思路，起草时的思维、情绪以及对文章的各种想法、具体问题都还历历在目，所以能够保持思维的连续性。写作者在起草过程中为了保持在某个方面展开的思路不被引走和打断，往往会有一些问题要暂时搁置，例如某个材料是否得当，某个过度是否自然，某个词语是否准确等，修改这些地方时最好要趁这些疑惑尚未消逝的时候，统筹考虑，深入推敲，及时处理，以免事后忘记。

冷改，指初稿完成后，经过一段时间的冷却之后再进行修改。好处是有了时间的间隔，修改就可以跳出初稿时的定势思维，能以一种近乎旁观者的新视角去审视和梳理原稿，从而发现和解决问题。不过，冷却也应有合适的限度，时间过长，会对原稿产生隔膜感，难以再进入情境。

应用文书的写作讲求时效性，因而多用热改法。

2. 借鉴法与比较法

文章来源于生活，写作的道理和生活的道理息息相通。修改如果一时难以理想，不妨搁置一下，自己重新回到生活中去，借鉴生活，借鉴他物，反倒常常可以改得更好些。修改往往不能一次就改得最好，而是需要对同一个地方作出若干种不同的改法，以便进行比较，找出传神之笔。当然，并不一定是改的次数越多就越好，也并非最后一次改出的文字就最好，修改的宗旨是通过比较，从中选优。

应用文书有其规范的格式要求，包括结构格式、文面格式和语言格式等。写作者在初稿完成后，可以借鉴单位中以往的成功文书或网络上的文稿，查看其格式、内容、结构等，并进行比较，分析出相同点和不同点，然后根据自己文稿的主旨要求和文体要求，借鉴其好的地方，对自己文稿中不尽如人意的地方进行修改。

有了比较才能更好地发现自己文稿中存在的问题，有了借鉴，可以避免走弯路，提高修改的效率。

3. 自悟法与求助法

写作是写作者主体个人的创造性活动，文章是其精神、思想的反映，写作的精微之点，得失之处往往写作者个人感触最深，所以修改也应当靠自己。朱熹《朱子语类》载："欧阳公每为文，既成，必自窜易，至有不留本初一字者。其为文章则书而傅之屋壁，出入观省之……"

写作者除了凭借自悟进行修改，还可以求助于别人来修改文章。因为别人能够以旁观者的身份客观的对待文稿，能以全新的眼光重新审视，就能发现其中的利弊长短。据宋人彭乘《墨客挥犀》载："白乐天每做诗，令一老妪解之，问曰：'解否？'，妪曰'解'，则录之；'不解'，则又复易之。"白居易的这种修改，是典型的求助法。

以上所讲的三对六种修改方法，是从不同角度着眼所作的大致划分，实际的修改，往往会有不同方法的交叉、跨类和综合。

【文体训练】

一、给下面的句子加上标点符号。

1. 推开门一看 呵 好大的雪呀 山川 河流 树木 房屋 全都 罩上了一层厚厚的白雪 万里江山变成了粉妆玉砌的世界

2. 他脸色苍白 艰难地说 水 水 说着就昏过去了

3. 图书馆里的书真多 格林童话 上下五千年 十万个为什么 我都喜欢看

4. 她带走了落叶 纸屑 尘土和果皮 留下了清新的空气与洁净的大地 啊 这不是王阿姨吗 她是我原来的邻居

二、按要求修改下面的文字。

①那时，我们是快乐的。②每一个清晨或旁晚，我们亲进大自然，倾听万物的声音，与身边的鸟儿、花儿、小溪交流。③我们度过的每一个地方，都留下了自己的笑声。④多年以后，使我们还在怀念这段快乐的时光。

1. 第②句有两个错别字，请找出来并改正。
_____改为_____ _____改为_____

2. 第③句有一个词语使用不当，应将_____改为_____。

3. 第④句有语病，请修改：_____。

三、下面语段中划线的句子有语病,请修改在横线上。

一天,有位父亲带着小儿子去乡下旅行,(1)想让他认识一下穷人是怎样生活的。旅行结束后,父亲问:(2)"你知道这回穷人是怎样过日子了吧?"儿子回答:"我发咱家仅有一个水池通向花坛的中央,可他们竟有一条望不到头的小河;(3)我们的花园里仅有几盏灯,可他们才有漫天的星星;我们的院子只有那么一点儿,他们的院子却有整个农场那大!"儿子说完,父亲哑口无言。儿子接着说:(4)"感谢让我明白了我们有多么贫穷!"

1. _____
2. _____
3. _____
4. _____

四、修改下面的短文,完成问题。

中国青少年研究中心,近期进行了一项名为"杰出青年的童年与教育"的调查研究课题。调研成果发现,童年时经常担任班级干部的学生,长大后成为"杰出青年"的为65.54%,而普通学生只占20.27%。调查结果显示,"杰出青年"童年时经常是学校(班级)核心人物的比例为50.68%,学习成绩常是前10名的比例为73.65%。调查结果还显示,"杰出青年"在童年时代非常喜欢独立做事情的为66.68%,能谢绝游戏诱惑的为60.14%,能经常帮父母做家务的为81.08%,对班上不公平的事感到气愤的占79.73%,有54.05%的人能规劝他人欺负同学,有58.78%的人能与他人分享荣誉。这说明:

1. 指出材料中运用不得体的词语,并予以改正,有几个写几个。

不得体的词:

改正:

2. 根据材料的有关内容,在"这说明"后续写句子。

答:

附录一

国家行政机关公文处理办法

(国务院国发[2000]23号 2000年8月24日)

第一章 总 则

第一条 为使国家行政机关(以下简称行政机关)的公文处理工作规范化、制度化、科学化,制定本办法。

第二条 行政机关的公文(包括电报,下同),是行政机关在行政管理过程中所形成的具有法定效力和规范体式的文书,是依法行政和进行公务活动的重要工具。

第三条 公文处理是指公文的办理、管理、整理(立卷)、归档等一系列相互关联、衔接有序的工作。

第四条 公文处理应当坚持实事求是、精简、高效的原则,做到及时、准确、安全。

第五条 公文处理必须严格执行国家保密法律、法规和其他有关规定,确保国家秘密的安全。

第六条 各级行政机关的负责人应当高度重视公文处理工作,模范遵守本办法并加强对本机关公文处理工作的领导和检查。

第七条 各级行政机关的办公厅(室)是公文处理的管理机构,主管本机关的公文处理工作并指导下级机关的公文处理工作。

第八条 各级行政机关的办公厅(室)应当设立文秘部门或者配备专职人员负责公文处理工作。

第二章 公文种类

第九条 行政机关的公文种类主要有:

(一)命令(令):适用于依照有关法律公布行政法规和规章;宣布施行重大强制性行政措施;嘉奖有关单位及人员。

(二)决定:适用于对重要事项或重大行动做出安排,奖惩有关单位及人员,变更或者撤销下级机关不适当的决定事项。

(三)公告:适用于向国内外宣布重要事项或者法定事项。

(四)通告:适用于公布各有关方面应当遵守或者周知的事项。

(五)通知:适用于批转下级机关的公文,转发上级机关和不相隶属机关的公文,传达要求下级机关办理和需要有关单位周知或者执行的事项,任免人员。

(六)通报:适用于表彰先进,批评错误,传达重要精神或者情况。

(七)议案:适用于各级人民政府按照法律程序向同级人民代表大会或人民代表大会常务委员会提请审议事项。

(八)报告:适用于向上级机关汇报工作,反映情况,答复上级机关的询问。

(九)请示:适用于向上级机关请求指示、批准。

(十)批复:适用于答复下级机关请示事项。

(十一)意见:适用于对重要问题提出见解和处理办法。

(十二)函:适用于不相隶属机关之间相互商洽工作、询问和答复问题,请求批准和答复审批事项。

(十三)会议纪要:适用于记载、传达会议情况和议定事项。

第三章 公文格式

第十条 公文一般由秘密等级和保密期限、紧急程度、发文机关标识、发文字号、签发人、标题、主送机关、正文、附件说明、成文日期、印章、附注、附件、主题词、抄送机关、印发机关和印发日期等部分组成。

(一)涉及国家秘密的公文应当标明密级和保密期限,其中,"绝密"、"机密"级公文还应当标明份数序号。

（二）紧急公文应当根据紧急程度分别标明"特急"、"急件"。其中电报应当分别标明"特提"、"特急"、"加急"、"平急"。

（三）发文机关标识应当使用发文机关全称或者规范化简称；联合行文，主办机关排列在前。

（四）发文字号应当包括机关代字、年份、序号。联合行文，只标明主办机关发文字号。

（五）上行文应当注明签发人、会签人姓名。其中，"请示"应当在附注处注明联系人的姓名和电话。

（六）公文标题应当准确简要地概括公文的主要内容并标明公文种类，一般应当标明发文机关。公文标题中除法规、规章名称加书名号外，一般不用标点符号。

（七）主送机关指公文的主要受理机关，应当使用全称或者规范化简称、统称。

（八）公文如有附件，应当注明附件顺序和名称。

（九）公文除会议纪要和以电报形式发出的以外，应当加盖印章。联合上报的公文，由主办机关加盖印章；联合下发的公文，发文机关都应当加盖印章。

（十）成文日期以负责人签发的日期为准，联合行文以最后签发机关负责人的签发日期为准。电报以发出日期为准。

（十一）公文如有附注（需要说明的其他事项），应当加括号标注。

（十二）公文应当标注主题词。上行文按照上级机关的要求标注主题词。

（十三）抄送机关指除主送机关外需要执行或知晓公文的其他机关，应当使用全称或者规范化简称、统称。

（十四）文字从左至右横写、横排。在民族自治地方，可以并用汉字和通用的少数民族文字（按其习惯书写、排版）。

第十一条　公文中各组成部分的标识规则，参照《国家行政机关公文格式》国家标准执行。

第十二条　公文用纸一般采用国际标准 A4 型（210mm×297mm），左侧装订。张贴的公文用纸大小，根据实际需要确定。

第四章　行文规则

第十三条　行文应当确有必要，注重效用。

第十四条　行文关系根据隶属关系和职权范围确定，一般不得越级请示和报告。

第十五条　政府各部门依据部门职权可以互相行文和向下一级政府的相关业务部门行文；除以函的形式商洽工作、询问和答复问题、审批事项外，一般不得向下一级政府正式行文。

部门内设机构除办公厅（室）外不得对外正式行文。

第十六条　同级政府、同级政府各部门、上级政府部门与下一级政府可以联合行文；政府与同级党委和军队机关可以联合行文；政府部门与相应的党组织和军队机关可以联合行文；政府部门与同级人民团体和具有行政职能的事业单位也可以联合行文。

第十七条　属于部门职权范围内的事务，应当由部门自行行文或联合行文。联合行文应当明确主办部门。须经政府审批的事项，经政府同意也可以由部门行文，文中应当注明经政府同意。

第十八条　属于主管部门职权范围内的具体问题，应当直接报送主管部门处理。

第十九条　部门之间对有关问题未经协商一致，不得各自向下行文。如擅自行文，上级机关应当责令纠正或撤销。

第二十条　向下级机关或者本系统的重要行文，应当同时抄送直接上级机关。

第二十一条　"请示"应当一文一事；一般只写一个主送机关，如需同时送其他机关的，应当用抄送形式，但不得抄送其下级机关。

"报告"不得夹带请示事项。

第二十二条　除上级机关负责人直接交办的事项外，不得以机关名义向上级机关负责人报送"请示"、"意见"和"报告"。

第二十三条　受双重领导的机关向上级机关行文，应当写明主送机关和抄送机关。上级机关向受双重领导的下级机关行文，必要时应当抄送其另一上级机关。

第五章 发文办理

第二十四条 发文办理指以本机关名义制发公文的过程,包括草拟、审核、签发、复核、缮印、用印、登记、分发等程序。

第二十五条 草拟公文应当做到:

(一)符合国家的法律、法规及其他有关规定。如提出新的政策、规定等,要切实可行并加以说明。

(二)情况确实,观点明确,表述准确,结构严谨,条理清楚,直述不曲,字词规范,标点正确,篇幅力求简短。

(三)公文的文种应当根据行文目的、发文的职权和与主送机关的行文关系确定。

(四)拟制紧急公文,应当体现紧急的原因,并根据实际需要确定紧急程度。

(五)人名、地名、数字、引文准确。引用公文应当先引标题,后引发文字号。引用外文应当注明中文含义。日期应当写明具体的年、月、日。

(六)结构层次序数,第一层为"一、",第二层为"(一)",第三层为"1.",第四层为"(1)"。

(七)应当使用国家法定计量单位。

(八)文内使用非规范化简称,应当先用全称并注明简称。使用国际组织外文名称或其缩写形式,应当在第一次出现时注明准确的中文译名。

(九)公文中的数字,除成文日期、部分结构层次序数和在词、词组、惯用语、缩略语、具有修辞色彩语句中作为词素的数字必须使用汉字外,应当使用阿拉伯数码。

第二十六条 拟制公文,对涉及其他部门职权范围内的事项,主办部门应当主动与有关部门协商,取得一致意见后方可行文;如有分歧,主办部门的主要负责人应当出面协调,仍不能取得一致时,主办部门可以列明各方理据,提出建设性意见,并与有关部门会签后报请上级机关协调或裁定。

第二十七条 公文送负责人签发前,应当由办公厅(室)进行审核。审核的重点是:是否需要行文,行文方式是否妥当,是否符合行文规则和拟制公文的有关要求,公文格式是否符合本办法的规定等。

第二十八条 以本机关的名义制发的上行文,由主要负责人或者主持工作的负责人签发;以本机关名义制发的下行文或平行文,由主要负责人或者由主要负责人授权的其他负责人签发。

第二十九条 公文正式印制前,文秘部门应当进行复核,重点是:审批、签发手续是否完备,附件材料是否齐全,格式是否统一、规范等。

经复核需要对文稿进行实质性修改的,应按程序复审。

第六章 收文办理

第三十条 收文办理指对收到的公文的办理过程,包括签收、登记、审核、拟办、批办、承办、催办等程序。

第三十一条 收到下级机关上报的需要办理的公文,文秘部门应当进行审核。审核的重点是:是否应由本机关办理;是否符合行文规则;内容是否符合国家法律、法规及其他有关规定;涉及其他部门或地区职权的事项是否已协商、会签;文种使用、公文格式是否规范。

第三十二条 经审核,对符合本办法规定的公文,文秘部门应当及时提出拟办意见送负责人批示或者交有关部门办理,需要两个以上部门办理的应当明确主办部门。紧急公文,应当明确办理时限。对不符合本办法规定的公文,经办公厅(室)负责人批准后,可以退呈报单位并说明理由。

第三十三条 承办部门收到交办的公文后应当及时办理,不得延误、推诿。紧急公文应当按时限要求办理,确有困难的,应当及时予以说明。对不属于本单位职权范围或者不宜由本单位办理的,应当及时退回交办的文秘部门并说明理由。

第三十四条 收到上级机关下发或交办的公文,由文秘部门提出拟办意见,送负责人批示后办理。

第三十五条 公文办理过程中遇有涉及其他部门职权的事项,主办部门应当主动与有关部门协商;如有分歧,主办部门主要负责人要出面协调,如仍不能取得一致,可以报请上级机关协调或裁定。

第三十六条 审批公文时,对有具体请示事项的,主批人应当明确签署意见、姓名和审批日期,其他审批人圈阅视为同意;没有请示事项的,圈阅表示已阅知。

第三十七条 送负责人批示或者交有关部门办理的公文,文秘部门要负责催办,做到紧急公文跟踪催办,重要公文重点催办,一般公文定期催办。

第七章 公文归档

第三十八条 公文办完后,应当根据《中华人民共和国档案法》和其他有关规定,及时整理(立卷)、归档。

个人不得保存应当归档的公文。

第三十九条 归档范围内的公文,应当根据其相互联系、特征和保存价值整理(立卷),要保证归档公文的齐全、完整,能正确反映本机关的主要工作情况,便于保管和利用。

第四十条 联合办理的公文,原件由主办机关整理(立卷)、归档,其他单位保存复制件或其他形式的公文副本。

第四十一条 本机关负责人兼任其他机关职务,在履行所兼职务职责过程中形成的公文,由其兼职机关整理(立卷)、归档。

第四十二条 归档范围内的公文应当确定保管期限,按照有关规定定期向档案部门移交。

第四十三条 拟制、修改和签批公文,书写及所用纸张和字迹材料必须符合存档要求。

第八章 公文管理

第四十四条 公文由文秘部门或专职人员统一收发、审核、用印、归档和销毁。

第四十五条 文秘部门应当建立健全本机关公文处理的有关制度。

第四十六条 上级机关的公文,除绝密级和注明不准翻印的以外,下一级机关经负责人或者办公厅(室)主任批准,可以翻印。翻印时,应当注明翻印的机关、日期、份数和印发范围。

第四十七条 公开发布的行政机关的公文,必须经发文机关批准。经批准公开发布的公文,同发文机关正式印发的公文具有同等效力。

第四十八条 公文复印件作为正式公文使用时,应该加盖复印机关的证明章。

第四十九条 公文被撤销,视作自始不产生效力;公文被废止,视作自废止之日起不产生效力。

第五十条 不具备归档和存查价值的公文,经过鉴别并经办公厅(室)负责人批准,可以销毁。

第五十一条 销毁秘密公文应当到指定场所由二人以上监销,保证不丢失、不漏销。其中,销毁绝密公文(含密码电报)应当进行登记。

第五十二条 机关合并时,全部公文应当随之合并管理。机关撤销时,需要归档的公文整理(立卷)后按有关规定档案部门。

工作人员调离工作时,应当将本人暂存、借用的公文按照有关规定移交、清退。

第五十三条 密码电报的使用和管理,按照有关规定执行。

第九章 附 则

第五十四条 行政法规、规章方面的公文,依照有关规定处理。外事方面的公文,按照外交部的有关规定处理。

第五十五条 公文处理中涉及电子文件的有关规定另行制定。统一规定发布之前,各级行政机关可以制定本机关或者本地区、本系统的试行规定。

第五十六条 各级行政机关的办公厅(室)对上级机关和本机关下发公文的贯彻落实情况应当进行督促检查并建立督察制度。有关规定另行制定。

第五十七条 本办法自2001年1月1日起施行。1993年11月21日国务院办公厅发布,1994年1月1日起施行的《国家行政机关公文处理办法》同时废止。

附录二

应用文专门用语

1. 称谓词

称谓词即表示称谓关系的词。

第一人称:"本"、"我",后面加上所代表的单位简称。如部、委、办、厅、局、厂或所等。

第二人称:"贵"、"你",后面加上所代表的单位简称。一般用于平行文或涉外公文。

第三人称:"该",在应用文中使用广泛,可用于指代人、单位或事物。如"该厂"、"该部"、"该同志"、"该产品"等。"该"字在文件中正确使用,可以使应用文简明、语气庄重。

2. 领叙词

领叙词是用以引出应用文撰写的根据、理由或应用文的具体内容的词。常用的有:

根据　按照　为了　接……　前接或近接……　遵照　敬悉　惊悉　……收悉　……查　为……特……　……现……如下

应用文的领叙词多用于文章开端,引出法律、法规以及政策,指示的根据或事实根据,也有的用于文章中间,起前后过渡、衔接的作用。

3. 追叙词

追叙词是用以引出被追叙事实的词。如:

业经　前经　均经　即经　复经　迭经

在使用时,要注意上述词语在表述次数和时态方面的差异,以便有选择地使用。

4. 承转词

承转词又称过渡用语,即承接上文转入下文时使用的关联、过渡词语,有:

为此　据此　故此　鉴此　综上所述　总而言之　总之

5. 祈请词

祈请词又称期请词、请示词,用于向受文者表示请求与希望。主要有:

希　即希　敬希　请　望　敬请　烦请　恳请　希望　要求

使用祈请词的目的在于造成机关之间相互敬重、和谐与协作的气氛,从而建立正常的工作联系。

6. 商洽词

商洽词又称询问词,用于征询对方意见和反映,具有探询语气。有:

是否可行　妥否　当否　是否妥当　是否可以　是否同意　意见如何

这类词语一般在公文的上行文、平行文中使用,在使用时要注意确有实际的针对性,即在确需征询对方的意见时使用。

7. 受事词

受事词即向对方表示感激、感谢时使用的词语。如:

蒙　承蒙

受事词属于客套语,一般用于平行文或涉外的公文。

8. 命令词

命令词即表示命令或告诫语气的词语。以引起受文者的高度注意。如:

表示命令语气的语词有:着　着令　特命　责成　令其　着即

表示告诫语气的词语有:切切　毋违　切实执行　不得有误　严格办理

9. 目的词

目的词即直接交代行文目的的词语,以便受文者正确理解并加速办理。

用于上行文、平行文的目的词,还须加上祈请词,如:
请批复　函复　批示　告知　批转　转发
用于下行文,如:查照办理　遵照办理　参照执行
用于知照性的文件,如:周知　知照　备案　审阅

10. 表态词

表态词又称回复用语,即针对对方的请示、问函,表示明确意见时使用的词语。如:
应　应当　同意　不同意　准予备案　特此批准　请即试行　按照执行　可行　不可行　迅即办理
在使用上述词语时应对公文中的下行文和平行文严加区别。

11. 结尾词

结尾词即置于正文最后,表示正文结束的词语。
用以结束上文的词语。如:
此布　特此报告　函复　函告　特予公布　此致　谨此　此令　此复　特此
再次明确行文的具体目的与要求。如:
……为要　……为盼　……是荷　……为荷
表示敬意、谢意、希望。如:
敬礼　致以谢意　谨致谢忱

附录三

常用校对符号及其用法

(1993 年 11 月 16 日·国家技术监督局·BG/T 14706—93)

1. 主题内容与适用范围

本标准规定了校对各种排版校样的专用符号及其用法。

本标准适用于中文(包括少数民族文字)各类校样的校对工作。

2. 引用标准

GB9851 印刷技术术语

3. 术语

3.1 校对符号(proofreader's mark)

以特定图形为主要特征的、表达校对要求的符号。

4. 校对符号及其用法示例

5. 使用要求

5.1 校对校样,必须用色笔(黑水笔、圆珠笔等)书写校对符号和示意改正的字符,但是不能用灰色铅笔书写。

5.2 校样上改正的字符要书写清楚。校对外文,要用印刷体。

5.3 校样中的校对引线要从行间画出。墨色相同的校对引线不可交叉。

本标准从 1994 年 7 月 1 日起实施

常用校对符号一览表

符号作用	符号形态	示例	符号在文中和页边用法示例	说明
改正			提高出版物质量	改正的字符较多,圈起来有困难时,可用线在页边画清改过的范围;必须更换的损、坏、污字也用改正符号画出
删除			提高出版物质量	
增补			必须搞好校对工作	增补的字符较多,圈起来有困难时,可用线在页边画清增补的范围
换损			坏字和模糊字要调换	
改正上下角			$16=4$ H_2SO_4 尼古拉·费帝 $0.25+0.25=0.5$	
转正			你的做法真不对	
对调			认真总结经验	用于相邻的字词,用于隔开的字词
转移			要重视校对工作提高出版物质量	

续表

接排		要重视校对工作提高出版物质量	要重视校对工作提高出版物质量	
另起段		完成了任务。明年……	完成了任务。明年……	
上下移		序号 名称 数量 01 +++ 5	序号 名称 数量 01 +++ 5	字符上移到缺口左右水平线处，字符下移到箭头所指的短线处
左右移		要重视校对工作，提高出版物质量	要重视校对工作提高出版物质量	字符左移到箭头所指的短线处，字符左移到缺口上下垂直线处
排齐		必须提高印刷质量，缩短印刷周期	必须提高印刷质量，缩短印刷周期	
排阶梯型			RH_2	
正图				符号横线表示水平位置，竖线表示垂直位置，箭头表示上方
加大空距		校对程序 校对胶印读物，影印书刊的注意事项	一、校对程序 校对胶印读物，影印书刊的注意事项	表示适当加大空距
减小空距		校对程序 校对胶印读物，影印书刊的注意事项	一、校对程序 校对胶印读物，影印书刊的注意事项	表示适当减少空距，横式文字画在字头和行头之间
空1字距 空1/2字距 空1/3字距 空1/4字距		第一章 校对职责和方法	第一章 校对职责和方法	多个空距相同的，可用引线连出，只标一个符号
分开		Goodmorning	Good morning	用于外文
保留		认真搞好校对工作	认真搞好校对工作	除在原删除的字符下画"△"外，并在原删除符号上画两竖线
代替		机器由许多零件组成，有的零件是铸出来的，有的零件是锻出来的，有的零件是…	机器是由许多零件组成，有的零件是铸出来的，有的零件是锻出来的，有的零件是	同页内，要改正许多相同的字符，用此代号，要在页边注明：○＝零
说明		第一章 校对的职责	第一章 校对的责任	说明或指令性文字不要圈起来，在字下画圈，表示不作为改正的文字